金融穩定
國家安全

人行書協 陳捷

国际与区域安全系列丛书

国际与区域安全评论1
——金融安全

主编◎万猛　陈捷

中国金融出版社

责任编辑：王素娟　姜　程
责任校对：张志文
责任印制：张也男

图书在版编目（CIP）数据

国际与区域安全评论1——金融安全（Guoji yu Quyu Anquan Pinglun1——Jinrong Anquan）/万猛，陈捷主编. —北京：中国金融出版社，2017.12
（国际与区域安全系列丛书）
ISBN 978-7-5049-9278-9

Ⅰ.①国…　Ⅱ.①万…②陈…　Ⅲ.①国家安全—研究—世界②国际金融管理—研究　Ⅳ.①D815.5②F831.2

中国版本图书馆CIP数据核字（2017）第263183号

出版
发行　中国金融出版社

社址　北京市丰台区益泽路2号
市场开发部　（010）63266347，63805472，63439533（传真）
网上书店　http://www.chinafph.com
　　　　　　（010）63286832，63365686（传真）
读者服务部　（010）66070833，62568380
邮编　100071
经销　新华书店
印刷　北京市松源印刷有限公司
尺寸　169毫米×239毫米
印张　21.75
字数　317千
版次　2017年12月第1版
印次　2017年12月第1次印刷
定价　68.00元
ISBN 978-7-5049-9278-9
如出现印装错误本社负责调换　联系电话（010）63263947

 编委会

本书编委会

主　　编：万　猛　陈　捷
执 行 主 编：杜　洋　陈兆康
副 主 编：姚　琦　邓媚媚
编委会成员：储槐植　张　煜　王　新　郭自力　杨　杰
　　　　　　何建军　袁玉坤　齐　静　周　妮　王晓颖
　　　　　　王　璐　谢嘉树　王睿骁　张蓓蓓　方一雲
　　　　　　朱丽德孜　谢士杰（Przemek）　白冬生
　　　　　　史素红　姜　磊　王若冰　王雪阳　张启鹏
　　　　　　田常亮　王文华　刘瑞倩

命运规划局的爱乐之城

——宇宙无限　初心永恒

命运和灵魂是一个永恒的话题。在人民银行总行工作15年后，转行要到母校当个研究员，这也是和我的老师谈了几次，不忘初心的选择。纪伯伦的那句话："因为我们已经走得太远，以至于忘了为什么而出发。"此刻，感觉很快乐，没有什么舍不得。我相信我找回了初心，塑造了灵魂。

电影《爱乐之城》，刻画的是一个不忘初心和命运规划的主题。电影的结局却是：两者不能统一。当然这只是一部电影，经典的歌舞类电影，除了优美的音乐如《音乐之声》、唯美的画面如《天使爱美丽》，梦幻倒叙的情节如《泰坦尼克号》、穿越时空的思绪如《不能说的秘密》，还有部分的身份互换如《你的名字》。但是，结尾还是伤感的，可能是因为悲剧更能打动人，因为有那么多舍不得和放不下，这一点就和另一部哲思电影《命运规划局》完全不同了。后者的结尾，男女主角放弃了一切，真爱至上，打败了命运规划局的"高层领导"，最后走到了一起，如几米的漫画《向左走，向右走》和安妮·海瑟薇的《one day》。这也许可以理解为"宇宙无限，初心永恒"，真爱必胜就是不忘初心的最后回报。

既然宇宙是无限的，渺小的我们如同沧海一粟，那我们该如何规划自己的人生？不随波逐流、不麻木不仁、不人云亦云、不得过且过、不自甘堕落、不怨天尤人、不希冀来生、不强迫子女来实现自己未实现的理想，不把自己的不甘心和无力回天都报复给社会和下一代？

当年读《罗素论幸福人生》和《周国平论灵魂存在》，给我很大的启示。从那时起，我相信灵魂是存在的，但不是每个人都有；初心是存在的，但不是每个人都能不忘。

人的灵魂需要修行，从初心开始。如何定义初心，《大唐玄奘》给了我一点启示。在信念开始的时刻，在天地玄黄、宇宙洪荒、时空交错、大千世界里，什么才是真正的初心和信念。

至真、至美、至善、至爱，我想是一切的缘起。无论从宗教到哲学，或者心灵鸡汤和百家讲坛，都是围绕这一主题。发现真理使人摆脱蒙昧，走向文明；感受美丽，使人心旷神怡，忘记烦恼；保留善良，广结善缘、广交朋友，生活就会充满笑脸和温馨；真正去爱一个值得你爱的人，工作、事业、未来，你就会发现一个全新的世界和宇宙。Life is a long discovery。精彩就在眼前，想一想初心，在无边的风景中，开始旅行，修行灵魂。

现在的新书也是有关人生规划哲学的，也许与不忘初心、灵魂塑造、不断修行、到达至真至善至美的彼岸有关。我想也许要先颠覆《命运规划局》领导的命令，才能有《肖夏克的救赎》，才能去发现世界、探索宇宙、完美人生。让我们怀着丰盈的灵魂，一路修行吧！

陈　捷

2017 年 8 月 6 日于北京

目 录

第一章

国际反洗钱、反逃税、反恐怖融资、反核扩散融资与全球治理

第一节　"四反"的概念与全球治理

一、反洗钱（Anti-money Laundering）

反洗钱是指为了预防通过各种方式掩饰、隐瞒毒品犯罪、黑社会性质的组织犯罪、恐怖活动犯罪、走私犯罪、贪污贿赂犯罪、破坏金融管理秩序犯罪等犯罪所得及其收益的来源和性质的洗钱活动。常见的洗钱途径广泛涉及银行、保险、证券、房地产等各种领域。反洗钱是政府动用立法、司法力量，调动有关的组织和商业机构对可能的洗钱活动予以识别，对有关款项予以处置，对相关机构和人士予以惩罚，从而达到阻止犯罪活动目的的一项系统工程。中美战略与经济对话第五次反洗钱与反恐融资研讨会2014年12月3日至5日在杭州召开，中美双方就双边反洗钱合作达成了一系列共识。

二、反逃税（Combating Tax-evasion）

反逃税是指国家采取积极的措施，对国际逃税加以防范和制止。反逃税的主要措施有：第一，从纳税义务上制定具体措施，如税法中规定与纳税人有关的，第三者必须提供税收情报，或纳税人某些交易的价格必须得到政府部门的认可和同意等；第二，不断调整和完善税法，如取消延期纳税，限制关联企业之间通过转让价格进行逃税，控制子公司海外经营利润长期滞留在逃税地等；第三，强化税收的征收管理，如成立专业的反逃税机构，加强对纳税人银行账户的审查等；第四，加强国际税收合作。

三、反恐怖融资（Combating Terrorist-financing）

恐怖融资是指下列行为：（1）恐怖组织、恐怖分子募集、占有、使用资金或者其他形式财产；（2）以资金或者其他形式财产协助恐怖组织、恐怖分子以及恐怖主义、恐怖活动犯罪；（3）为恐怖主义和实施恐怖活动犯罪占有、使用以及募集资金或者其他形式财产；（4）为恐怖组织、恐怖分子占有、使用以及募集资金或者其他形式财产。

恐怖主义融资是国际恐怖组织资金来源的重要渠道之一，包含制造、贩运麻醉药品、精神药物等活动，极大地威胁了该地区的安全和社会稳定。恐怖主义融资是为了掩盖其财产的来源。根据《全国人大常委会关于加强反恐怖工作有关问题的决定》，恐怖活动是指以制造社会恐慌、危害公共安全或者胁迫国家机关、国际组织为目的，采取暴力、破坏、恐吓等手段，造成或者意图造成人员伤亡、重大财产损失、公共设施损坏、社会秩序混乱等严重社会危害的行为，以及煽动、资助或者以其他方式协助实施上述活动的行为。

反恐怖主义融资是国际之间和各国政府动用立法、司法力量，调动有关的组织和商业机构对可能的恐怖主义融资活动予以识别，对有关款项予以处置，对相关机构和人士予以惩罚，从而达到阻止犯罪活动目的的一项系统工程。

四、反核扩散融资（Combating Proliferation Financing）

核扩散一般有两种指意：

一是垂直扩散，指的是一个国家同时增加核武器的种类多样性和数量。2016年9月9日上午，朝鲜进行年内第二次核试验，这已经是朝鲜从2006年以来第五次核试验，严重危及地区安全，破坏地缘政治平衡，颠覆世界稳定格局。核试验需要大量资金支持，不少海外不法分子意欲图谋不轨导致天下大乱，资助朝鲜核试验，进行非法地下核扩散融资。中国丹东女首富马晓红卷入走私朝鲜核试验材料，向朝鲜提供了氧化铝等材料，并为朝鲜的铀浓缩设施、设计、制造和试验核武器提供资金，还涉嫌把军需物资与设备等伪装成其他物品走私到朝鲜，甚至利用苹果箱子向朝鲜偷运了大量的坦克电池用品和金属材料等。马晓红跟朝鲜秘密地交易了几十台单价超千万元人民币的武器制造设备。利用联合国安理会对朝制裁赚大钱，同时也加速了朝鲜核试验的研发制造进程，间接阻碍了世界和平发展的潮流。

此次事件是在华盛顿高级国防研究中心（C4ADS）与首尔峨山政策研究院的反洗钱研究报告中首次披露的，对全球反核扩散作出了贡献。

二是水平扩散，指的是有新的国家拥有了核武器。在兼及传统与非传统的安全领域中，核扩散是当今世界最为关注的核心安全问题之一。核扩散在冷战结束以后接连发生，其内在动因是国家安全与国际安全之间的失衡，根源在于两者之间的利益与合法性可能不尽一致。核扩散融资利用金融领域和特定非金融领域的风险和漏洞，为核扩散提供恐怖融资方法和渠道。反核扩散融资是国际之间和各国政府动用立法、司法力量，调动有关的组织和商业机构对可能的核扩散融资活动予以识别，对有关款项予以处置，对相关机构和人士予以惩罚，从而达到阻止犯罪活动目的的一项系统工程。

五、全球治理（Global Governance）

全球治理理论是顺应世界多极化趋势而提出的旨在对全球政治事务进行共同管理的理论。该理论最初由社会党国际前主席、国际发展委员会主席勃兰特于1990年在德国提出。1992年，28位国际知名人士发起成立了"全球治理委员会"（Commission on Global Governance），并由卡尔松和兰法尔任主席，该委员会于1995年发表了《天涯成比邻》（*Our Global Neighborhood*）的研究报告，较为系统地阐述了全球治理的概念、价值以及全球治理同全球安全、经济全球化、改善联合国和加强全世界法治的关系。

2013年3月，习近平就任中国国家主席后首次出访前夕接受金砖国家媒体联合采访时，就谈到了全球治理。他说：

——全球经济治理体系必须反映世界经济格局的深刻变化，增加新兴市场国家和发展中国家的代表性和发言权。

——新兴市场国家和发展中国家希望全球经济治理体系更完善、更符合世界生产力发展要求、更有利于世界各国共同发展。

2015年9月22日，在对美国进行国事访问前夕，习近平接受《华尔街日报》书面采访时说：

——全球治理体系是由全球共建共享的，不可能由哪一个国家独自掌握。中国没有这种想法，也不会这样做。

——中美在全球治理领域有着广泛的共同利益，应该共同推动完善全球治理体系。这不仅有利于双方发挥各自优势、加强合作，也有利于双方合作推动解决人类面临的重大挑战。

2015年10月，中共中央政治局就全球治理格局和全球治理体制进行集体学习。习近平指出：

——国际社会普遍认为，全球治理体制变革正处在历史转折点上。国际力量对比发生深刻变化，新兴市场国家和一大批发展中国家快速发展，国际影响力不断增强，是近代以来国际力量对比中最具革命性的变化。

在2015年10月的政治局集体学习中，习近平说：

——要推动全球治理理念创新发展，积极发掘中华文化中积极的处世之道和治理理念同当今时代的共鸣点，继续丰富打造人类命运共同体等主张，弘扬共商共建共享的全球治理理念。

中共中央政治局9月27日下午就二十国集团领导人峰会和全球治理体系变革进行第三十五次集体学习。中共中央总书记习近平在主持学习时强调，随着国际力量对比消长变化和全球性挑战日益增多，加强全球治理、推动全球治理体系变革是大势所趋……发起成立亚洲基础设施投资银行等新型多边金融机构，促成国际货币基金组织完成份额和治理机制改革，积极参与制定海洋、极地、网络、外空、核安全、反腐败、气候变化等新兴领域治理规则，推动改革全球治理体系中不公正不合理的安排。

第二节 "四反"的重要意义

一、洗钱的危害性

洗钱（Money Laundering）作为经济全球化时代最严重的犯罪之一，国际社会已将其列为非传统性安全问题。从改变中国台湾政局的陈水扁贪腐洗钱案到影响美国大选的纽约州州长斯皮策嫖娼洗钱案，从厦门远华走私洗钱案到金融危机中心——华尔街爆出的麦道夫金融诈骗洗钱案，洗钱不仅仅危害金融秩序，而且滋生了贪污腐败、恐怖主义、毒品、黑社会、走私、金融诈骗等大量上游犯罪，特别是多种严重跨国犯罪，直接危害国家安全、政治清明、经济秩序和司法公正。

洗钱同时"衍生"一些新型犯罪和安全问题。恐怖分子经常运用洗钱手段为恐怖主义融资（Terrorism Financing）。正是洗钱与恐怖融资相结合，引发了一些震惊全球的恐怖袭击案件，例如"9·11"恐怖袭击、马德里火车爆炸案、伦敦地铁爆炸案和孟买恐怖袭击案等，造成了更大的社会危害。同时，少数国家、地区或组织运用洗钱的手段为"核扩散"（Nuclear Proliferation）融资，使本已经危机重重的世界进一步处于危机与恐慌之中。这也使得反洗钱不仅仅是打击犯罪的一种手段，其政治性越来越强，逐渐成为一项重要的政治、金融工具或"武器"，国际反洗钱行动也渗透了各种政治、经济力量的博弈。洗钱与其上游犯罪和衍生犯罪交织在一起，如同对全人类发动的一场没有硝烟的高科技战争，对世界安全和社会稳定提出了新的挑战，各国政府和国际社会越来越意识到反洗钱工作的重要性、复杂性、紧迫性和长期性。联合国《反腐败公约》等多项公约中均将其作为重要内容，反洗钱金融行动特别工作组（Financial Action Task Force，FATF）作为专门的反洗钱组织，颁布了全球反洗钱纲领性文件《反洗钱与反恐融资40+9条特别建议》。地区性的 FATF 组织、反洗钱国际金融情报组织——埃格蒙特集团等专业反洗钱机构都发布了相关指引，采取积极措施。

洗钱已经成为严重危害社会发展的毒瘤，是滋生诸多重大刑事犯罪活动的温床。因此，在全球化视野下，对于国内外洗钱犯罪和反洗钱对策的深入研究，在理论和实践上都具有重要意义。同时，透过这些轰轰烈烈的反洗钱运动，我们可以发现，这其中还有更深刻的缘由和意义。国际反洗钱起于打击跨国毒品犯罪，兴于打击国际恐怖主义融资，衍生了打击核扩散融资等具有重大政治意义的活动。要看透国际反洗钱工作为何在近年来如此"万众瞩目"，必须明确，反洗钱工作已经成为重要的国际政治、金融制裁工具。每个国家和组织都有自己的反洗钱核心目的和战略。例如，美国等强权国家利用反洗钱工作机制的专业性和复杂性，制裁敌对国家，打击恐怖主义和敌对势力。美国在"9·11"事件之前，对于国际反洗钱工作并不是如此重视。在"9·11"事件后，美国前总统布什提出了"我们要切断恐怖分子财源，把他们饿死（We will starve terrorists of funding）"的口号，美国专门的反洗钱机构，即美国的金融情报机构——金融犯罪执法局（FinCEN）——的职能大大加强，反恐融资成为与反洗钱并列的工作。而且在国际层面，反恐融资的重要性已经超越了反洗钱。例如下文中论及的美国通过反洗钱工作机制对朝鲜和伊朗实施金融封锁和制裁。

各国在合作中的关注点既有共性也有个性，例如早期的打击跨国毒品犯罪、有组织犯罪等都是各国的共同利益所在。随着时局变化，美国的反洗钱战略逐渐转向打击恐怖主义；澳大利亚的反洗钱机构最主要的合作伙伴是海关和税务部门，打击税务犯罪；我国的反洗钱工作在建立之初为反腐倡廉工作作出了突出贡献，随着工作实践的不断深入，也有些学者正在研究其在打击"三股势力"维护社会稳定领域发挥更大的功效的可行性。从这个层面上再反观反洗钱机制建设、反洗钱各项特殊措施以及国际反洗钱现状和趋势，将给我们提供新视角、新思路，有利于反洗钱机制的完善，更有利于借助反洗钱工具维护国家安全、社会稳定，以及在国际上维护国家利益。

二、开展"四反"工作的重要性

洗钱的危害与反洗钱工作的意义是一个问题的两个方面，洗钱危害越大，反洗钱工作的意义也越大。洗钱和恐怖主义融资的危害在宏观层面上可以总体概括为危害国家安全、影响司法公正、危害政治清明、扰乱社会稳定、破坏金融秩序。在微观层面上，洗钱会给被犯罪分子利用来洗钱的金融机构以及特定的非金融机构带来信誉危机甚至法律责任。洗钱的直接目的就是掩饰、隐藏犯罪所得，同时这也掩盖了其上游的重要犯罪线索，严重妨害了执法和司法机关对上游犯罪的查处和追诉，这一点无须赘述。下面主要在此基础上讨论反洗钱工作的其他重要意义。

（一）反洗钱事关全球治理

如上所述，世界已经进入大经济大金融时代，任何经济活动都离不开全球治理，每年在全球范围内都有数十万亿元的资金流动，在这些资金流动中，有些利益团体认为某些资金流动是合理的，但同时也有些利益团体却认为是不合理的。举一例，恐怖分子和自由主义战士，他们之间的区别是什么？很难统一定义，每个国家对于恐怖主义的定义是大相径庭的，这是根据各国的国际战略而有所区分的。

1. 合法融资与洗钱的区别

以色列作家亚维内里提出了一个半讽刺性的定义："自由战士和恐怖主义者之间的不同在于，自由战士站在我们这边，而恐怖主义者站在另一边。"这种类型的定义不难归纳，因为它建立在一个简化的观点之上，"我说恐怖主义是什么，恐怖主义就是什么"。各个利益团体立场不同，在面对恐怖主义与自由主义战士时的定义也不同，由此展开，各个利益方团体的资金运转划拨在一个国家或者地区可能是完全合法的，但是在另一个国家或者地区，特别是有敌对关系的国家和地区，就会被认定为"非法"甚至划归为"恐怖主义融资"。FATF把黎巴嫩、利比里亚、马其顿和墨西哥等55个国家认定为反洗钱高风险国家或地区，进行制裁，进行更严格的金融审查和监管，客观上阻碍了这些国家接轨国际金融市场，阻碍了金融发展的进度。

2. 投资与逃税的区别

开曼群岛，是英国在西印度群岛的一块属地，人口不足5万，面积260平方公里，但这里却是世界第四大离岸金融中心，成为全球投资人青睐的投资圣地。为何一个面积仅为我国1/36923的群岛，能够吸引如此之多的国内企业前赴后继地落脚呢？对于开曼群岛来说，外来资金属于外来投资，但是从他国立场来看，在开曼群岛，许多栋看似普通的楼房里，动辄挤满上万家外来公司。注册的公司不需要拥有属于自己的办公室，只要有一个挂在开曼群岛的信箱地址即可。就连美国前总统奥巴马也曾表示："这里拥有的不是世界最大的办公楼，而是最大的逃税大本营。"

追溯到2011年，婚恋网站世纪佳缘在美国上市，其向美国证券交易委员会递交的招股说明书中显示，世纪佳缘在开曼群岛注册。而在世纪佳缘之前，当当网、凤凰新媒体、人人网、优酷网、网秦这些高科技互联网企业，便已不远万里把"户口"落在位于北美及加勒比海地区的这个袖珍群岛上。对于开曼群岛来说是投资，但是对于资金输出国来说就可能涉及逃税的问题。除了中国公司之外，美国公司也是这里的"常客"，包括宝洁、英特尔等大型公司的子公司，通过一系列复杂的财务路径，这些大型公司可以将盈利转移到这些子公司，从而规避高昂的美国公司所得税。有分析人士表示，对于上市公司更换注册地而言，类似案例虽然不多见，但在美国上市的企业也曾有中途更换至百慕大注册的先例。一般来说，在开曼群岛注册适用于希望扩大股东基数或是准备国际并购的企业，因为开曼群岛无外汇限制以及税收中立的法规，容易让企业的国际交易中的资金流动更为灵活。一些国家特别是资本输出国甚至把注册在如开曼群岛的公司定义为逃税主体。

其实，不仅仅是反洗钱，反逃税、反恐怖融资、反核扩散融资都与全球治理有着密不可分的联系。

（二）反洗钱事关国家安全

如前所述，洗钱早已成为非传统性安全问题，但是将反洗钱工作与维护国家安全联系起来，还是恐怖分子融资并以此发动恐怖袭击的后果。美国"9·11"事件、西班牙马德里火车爆炸案、俄罗斯别斯兰人质事件以及近日的伦敦和埃及连环爆炸案等一系列恐怖袭击让国际社会警醒，恐怖活动已经成为目前威胁国家安全和世界秩序的主要根源。为斩断恐怖活动的生命线，保护国家安全，反恐融资在反洗钱工作领域内的比重逐渐增大。洗钱行为和恐怖融资往往相生相伴、手法相似，这一点在上文相关概念部分已经做了充分论述。多数国家刑法都将恐怖活动犯罪规定为洗钱犯罪的上游犯罪。美国的《爱国者法》、英国的《反恐法案》和《联合国制止向恐怖主义提供资助的国际公约》等一系列反恐类法律都将反恐融资作为重要内容。FATF已经将反恐融资与反洗钱并列写入新的《40+9条建议》。

"9·11"事件后美国前总统布什发表了多次反恐融资演讲，提出"我们要切断恐怖分子财源，把他们饿死"的口号。布什强调，冻结拉登及其同伙在美国的资产，就等于全面摧毁了恐怖分子的"财政基础"。此前，以美国金融情报机构 FinCEN 为核心的反洗钱和反恐融资机构冻结了来自中东，包括阿盖达/伊斯兰军、伊斯兰武装集团、埃及伊斯兰圣战组织以及菲律宾南部叛军阿布沙耶夫集团等在美国的资产。布什还颁布了反洗钱法令，禁止美国公司和在美国经营的外国公司与上述个人和组织发生业务往来，同时也呼吁其他国家采取类似的措施。从每年更新的《美国国家反洗钱战略》中可以看出，美国已经坚定不移地将反洗钱和反恐融资工作作为政府工作重点，对于报告机构的合规、金融情报机构的职能、执法部门的权限做了细致的规定，加重了洗钱等相关犯罪的刑事、行政和民事责任。可以说，美国在军事和外交领域展开对恐怖主义围剿的同时，又在反洗钱和反恐融资领域内展开了新的攻势。

（三）反洗钱事关政治清明

贪污腐败是困扰着世界各国的严重社会问题之一，作为洗钱行为的上游犯罪，它随着洗钱手段花样翻新有愈演愈烈之势。因为腐败分子都面临着清洗犯罪所得的问题，《联合国反腐败公约》序言部分即呼吁各缔约国"关注腐败同其他形式的犯罪，特别是同有组织犯罪和包括洗钱在内的经济犯罪的联系"；FATF《40 条建议》第 6 条和其解释对"政治公众人物"做了专门规定："对于政治公众人物，金融机构除应采取一般的应有的审慎性措施外，还应采取以下措施：（1）建立适当的风险管理机制，以确定客户是否是政治公众人物；（2）取得同此类客户开展业务关系的高层管理人员的批准；（3）采取合理措施，确定财富和资金来源；（4）采取持续的强化措施对业务关系进行监测。"《联合国反腐败公约》也做了相似规定，表明了国际社会在反洗钱领域对于政治公众人物清洗腐败所得问题的关注。我国国家社科规划"新世纪中国惩治和预防腐败对策研究"课题组总结了目前腐败公职人员洗钱的五大"招数"，即存进银行——由亲属或自己利用假身份证把资金存进银行；先捞后洗——一些贪官在位时拼命捞钱，捞够了就转移阵地办企业、开公司；边捞边洗——贪官自己利用权力拼命捞钱，亲属则下海开办娱乐场所、餐厅、企业，用这些方式来掩盖黑钱来源；连捞带洗——政府官员或国企老总创办私人企业，但由别人代理，企业表面上是别人的，但大权由自己控制；转到境外——目前最普遍的洗钱方式是将黑钱转移出去，或者在境外收取赃款并洗白。可见，洗钱和腐败是共生犯罪，反腐败工作的核心环节就是反洗钱，利用反洗钱的方法打击腐败，可以收到釜底抽薪的效果。不仅如此，一些国家在国际组织协调下还采取了行动，例如，瑞士联邦最高法院2005年判决已故尼日利亚前独裁者 Sani Abacha 在瑞士账户被冻结的 5.5 亿美元中的 4.58 亿美元是非法所得，将返还尼日利亚政府。

（四）反洗钱事关国家声誉

由于洗钱和相关犯罪对整个国际社会的危害巨大，国际上把反洗钱工作开展得好坏作为衡量一个政府对内是否清明廉洁，对外是否负责任、肯合作的表现，也因此成为一个国家国际地位、外交形象的标志之一。任何在打击洗钱和相关犯罪方面不力的国家和地区都会受到国际社会的苛责甚至制裁。FATF 设定了"不合作国家和地区"名单，被列入该名单的国家和地区被认为与国际标准背道而驰，这导致这些国家声誉受到影响，在国际交往中处于不利地位。例如，缅甸因长期榜上有名，美国等国家长期对其进行经济制裁。一些国家和国际组织也拒绝与染指洗钱的离岸金融中心发生业务往来。因此，一旦背上洗钱恶名，该国的国际声誉将急剧下降，继而影响国民经济各方面的发展。被列入黑名单的国家往往要花大力气摆脱这样的阴影，例如，曾经是 NCCTs 国家的俄罗斯，大力开展反洗钱工作，参照国际标准出台了一系列法律，建立了高级别的金融情报机构，只用了1 年时间就脱离了黑名单并成为 FATF 成员国。目前，经过各国的努力，所有国家都已经脱离了 NCCT 名单。

（五）反洗钱事关经济金融稳定

洗钱危害公平竞争的市场规则，冲击合法经济，破坏国家投资环境，可造成一个国家的经济结构畸形发展和动荡。许多以洗钱为目的的投资行为不是为了创造价值，而是为了逃避司法和行政制裁。低质量、低效益的投资首先造成经济结构失衡，行业的表面振兴和整体崩溃往往随着黑钱的流动而变化。洗钱也会损害金融机构的声誉，严重影响银行业务的拓展，诱发金融危机。同时，洗钱行为会造成资金的异常流动，影响正常利率和汇率的形成，给国家的宏观调控制造了假象，政府依照假象作出的调控违背市场规律，造成整体所有行业的失控和扭曲。再者，洗钱行为会造成行业的不正当竞争，扰乱市场秩序，进一步造成国民经济恶化。反洗钱金融行动特别工作组（Financial Action Task Force on Money Laundering，FATF）是西方七国为专门研究洗钱的危害、预防洗钱并协调反洗钱国际行动而于1989年在巴黎成立的政府间国际组织，是目前世界上最具影响力的国际反洗钱和反恐融资领域最具权威性的国际组织之一，其成员国遍布各大洲主要金融中心。其制定的反洗钱四十项建议和反恐融资九项特别建议（简称FATF40+9项建议），是世界上反洗钱和反恐融资的最权威文件。截至2005年2月，该组织已拥有33个成员以及20多名观察员。

（六）反洗钱事关 G20 反腐败追赃追逃

反洗钱本身"由钱及人"的特性自然导致它成为追逃追赃的核心。

贪官外逃、境外追逃追赃一直是反腐败的热点话题。无论是高山、胡星、袁同顺等已经回国接受审判的贪官，还是蒋基芳、陈传柏、杨湘洪等依然逍遥法外的腐败分子，一些官员把出逃作为最后的底线，事先做好了资产转移、家属外迁、多本护照等准备工作。事实上，由于经济犯罪手段的多样化以及反腐败的持续高压态势，一些"问题官员"自觉即将暴露的时候，往往假借探亲、看病、休假等理由，一走了之，忽然失去联系，甚至还有些官员是在国外考察时突然失踪。"外逃官员往往涉及金融、财税、交通、国土等部门的经济岗位，涉案金额巨大，动辄上千万元，甚至上亿元，给国家和人民财产带来巨大损失。"各国和各司法管辖区有权从各国和各辖区内的金融机构收集所有金融信息，并每年与其他政府和辖区自动进行信息交换。国际反洗钱、反逃税、反恐怖融资、反核扩散融资等部分金融信息公开，会极大地增强追赃追逃的效果。

第三节　结论

一、国家层面高度重视

根据上文论述和习近平总书记的重要讲话，"四反"与全球治理紧密相连，因此，反洗钱要在全球化视野下，在全球治理的语境下做最广义的理解，而不能简单地理解成《刑法》第一百九十一条规定的洗钱罪及其七大类上游犯罪，也不能仅限于理解与追赃追逃，而要上升到国家安全和全球治理的层面。因此，反洗钱工作应当是涉及社会方方面面的一项重要工作，这一点从中国的反洗钱机构体系就能看出趋势，调整社会信用体系建设部际联席会议（以下简称联席会议），包括增加中央纪委、中央宣传部、中央政法委、中央文明办、高检院、教育部、监察部、民政部、司法部、财政部、农业部、文化部、卫生部、预防腐败局、公务员局、知识产权局、食品药品监管局为成员单位。中国人民银行设有反洗钱局和中国反洗钱检测中心两个机构，且与中国 G20 反腐败追赃追逃中心、北京师范大学、北京理工大学、复旦大学、北京外国语大学建立学术交流机制，更有利于中国参与国际反洗钱以及"四反"规则的制定，更有利于落实习近平 G20 讲话精神。

二、加强智库建设

FATF 在韩国成立了反洗钱培训学院，中国也派出人员参加了反洗钱培训活动，欧亚反洗钱工作组（EAG）在莫斯科成立了反洗钱合作联盟，现已有十几个学校参与合作，中国作为 EAG 的第一批成员国也收到了邀请。

这些机构都是反洗钱、反腐败、反逃税、反国际恐怖融资的规则制定者，按照习近平讲话精神，我们应当积极参加国际规则的制定，争取更多的话语权，这事关国家利益，事关全球治理。同时，我们也要学习国际经验，大力推进官方、半官方、非官方的专家智库，因为根据历次国际组织对中国的评估，国际组织都要求有相当比例的非官方身份的独立专家学者参与评估，这样更具有客观性和科学性，也有利于学术资源与实践工作的对接。因此，成立以反洗钱为主的"四反"国家级全球治理智库势在必行。

第二章

国际反洗钱、反逃税、反恐怖融资、反腐败的现状与趋势

第一节 洗钱概论

一、洗钱的起源、现状和趋势

（一）起源

1. 词源学概念

"洗钱"（Money Laundering）这个措辞从辞源上来看，开始并不是法学或犯罪学意义上的概念，其原始含义就是把弄脏的钱洗干净。在以铸币为主要支付手段的年代，金银铸币作为主要货币形式，其流通的时间久了表面会很脏，这些被弄脏的货币在兑给他人时，有时对方不愿意接受，于是商人们就把这些被弄脏的货币倒入一个大缸内，再加上一些具有腐蚀性的化学药剂进行清洗，这是"洗钱"一词最早的来历。[①]

2. 犯罪学概念

犯罪学"洗钱"概念由英文"money laundering（money-washing）"一词直译而来。20 世纪初美国芝加哥以阿里·卡彭等为首的有组织犯罪团伙的一名财务总监购置了一台自动洗衣机，为顾客洗衣物，而后采取鱼目混珠的办法，将洗衣物所得与犯罪所得混杂在一起向税务机关申报，使非法收入和资产披上合法的外衣。因此，现代洗钱的概念是指将非法资金或财产的来源和性质进行清洗。这种"清洗"不是通过化学药剂进行除污，而是通过各种资金流动量大的行业资金运行，例如存入银行，购买证券、保险、金融衍生品等金融产品，购买贵重物品、黄金珠宝等方式来完成清洗。通过这种"清洗"后，隐瞒和掩盖了犯罪收入的来源和性质，达到表面合法化，从而使非法财产的拥有者能够安然享受不法财物或利益，这时的"洗钱"概念才真正进入我们法学和犯罪学的研究视野。因此，从犯罪学意义上看，

---

① 李东荣.洗钱与反洗钱［M］.北京：中国财政金融出版社，2003：10.

我们可以认为，洗钱通常是指隐瞒或掩饰犯罪收益的真实来源和性质，使其在形式上合法化的行为。

3. 立法学概念

最早受到关注的洗钱活动是毒品犯罪所得方面，这是联合国《禁止非法贩运麻醉药品和精神药物公约》（1988）中最早以公约的形式规定洗钱犯罪的内容。根据该公约第 3 条第 1 款（b）项的规定，所谓的洗钱是指"（一）明知财产得自按本款（a）项确定的任何犯罪或参与此种犯罪的行为，为了隐瞒或掩饰该财产的非法来源，或为了协助任何涉及此种犯罪的人逃避其行为的法律后果而转换或转让该财产；（二）明知财产得自按本款（a）项确定的犯罪或参与此种犯罪的行为，隐瞒或掩饰该财产的真实性质、来源、所在地、处置、转移、相关的权利或所有权"。

后来人们发现除贩毒之外，走私、贪污、受贿、诈骗和黑社会犯罪中普遍存在洗钱行为。这些犯罪的一个共同特点就是掩饰、隐瞒违法收入，使违法收入看起来有合法的性质和来源，从而达到占有违法收益、逃避法律制裁的目的。从世界各国的洗钱与反洗钱发展变化来看，与财产有关的刑事犯罪和洗钱都有着千丝万缕的关系。洗钱的交易媒介包括现金、有价证券、不动产、黄金宝石及艺术品等贵重资产，随着金融衍生品的崛起，黑钱又开始流入这个虚拟化更高、流动性更强的市场。

（二）现状

1. 国际现状

随着经济全球化的发展，与犯罪活动有关的金融问题也因科技的日新月异、金融服务业的全球化而变得日益复杂。目前，国际洗钱形成三个特点：（1）专业化、专门化。以前洗钱只属于盗窃抢劫等下游犯罪集团；现在上游（贪、赌、毒、私）和下游连成一气，实施有组织的集团犯罪。（2）洗钱参与人智能化，包括会计、律师等专业人员帮助犯罪分子做假账、提供"合法化"程序等。（3）随着新兴市场国家开放其经济及金融领域，它们成为洗钱活动越来越看好的场所，加之发达国家打击洗钱犯罪活动的法律措施比较完善，使洗钱活动不断向发展中国家转移。在一些国家，洗钱总额甚至超过政府预算，并最终导致政府对宏观经济失控。

2. 国内现状

洗钱问题在我国长期以来未引起有关方面的重视，但这并不说明我国没有出现洗钱活动，或者说我国的洗钱问题不严重。洗钱过程十分复杂，手段众多，他们既可以利用金融法规的缺陷使黑钱的存入银行无须申报，也可以利用走私现金出境的手段，使黑钱的转移不留痕迹。选用何种手段，主要由当时、当地的法律、金融状况及洗钱的最终目的决定。这给反洗钱带来不少困难。

中国人民银行发布的《2008 中国反洗钱报告》显示，2008 年反洗钱监测分析中心共接收金融机构报送的大额交易报告 1.77 亿份，可疑交易报告 6891.5 万份。人民银行对发现和接收的大量可疑交易线索进行分析筛选，发现 1392 个具备高度洗钱嫌疑的重点可疑交易线索，其地域分布主要集中在广东、浙江、山东、上海、辽宁、福建和江苏等地。人民银行依法对这些重点可疑交易线索开展反洗钱调查 4113 次。人民银行向侦查机关移送线索和报案共 752 起，比上年增加 35.7%。移送线索和报案数占全部调查线索的 54.0%，比上年增加 18 个百分点。2008 年，各地侦查机关根据人民银行的报案线索共立案侦查 215 起，占报案线索数的 28.6%，比上年提高 11 个百分点，表明反洗钱调查的有效性不断提高。2008 年，人民银行协助侦查机关调查涉嫌洗钱案件 899 起，是上年协查案件数的 2.7 倍，涉及金额折合人民币 2513 亿元。涉嫌洗钱案件主要集中在广东、四川、云南、浙江、上海、山东、辽宁和河南等地，人民银行对上述 899 起涉嫌洗钱案件共协助调查 3071 次。

造成上述现状的原因是：首先，毒品犯罪、走私犯罪和黑社会性质的有组织犯罪使"黑钱"源源不断；其次，贪污腐败分子利用各种渠道"洗钱"的现象屡见不鲜；再次，境外大量"黑钱"以各种方式进入中国漂洗绝非鲜见；最后，国内大量"黑钱"流出境外呈愈演愈烈之势。

（三）趋势

1. 国际洗钱犯罪发展趋势

随着国际政治经济环境发生的变化，一些国家日益重视反洗钱工作，加大反洗钱力度。国际洗钱分子为了适应这种变化，洗钱的方法方式都做了调整，使洗钱的主体、目的、洗钱的方法途径都出现一些新的变化。从 FATF 成立以来，FATF 组织始终将当前和将来的洗钱趋势分析作为类型研究的一项重要工作。趋势分析最初采用了案例分析法，后来转向专题分析法。这些研究在洗钱手法方面取得了丰硕的成果，为 FATF 组织积累了宝贵经验。但是，过分重视方法研究导致了对趋势研究的断续性和不规范性。虽然方法及手段研究有益于政策和战略的制定，但是，它只是洗钱和恐怖融资类型研究的一部分。洗钱和恐怖融资方法的不断演进和广泛应用过程的研究——洗钱趋势的研究，是类型研究另一个需要关注的方面。趋势研究有利于确立监控指标，以便于私人部门以及执法和监管部门及时发现洗钱和恐怖融资行为。因此，从长期来看，借助趋势研究可以更系统地研究和理解反洗钱策略。系统的研究将帮助人们发现洗钱和恐怖融资手法之间的联系。以往的类型研究发现：不同课题或项目常常发现相似或交叉的洗钱和恐怖融资方法。具体而言，洗钱犯罪的发展趋势表现如下：

第一，与恐怖活动和核扩散关系比较密切，并且有与恐怖活动融资和核扩散融资日益加深关系的趋势。传统洗钱主体一般是贩毒、诈骗等犯罪分子，洗钱的目的是为了将非法收入经过复杂的清洗过程转变成合法的资金。传统的洗钱往往与腐败、欺诈、暴力等犯罪相关。但最近几年，洗钱的犯罪主体和目的发生了一些变化，洗钱的主体不再仅仅是一般犯罪分子，恐怖分子也成为洗钱的主体。洗钱的目的不再局限于将非法资金混入合法资金中，而且包括为恐怖活动筹集资金和转移资金。

目前拥有核武器的国家都签署了《防止核扩散条约》[①]。但是，以美国为首的西方利益集团，指责有少数国家，比如朝鲜和伊朗等秘密开发核武器，它们为了购买核技术、原料等进行了大规模的融资，而且利用这些

① 1968 年 7 月 1 日，苏、美、英等国在各自首都同时签署该公约，并于 1970 年 3 月 5 日生效。条约规定：核国家不得以任何方式转让核武器或核武器爆炸装置；非核国家保证不制造核武器，不接受其他国家核武装的转让；无核缔约国的一切和平核装置应遵守国际原子能机构的规约和保障制度，国际原子能机构有权对其进行核查等，中国于 1991 年加入该条约。

资金在国际黑市上购买核材料等资源。于是在 FATF 的 2008 年年报和类型学报告中出现了"反核扩散融资"的概念。此概念一方面反映反洗钱措施对于遏制一切性质的金融交易都有效，所以这个机制的适用面越来越广；另一方面，反洗钱机制有很强的政治化倾向，已经成为美国等国家打击敌对国家的重要工具，下文详论。

第二，洗钱活动越来越专业化，特别是现在金融体系越来越复杂、金融产品创新越来越多，洗钱分子常常利用新的金融产品去洗钱。

（1）替代性汇款体系

从广义上讲，一切游离于正规汇款体系之外，游离于正规统计及监测之外，具有汇款替代功能、提供传送金钱服务或提供价值转移服务的系统或网络，均为替代性汇款体系（Alternative Remittance System，ARS）。[①] 它能够在正规金融部门以外提供价值转移服务，游离于统计及监测体系之外，容易给洗钱分子提供可乘之机，为大量、快速、秘密地转移和清洗非法资金提供了便利条件。近年来，替代性汇款体系更是已成为恐怖分子资金链的重要组成部分，受到国际社会的普遍关注。反洗钱金融行动特别工作组（FATF[②]）等国际反洗钱组织都非常关注如何在替代性汇款体系中实行反洗钱标准。

据相关资料统计，随着国际移民增速的不断加快，目前全球约有 1.8 亿人（约占世界总人口的 3%）不在出生地生活。2003 年，移民汇款占低收入国家 GDP 的 3% 左右，在一些国家甚至超过了 10%。官方数据显示，2003 年通过正规汇款体系的全球移民汇款达 1160 亿美元，但是人们普遍

---

① 这包括未注册或未经批准的汇款服务公司、货币兑换点、货币服务业或其他类似机构或个人网络。替代性汇款体系有很多别名，如非正规汇款体系（Informal Remittance System）、非正规价值转移体系（Informal Value Transfer System）、非正式汇款服务、非正规资金转移体系、地下银行（Underground Banking System）、地下汇兑、地下钱庄、地摊银行。其各种俗称包括：飞钱（中国）、Hundi（印度）、Hawala（中东）、Padala（菲律宾）、Chit System、Phoe Kuan（泰国）、Black Market Peso Exchange（南美）。

② The Financial Action Task Force，国际反洗钱领域的权威组织。

认为这一数据严重低估了实际的移民汇款规模。① 据估计，通过替代性汇款体系的移民汇款可能与通过正规汇款体系的移民汇款规模相近（见表2-1、表2-2）。

表2-1　　　　各个国家的国际收支平衡表中已记录的汇款额

单位：亿美元

年份 国家	1991	1992	1993	1994	1995	1996	1997	1998	1999	2000
安哥拉	2.69	5	11	14	11	9	1.06	1.06	7.9	7.9
孟加拉	18.12	18.09	19.52	20.91	22.67	19.13	21.37	21.73	25.01	24.26
厄瓜多尔	1.23	1.34	3.18	3.91	5.06	6.16	7.38	9.33	11.88	14.37
萨尔瓦多	6.27	8.53	10.05	12.91	13.93	12.59	13.64	15.34	15.66	18.3
危地马拉	2.77	4.06	3.71	4.56	5.08	5.37	6.29	7.43	7.54	9.11
印度	37.36	41.57	53.75	82.08	84.1	113.5	139.75	104.02	119.58	135.04
印度尼西亚	2.62	5.71	5.37	6.19	9.81	9.37	10.34	13.38	19.14	18.16
伊朗	20	19.96	15	12	8	4.71	4	5	5.08	5.39
巴基斯坦	28.9	35.02	23.37	29.19	26.11	27.39	39.81	28.01	35.82	41.88
菲律宾	15.21	22.22	22.76	30.09	49.28	43.06	57.42	49.26	67.94	60.5
斯里兰卡	6.45	7.3	7.95	8.82	8.47	8.81	9.67	10.54	10.78	11.66
苏丹	1.28	2.23	0.85	1.2	3.46	2.36	4.39	7.32	7.02	6.51
坦桑尼亚	5.04	6.5	3.9	3.12	3.7	3.71	3.14	4.27	4.13	4.06
土耳其	51.31	40.75	38	31.13	45.12	44.66	49.09	58.6	52.94	53.117
津巴布韦	1.92	3.47	2.71	0.69	1.49	1.26	1.28	1.15	1.22	0.75

资料来源：欧阳卫民.中国洗钱犯罪类型学初探［M］.北京：法律出版社，2007：9-10.

---

① 参见联合国研究报告.新出现的人口动态：国际迁徙和人口老龄化［OL］.网址：http://www.unescap.org/esid/committee2004/Chinese/SVG_3c.pdf.

表 2-2　　　　　　　各个国家替代性汇款在总汇款中的比重

年份国家	1991	1992	1993	1994	1995	1996	1997	1998	1999	2000
安哥拉	0.28	0.8	0.8	0.8	0.64	0.43	0.4	0.5	0.23	0.23
孟加拉	0.8	0.44	0.27	0.24	0.21	0.21	0.2	0.2	0.2	0.2
厄瓜多尔	0.2	0.12	0.11	0.11	0.1	0.1	0.11	0.13	0.1	0.1
萨尔瓦多	0.21	0.21	0.21	0.21	0.21	0.2	0.2	0.2	0.2	0.2
危地马拉	0.15	0.1	0.11	0.1	0.1	0.1	0.1	0.1	0.1	0.1
印度	0.29	0.11	0.11	0.11	0.12	0.12	0.1	0.1	0.1	0.1
印度尼西亚	0.2	0.45	0.22	0.21	0.21	0.2	0.21	0.24	0.21	0.21
伊朗	0.7	0.7	0.54	0.7	0.7	0.7	0.7	0.7	0.7	0.7
巴基斯坦	0.42	0.41	0.41	0.41	0.41	0.41	0.43	0.57	0.5	0.5

资料来源：欧阳卫民．中国洗钱犯罪类型学初探［M］．北京：法律出版社，2007：7.

（2）通过证券市场进行洗钱活动

利用证券市场洗钱不但可以将"黑钱"洗白，而且可以利用证券获得其他收益，这就是证券市场洗钱近几年有所抬头的原因。根据 FATF 的 2008 年类型学报告，有些犯罪分子甚至直接控制在证券市场挂牌上市的公司，利用上市公司进行洗钱活动，同时在证券市场抛售所持有的股票，获取股票溢价，而且其规模越来越大。

（3）通过保险市场进行洗钱活动

利用保险产品进行洗钱是犯罪分子偏好的一种手段，保险市场与证券市场一样具有脆弱性，除了传统的财产保险、人身保险产品的退保、理赔有可能被洗钱分子利用之外，保险市场现在还开发了大量所谓的"投联险"产品，使得保险产品具有投资产品的通性，与银行和证券理财产品的区别越来越小。犯罪分子可以方便地利用这种脆弱性，完成洗钱活动。

（4）通过银行同业存放进行洗钱

银行同业存放是银行间清算的重要手段，银行通过同业存放可以提高结算速度，但银行同业存放常被洗钱分子利用。洗钱分子有时在几个国家都开设同业存放账户，通过这些账户进行资金划转，使得追查的难度大大增加。

（5）金融衍生品市场

金融衍生工具是指一类其价值依赖于原生性金融工具的金融产品。金融衍生产品在形式上均表现为一种合约，在合约上载明买卖双方同意的交易品种、价格、数量、交割时间及地点等。目前较为流行的金融衍生产品合约主要有远期、期货、期权和互换这四种类型，其他任何复杂的产品都是以此为基础演化而来的。[1]

金融衍生品是近20年来才诞生的金融创新，其最初的作用是对冲风险，增加资产的盈利能力。但是，随着此次全球金融危机尘埃落定，社会大众逐渐发现这些产品本身具有巨大瑕疵，风险性很高，滋生投机、道德风险。从华尔街麦道夫等金融诈骗、洗钱案[2]可以看出，金融衍生产品由于其虚拟性、高杠杆率、海量交易等特点，非常容易引发金融犯罪，也为洗钱提

---

[1] 黄达.金融学（第二版）［《货币银行学》（第四版）］［M］.北京：中国人民大学出版社，2009：203.

[2] 2008年，美国接连爆发两起重大的金融诈骗案：一个是前纳斯达克证交所主席伯纳德·麦道夫通过类似对冲基金（Hedge Fund）的形式吸引大批富豪和机构进行投资；另一个是拥有美国和安提瓜双重国籍的富豪艾伦·斯坦福通过其控制的银行以大量发行高收益大额定期存单的形式募集资金，涉案金额可能分别高达500亿美元和80亿美元。这两起案件虽然手法各有差异，但在本质上都属于所谓的庞氏骗局（Ponzi Scheme），即骗人向虚假的业务投资，以后来投资者的钱作为投资盈利付给前期投资者以诱使更多人上当。这两起重大金融欺诈案涉案金额巨大，殃及众多的机构和个人投资者，造成的影响非常巨大。首先，成千上万的投资者失去自己的毕生积蓄，本就因金融海啸而不安的民众更加群情激愤。其次，在经济衰退的大背景下，进一步打击了投资者的信心，投资者为回避此类风险而大批赎回在共同基金、对冲基金上的投资，加剧了金融市场动荡。最后，在金融自由化浪潮中不断放松监管标准或没有与时俱进提高监管能力的欧美金融监管当局，面临巨大的问责压力，欧美金融监管体系将会出现较大调整。上述案件中，金融诈骗和洗钱都通过金融衍生工具和此类市场进行，具有很大的隐蔽性。

供了更加高效便捷的渠道。①洗钱呈现出智能化的趋势。

随着网络银行的兴起，电子支付信息加快了资金转移的速度，但它在提高金融服务水平的同时，也为非法洗钱创造了有利的条件。网络银行的出现使得资金以电子方式进入银行账户可以超越国家界限，这些资金转移手段与洗钱犯罪联系在一起，就难以避免。犯罪分子利用互联网洗钱的方式主要有两种：一是利用网上银行进行洗钱；二是通过开设网站，进行虚拟交易，以实现资金的转移，从而达到洗钱的目的。

2. 我国洗钱犯罪的主要趋势

从当前掌握的我国洗钱犯罪数据资料看，我国洗钱犯罪主要表现出如下的趋势：

（1）从地域分布的角度看，我国洗钱犯罪有从东南沿海等经济发达地区向内陆等经济不发达地区蔓延的趋势。早期的洗钱犯罪主要集中在广东、福建等东南沿海等经济发达地区，这些地方成为腐败、贩毒、走私等

---

① 根据 FATF 的历年来类型学报告，有两种新型的洗钱类型虽然在我国并不普遍，但需要引起注意：（1）利用非营利性机构洗钱。利用慈善机构等非营利性机构洗钱是近些年来凸显出来的新的洗钱类型。慈善机构等非营利性组织在审批、税收、监管、汇兑等方面都享有比营利性机构优惠的政策，而且这些组织不需要有经营业务，便因为捐助的渠道有大量的资金往来，这也使得一些犯罪分子打着非营利性组织的招牌进行洗钱，更加容易逃避监管。在美军对阿富汗、伊拉克实施军事打击之后，这些国家和地区陷入常年的内乱，政治混乱、经济衰退、物资匮乏，严重影响了这些国家普通人民的生存。因此，包括联合国在内的很多国家和地区纷纷通过慈善机构等一些非营利性组织对这些国家和地区实施援助。恐怖分子也利用了这种机构的便利性，假借慈善捐助的名义，为这些国家和地区的恐怖分子提供资金援助。因此，FATF《9 条特别建议》对此进行了详细规定。（2）现金运输（Cash Couriers）或走私。现金运输的洗钱方式是比较原始的洗钱方式，其频率和规模显然不如通过金融系统的洗钱方式。但是这种方法确实行之有效，而且因为避免资金进入金融系统就不会在支付清算系统中留下痕迹，具有很强的隐蔽性，尤其是"9·11"恐怖袭击以后，FATF 经研究发现恐怖分子融资使用这种方式比较多，这也是 FATF《9 条特别建议》对其进行特殊规定的原因。FATF《9 条特别建议》第 9 条：各国应该采取适当的措施以发现有形的货币和无记名可转让票据的跨境运输，这些措施应该包括申报体系和其他披露义务。各国应该确保他们的主管部门拥有法律职权以阻止或者遏制那些涉嫌与洗钱和恐怖融资或者那些进行不实申报或者披露的货币和无记名可转让票据的运输。各国应该保证规定有有效的、过罚相当的和劝诫性的处罚措施来处理那些进行不实申报或者披露的人。如果货币和无记名可转让票据与洗钱和恐怖分子融资有关，各国也应该采取包括与建议三和特别建议三相一致的立法措施在内的措施，这些措施允许这样的货币和票据可以被没收。

犯罪活动的重要洗钱渠道。随着我国对传统洗钱严重地区监控力度的增大，洗钱犯罪目前逐渐向内陆经济不发达地区蔓延。

（2）从洗钱案件类型的角度看，我国洗钱犯罪中涉众案件和贪污贿赂案件开始增多。早期的洗钱活动所涉及的上游犯罪主要集中在经济犯罪、毒品犯罪和走私犯罪等领域。然而目前，涉众案件和贪污贿赂案件中涉及的洗钱活动开始增多，例如北京"亿霖木业案"、辽宁"蚁力神案"、浙江"本色集团案"、广东"刘志坚案"等均属于这两类案件。①

（3）从洗钱犯罪方式角度看，洗钱犯罪分子洗钱的方式日趋复杂多样化。早期的洗钱分子进行洗钱的方式主要是现金走私，但目前洗钱犯罪的手法已经呈现出多样化和复杂化的特征。具体而言，目前我国洗钱犯罪的主要方式有：通过境外银行账户过渡，使非法资金进入金融体系；通过地下钱庄，实现犯罪所得的跨境转移；利用现金交易和发达的经济环境，掩盖洗钱行为；灵活使用各种金融业务，避免引起银行关注；通过设立公司作为非法资金的"中转站"；通过各种投资活动，将非法资金合法化。②

此外，在一些案件中，洗钱犯罪分子还通过证券或期货交易、进出口贸易等方式从事洗钱活动。

二、洗钱相关衍生概念和启示

随着洗钱的发展，出现许多与洗钱相关或衍生的概念。

（一）犯罪收益合法化

俄罗斯、乌克兰和白俄罗斯等东欧的国家，长期以来抵制使用"洗钱"（Money Laundering）的概念。若非参加 FATF 等国际组织，上述东欧国家更倾向于使用"犯罪收益合法化"（Legalization of the Illegal Proceeds）的措辞，尤其是在对外签署反洗钱协议等领域。但本质上讲，这个措辞与洗钱的含义是相同的，但不包括"逆洗钱"。

---

① 中国洗钱犯罪已现新趋势［J］.当代金融家，网址：http://www.chinavalue.net/Media/Article.aspx？ArticleId=54522&PageId=1。

②同上。

（二）逆洗钱

"逆洗钱"是洗钱的反向犯罪行为。洗钱是将犯罪所得通过"清洗"，使其表面合法化，其清洗后的犯罪所得往往用于合法用途。"逆洗钱"则相反，这是将本来合法的资产通过掩饰其来源和用途，最终资助犯罪活动，比如恐怖融资就是典型的逆洗钱。因此笔者认为，逆洗钱的概念更准确地说即"犯罪融资"或"资助犯罪"。洗钱和逆洗钱犯罪行为往往是交织的。例如，有组织犯罪或黑社会性质组织犯罪，一方面需要为维护自己的组织体筹集供犯罪组织运行和犯罪活动运作的资金，另一方面也需要为犯罪活动的各种收益寻求合法的掩饰渠道，以掩盖或隐瞒违法犯罪所得，使其表面上具有合法性。

（三）恐怖主义融资

恐怖主义融资（Terrorism Financing）是与洗钱并列的概念，反恐怖融资（Counter-terrorist Financing，CFT）是反洗钱（Anti-money Laundering，AML）的并列概念。1999年联合国《制止向恐怖主义提供资助的国际公约》规定了恐怖主义融资的定义："本公约所称的犯罪，是指任何人以任何手段，直接或间接地非法和故意地提供或募集资金，其意图是将全部或部分资金用于，或者明知全部或部分资金将用于实施：（a）属附件所列条约之一的范围并经其定义为犯罪的一项行为；[①]（b）意图致使平民或在武装冲突情势中未积极参与敌对行动的任何其他人死亡或重伤的任何其他行为，如这些行为因其性质或相关情况旨在恐吓人口，或迫使一国政府或一个国际组织采取或不采取任何行动。"

---

① 附件 1. 1970 年 12 月 16 日在海牙签署的《关于制止非法劫持航空器的公约》。2. 1971 年 9 月 23 日在蒙特利尔签署的《关于制止危害民用航空安全的非法行为的公约》。3. 1973 年 12 月 14 日联合国大会通过的《关于防止和惩处侵害应受国际保护人员包括外交代表的罪行的公约》。4. 1979 年 12 月 17 日联合国大会通过的《反对劫持人质国际公约》。5. 1980 年 3 月 3 日在维也纳通过的《关于核材料的实物保护公约》。6. 1988 年 2 月 24 日在蒙特利尔签署的《补充关于制止危害民用航空安全的非法行为的公约的制止在为国际民用航空服务的机场上的非法暴力行为的议定书》。7. 1988 年 3 月 10 日在罗马签署的《制止危害航海安全的非法行为公约》。8. 1988 年 3 月 10 日在罗马签署的《制止危害大陆架固定平台安全非法行为议定书》。9. 1997 年 12 月 15 日联合国大会通过的《制止恐怖主义爆炸事件的国际公约》。

洗钱行为和恐怖融资往往相生相伴、手法相似，很多情况下洗钱分子和恐怖分子实为同一犯罪集团或恐怖组织内的一丘之貉。洗钱和恐怖融资既有相似之处，又有相通之处。相似之处在于，涉及资金都要经过"隐瞒"其来源或者目的的过程，此类行为多涉及滥用金融系统或者其他资金流量较大、保密性较高的非金融行业，因此，合而击之、事半功倍是有可能性的；相通之处在于，恐怖分子往往将其他犯罪所得，例如绑架勒索、毒品和军火走私等所得经过清洗后资助新的恐怖活动，恐怖活动产生的收益也需要进行清洗。所以，对两者的共同预防具有必然性，应当齐头并进。

（四）核扩散融资

"核扩散融资"是 2008 年左右才出现的新名词。目前 FATF 的官方文件已经正式将"反核扩散融资"与反洗钱、反恐怖融资并列，适用类似的金融监管和制裁措施。这一举措以美国为主导，目的是为了打击伊朗、朝鲜等正在研究核武器的国家。反核扩散融资采取的手段和反洗钱一样，即禁止美国及其相关缔约国的金融机构与上述发展核武器的国家进行交易，若发现相关金融机构与这些国家交易，便对其实施制裁。例如，美国对朝鲜和伊朗的金融机构长期实施禁止措施。同时，若发现其他国家或地区的金融机构发生上述"违规"交易，美国及其盟国便要求本国金融机构断绝与"违规"机构的交易，并借助自身的影响力将"违规"机构归入美国及其盟国公布的"黑名单"，呼吁全球所有的金融机构断绝与黑名单上机构的交易往来；否则，美国及其盟国将对交易对手机构也采取必要措施。例如，2007 年，美国反洗钱机构 FinCEN 曾"认定"澳门汇业银行帮助朝鲜洗钱，因为朝鲜正在发展核设施，其资金移转可能与发展核设施有关，但中国外交部不同意此观点。①

---

① 2005 年 9 月，美国财政部指控汇业银行为"受极度关注的清洗黑钱的外国金融企业"，并建议施行措施要求所有美国的金融机构，终止一切与汇业银行之往来户口。此措施在 2007 年 3 月 14 日获裁决落实执行，裁决认为汇业银行未有采取适当之监察，未能防范及侦查到清洗黑钱和其他的非法活动，对与朝鲜有关的客户未作出充分的查证，为不寻常和虚假的金融活动提供了便利（有关美国财政部之指控详情，请参阅网址 www.fincen.gov）。

"反核扩散融资"的意图是遏制上述国家与外国的资金来往，本质是借助金融体系的反洗钱措施对美国所认定的不合作国家实施打击报复，是美国霸权主义在金融领域的体现。不可否认的是，这些措施确实非常奏效，因为金融是国家命脉，禁止涉外金融交易与贸易管制和禁运的性质是一样的，即金融制裁，效果有过之而无不及。

（五）地下钱庄

1. 地下钱庄的界定

地下钱庄是指为牟取非法利益，未经国家金融主管部门批准而擅自设立的非法金融机构的俗称。地下钱庄游离于金融监管体系之外，利用或部分利用金融机构的资金结算网络，从事非法买卖外汇、跨国（境）资金转移或资金存储借贷等非法金融业务。许多地下钱庄虽然涉及替代性汇款业务，甚至汇款业务量非常大，但是其同时也从事吸收存款、发放贷款、票据贴现、金融租赁、融资担保、外汇买卖等业务，业务范围大大超出了替代性汇款体系。但是在我国，替代性汇款体系的主要表现形式为地下钱庄。[①]

根据1998年6月30日国务院颁布施行的《非法金融机构和非法金融业务活动取缔办法》第三条规定："本办法所称，非法金融机构，是指未经中国人民银行批准，擅自设立从事或者主要从事吸收存款、发放贷款、办理结算、票据贴现、资金拆借、信托投资、金融租赁、融资担保、外汇买卖等金融业务活动的机构。"因此，地下钱庄属非法金融机构。

2. 地下钱庄的特点

（1）地下钱庄已形成一定规模，资金吞吐量大，服务对象多样化，有稳定的客户群体。中国替代性汇款体系已形成一定规模，从破获的地下钱庄案件看，涉案金额非常巨大，福建莆田"方建峰地下钱庄"非法买卖外汇近1亿美元。交易对象已从早期的个人和国有外贸公司逐步发展到以"三资企业"和"民营企业"为主。

（2）分布地区、辐射范围广泛。深圳—香港、珠海—澳门两大中心区的替代性汇款体系，就覆盖了广东的广州、东莞、中山、惠州、汕头、

---

① 欧阳卫民.中国洗钱犯罪类型学初探［M］.北京：法律出版社，2007：4.

潮阳等对外经济交流活跃的地市。各大地下钱庄中心区也有跨省、跨区、跨境的交叉业务。

（3）经营方式多为家族型，且组织严密，分工精细，多具有黑社会性质。中国替代性汇款体系管理者多为个体经营者，其核心成员基本上有着紧密的血缘和裙带关系。同时组织结构严密、分工细致，经营者一般只负责联系业务和幕后操纵，而每笔交易的资金交割则分别由境内及境外其他成员负责完成。中国部分替代性汇款体系与所在地黑恶势力相互勾结利用，形成帮派势力。①

三、洗钱概念的发展趋势

随着洗钱犯罪形势的日益严峻和日新月异，洗钱的概念也处在不断发展变化之中，表现出如下的发展趋势。

（一）洗钱概念的扩大化趋势

2000 年 10 月，加拿大和美国有关部门在温哥华共同主办召开了"太平洋周边地区打击洗钱及金融犯罪会议"。本次会议把洗钱犯罪涉及的非法所得来源不断扩大，并且从把犯罪收益洗为合法收入这一模式扩大到：（1）把合法资金洗成黑钱用于非法用途，如把银行贷款通过洗钱而用于走私；（2）把一种合法的资金洗成另一种表面也合法的资金，如把国有资产通过洗钱转移到个人账户以达到侵占的目的，即洗钱本身就成为犯罪过程；（3）把合法收入通过洗钱逃避监管，如外资企业把合法收入通过洗钱转移到境外。

联合国讨论通过的《反腐败公约》中规定，有三类行为可以构成洗钱犯罪：（1）转换或者转移犯罪所得；（2）处置、转移犯罪所得的所有权或者有关权利；（3）获取、占有或者使用犯罪所得。这表明，即使在行为人不具有"隐瞒或者掩饰该财产的非法来源"的犯罪目的时，明知财产为犯罪所得而仍然获取、占有或者使用该财产的，仍构成洗钱犯罪。

---

① 欧阳卫民.中国洗钱犯罪类型学初探［M］.北京：法律出版社，2007：20—23.

另外，通过上文对逆洗钱、反恐怖融资和反核扩散融资的探讨，我们可以初步得出结论，所有资金秘密转移，掩饰其最初来源或者最终用途的行为，都可以成为最广义的"洗钱"。

（二）洗钱构成要件的统一化趋势

就反洗钱国际立法而言，1988 年《禁止非法贩运麻醉药品和精神药物公约》、2000 年《打击跨国有组织犯罪公约》以及 2003 年《反腐败公约》，其中关于洗钱的定义概括明显趋同化。

1. 主观方面认定的统一

就三大公约的规定来看，自 1988 年"维也纳公约"把故意洗钱行为犯罪化作为缔约国的强制性义务后，随后的其他国际公约都坚持了这一做法，都强制把故意洗钱行为加以犯罪化，并都规定了对于洗钱罪中的明知、故意或目的可根据客观实际情况推定。至于过失洗钱行为是否应该加以犯罪化，三大公约都没有加以明文规定，由于过失洗钱行为本身要比故意洗钱行为轻，既然公约规定了故意洗钱行为而没有对过失洗钱行为加以明确规定，实际上就体现了国际社会中不倾向将过失洗钱行为加以犯罪化的思想。

2. 客观方面认定的统一

1988 年联合国维也纳公约把洗钱行为概括为三点，即（1）为了隐瞒或掩饰犯罪收益而转换或转移财产的行为；（2）明知为犯罪所得而隐瞒或掩饰财产的真实性质、来源、所在地、处置、转移、相关的权利或所有权的行为；（3）明知为犯罪所得而获取、占有或使用财产的行为。而从随后的 2000 年《打击跨国有组织犯罪公约》以及 2003 年《反腐败公约》就洗钱行为的规定而言，基本上继承了 1988 年《维也纳公约》关于洗钱行为的界定。

四、洗钱的基本过程

洗钱的途径千差万别，新类型层出不穷，并且随着金融创新，花样也越发翻新。但是，从抽象意义上看，典型的洗钱过程通常被分为三个阶段，即处置阶段（Placement）、离析阶段（Layering）和融合阶段（Integration）。

比如，某人将受贿所得借他人之名购买股票、投联险等保险产品、存入他人银行账户、购买金银珠宝、存入替代性汇款机构等属于处置阶段；然后操作上述理财产品、转移账户、跨境汇款等属于离析阶段；最后将理财产品通过出售、理赔等各种途径变现，或在境外匿名账户获得汇款等属于融合阶段。在实际操作过程中，三个阶段有时分界明显，有时则发生重叠，交叉运用，难以截然分开。[1]

对于恐怖主义融资和核扩散融资完全不同，可以分成收集、转移和使用三个阶段。恐怖分子通过正常经营或者非法手段集资，这个过程属于资金收集阶段；然后通过金融或特定非金融系统，以汇款或运输方式转移到指定的地区，交给特定的恐怖分子支配，这个过程属于资金移转阶段；异地的恐怖分子用这些资金购买武器、技术设备、训练新恐怖分子、维持恐怖组织的日常运转、实施恐怖袭击等，这个过程属于资金的使用阶段。核扩散融资的过程与此类似，不同点在于核扩散融资的主题往往带有一定的政府性组织背景，比如朝鲜政府，其融资的主要用途在于购买核材料、核技术以及聘请专家。

五、洗钱犯罪与其上游犯罪

洗钱犯罪最早衍生于毒品类犯罪，因为毒品犯罪是社会危害性和资金流动量极大的犯罪，因此通过追查、清缴毒资的途径打击毒品犯罪行之有效。由于毒品犯罪多数在贩毒和走私团伙的操纵下进行，因此早期洗钱的上游犯罪主要是有组织犯罪和走私犯罪。随着反洗钱工作的不断深入，各国法律工作者通过总结实践经验，认为反洗钱工作对打击所有须处理涉案资金的犯罪都有釜底抽薪的效果，因此国际社会达成共识，将洗钱的上游犯罪扩大化。"9·11"事件后，恐怖融资等相关犯罪也成为洗钱的上游犯罪。[2]随着联合国《反腐败公约》的生效，腐败类犯罪也被纳入洗钱的

---

① 李东荣.洗钱与反洗钱［M］.北京：中国财政经济出版社，2004：11.

② FATF 特别建议 9："将恐怖融资及相关洗钱行为规定为刑事犯罪：各国应将资助恐怖主义、恐怖活动及恐怖组织行为规定为刑事犯罪。各国应确保将这些罪行指定为洗钱的上游犯罪。"

上游犯罪。①

　　目前各国（法域）的立法对于洗钱的上游犯罪的问题规定很不一致，大致有以下几种规定：A.所有犯罪；B.所有严重犯罪；C.可判处一定刑罚以上的犯罪；D.可产生收益的犯罪；E.指定类型的犯罪；F.有组织犯罪；G.毒品类犯罪。

　　FATF《40条建议》第1条规定："各国应将洗钱罪适用于所有严重犯罪，以使洗钱犯罪的上游犯罪范围最大化。关于洗钱犯罪的上游犯罪的范围，可以规定包括所有犯罪；也可以限定一个范围，规定限于某些严重犯罪，或者规定限于法定刑为监禁的犯罪（限定范围的方法），也可以是上述几种方法的结合。""如果某个国家采用限定范围的方法，则洗钱犯罪的上游犯罪至少应囊括该国法律所规定的全部严重犯罪；如果该国法律对这些犯罪规定有最低刑罚，则应当包括所有法定最低刑为六个月以上监禁的犯罪。"无论采取何种方法，每个国家在规定洗钱罪的上游犯罪时都至少包括《术语表》所列的"指定的犯罪类型。"②

　　洗钱犯罪的上游犯罪最大化，是国际社会认识到洗钱和相关犯罪密切联系的结果，表明人们关于反洗钱能够对打击诸多犯罪起到釜底抽薪功效的认识已基本达成共识。国际公约的规定最终要转化为国内的专门刑事立法才具有实际效用，国内专门的刑事立法要结合本国的法律体系和国情具体设计，我国是传统的大陆法系国家，但是刑事立法受到苏联立法的影响，对洗钱罪的设计有独特之处，有些方面甚至具有超前性，这将在下文详细讨论。

---

　　① 这方面的国际法主要包括：1988年《联合国禁止非法贩运麻醉药品和精神药物公约》、1990年欧洲委员会《关于犯罪收益的清洗、搜查、扣押和没收问题的公约》、2000年《联合国打击跨国有组织犯罪公约》、2003年《联合国反腐败公约》、《欧盟理事会关于洗钱及犯罪工具和收益的识别、追踪、冻结、扣押和没收的框架决定》和FATF《40条建议》。其中，规定最完善的是FATF《40条建议》（2004）的规定。

　　② "指定的犯罪类型"：指以下20类犯罪：（1）参加有组织犯罪集团和进行敲诈活动；（2）恐怖主义活动，包括恐怖融资；（3）贩卖人口以及偷渡；（4）利用他人进行色情活动，包括利用儿童进行色情活动；（5）非法贩卖毒品和精神性药品；（6）非法贩卖军火；（7）非法贩卖盗窃物和其他赃物；（8）贪污和贿赂；（9）诈骗；（10）制假币；（11）产品制假和非法翻印；（12）环境类犯罪；（13）杀人、重伤害；（14）绑架、非法监禁和劫持人质；（15）抢劫或盗窃；（16）走私；（17）勒索；（18）伪造文书；（19）盗版；（20）内幕交易和操纵市场。

第二节　反洗钱国际立法

国际反洗钱立法的基本原则和精神，以美国1970年《银行保密法》为标志。反洗钱立法实践起始于20世纪70年代，随后多数国家相继制定了大量反洗钱类法律。随着洗钱行为，特别是恐怖融资对社会的危害日益明显，国际社会越来越意识到反洗钱工作的重要性、复杂性、紧迫性和长期性。相关国际组织在总结国内法经验的基础上开始了具有前瞻性和示范性的立法实践。

一、国际反洗钱立法的简要回顾

目前，国际反洗钱领域有代表性的重要国际法有22个[①]，大部分是正式的政府间国际组织制定的文件，例如联合国制定的《打击跨国有组织犯罪公约》和《反腐败公约》（2003）等5个法律文件；欧盟理事会制定的

[①] 1. 联合国《禁止非法贩运麻醉药品和精神药物公约》（1988）；2. 联合国《与犯罪收益有关的洗钱、没收和国际合作示范法》（1999）；3. 联合国《制止向恐怖主义提供资助的国际公约》（1999）；4. 联合国《打击跨国有组织犯罪公约》（2000）；5. 联合国《反腐败公约》（2003）；6. 巴塞尔银行监管委员会《关于防止犯罪分子利用银行系统洗钱的声明》（1998）；7. 欧洲议会和欧盟理事会《关于修订理事会〈关于防止利用金融系统洗钱的指令〉的指令》（2001）；8. 欧盟理事会《关于协调各成员国金融情报机构在交流情报方面合作的决定》（2000）；9. 反洗钱金融行动特别工作组《40条建议》（2004）；10. 反洗钱金融行动特别工作组《反恐怖融资特别建议》；11. 反洗钱金融行动特别工作组《确定反洗钱非合作国家或地区的标准与政策》；12. 反洗钱金融行动特别工作组《金融机构甄别恐怖融资指南》；13. 加勒比地区反洗钱金融行动特别工作组《十九条建议》14. 加勒比地区反洗钱金融行动特别工作组《金斯敦宣言》15. 埃格蒙特集团核心文件：《埃格蒙特集团宗旨声明》《加入埃格蒙特集团的程序》《埃格蒙特集团关于金融情报机构概念的解释》《埃格蒙特集团关于金融情报机构概念的解释》《金融情报机构之间交流洗钱案件情报的原则》（2005）；16. 沃尔夫斯堡集团《反洗钱原则》（2002）；17. 沃尔夫斯堡集团《沃尔夫斯堡集团制止恐怖融资声明》；18. 欧洲议会和理事会修正关于《从事和开展信贷机构业2000/12/EC号指令的2000/28/EC号指令》（2000年9月18日）；19. 欧洲议会和理事会关于《从事、开展和谨慎监督电子货币机构业务的2000/46/EC号指令》（2000年9月18日）；20. 1998年欧盟关于《洗钱及犯罪工具和收益的识别、追踪、冻结、扣押和没收的联合行动》；21. 1990年欧洲委员会《关于犯罪收益的清洗、搜查、扣押和没收问题的公约》；22.《欧盟理事会关于洗钱及犯罪工具和收益的识别、追踪、冻结、扣押和没收的框架决定》。

《关于修订理事会〈关于防止利用金融系统洗钱的指令〉的指令》（2001）和《关于协调各成员国金融情报机构在交流情报方面合作的决定》（2000）等五个法律文件。这些法律文件对于缔约国有国际法上的约束力，不履行义务要承担国际法上的责任。FATF和FATF模式的区域性组织是专门的政府间国际反洗钱组织，但其核心文件多以"建议"或"指南"的方式出现。例如，FATF《40+9条建议》和加勒比地区反洗钱金融行动特别工作组《十九条建议》等文献对于缔约国仅具有道义上的约束力，不具有联合国公约或欧盟理事会指令一样的法律约束力。这些组织主要通过多边评估并发布高透明的评估报告，以及确立不合作国家和地区名单等方式，借助国际舆论督促本组织成员遵守这些"软法"。违反这些义务虽然不会承担国际法上的责任，但是国际声誉会受到很大影响。埃格蒙特集团、巴塞尔委员会和沃尔夫斯堡集团是非政府间国际组织，它们的反洗钱类文献也没有法律约束力，但是针对性、专业性和指引性很强，对于国际和国内法的起草有重要影响。

国际反洗钱立法的历史发展，大致可以分为两个时期：国际反洗钱立法起始于20世纪70年代，可称为初创期；20世纪90年代末至今相关国际法不断改进完善，可称为发展期。

（一）初创期的反洗钱国际立法

"初创期"以洗钱概念和传统反洗钱措施达成国际共识为标志。较早的国际反洗钱立法主要是在总结少数发达国家打击毒品等相关犯罪经验的基础上制定的非专门性反洗钱法律。由于洗钱问题最早衍生于毒品类犯罪，为了打击毒品类犯罪和遏制毒资的移转，反洗钱作为打击毒品类犯罪的辅助措施开展起来。这一时期反洗钱国际立法主要包括：

1. 联合国《禁止非法贩运麻醉药品和精神药物公约》（1988）[1]

该公约是联合国制定的第一个涉及打击跨国洗钱犯罪的国际性法律文

---

[1] 1988年12月19日在奥地利维也纳，联合国会议的第六次全会上通过了该公约，1990年11月1日生效，也称《维也纳公约》。中国于1988年12月20日签署了该公约，中国全国人大常委会于1989年9月4日批准了该公约。

件。虽然该公约不是针对洗钱问题制定的文献，但是立法者已经认识到遏制毒资流动在打击毒品犯罪中起着关键作用。

该公约关于洗钱的规定有以下三个特点：（1）规定毒品类洗钱犯罪范畴。该文献是联合国首次要求将洗钱规定为刑事犯罪的公约，对于 FATF 建议的起草工作起了指引作用。但该公约规定的上游犯罪范围过窄，仅限于毒品类犯罪。（2）规定了遏制洗钱犯罪的措施。该公约规定的遏制毒品犯罪的行政和刑事措施已经比较成体系，但所倡导的打击毒品犯罪和洗钱行为的手段仍停留在没收、冻结、扣押和特殊侦察取证手段等传统的行政和刑事措施方面，尚没有涉及金融领域反洗钱的系统监控措施。（3）规定了反洗钱方面的国际合作。该公约的制定者已经意识到了国际合作在打击跨境洗钱犯罪中的重要性，规定了包括跨境调查取证、送达司法文件、搜查扣押、现场检查、查阅记录、资产追回和引渡等传统的司法协助的内容，同时规定了司法互助的主管部门和程序，也倡导各国应该减少司法互助的壁垒，通力合作。这些关于司法援助的规定已经比较完善，但是尚缺少国际合作的另一重要方面——金融情报交流。因此，它还不是现代意义上的反洗钱立法。

2. 1990 年欧洲委员会《关于犯罪收益的清洗、搜查、扣押和没收问题的公约》

该公约的立法者已经意识到反洗钱不仅对于遏制毒品犯罪有重要意义，而且对于打击所有可产生收益的犯罪都有釜底抽薪的效果。公约主要强调了通过传统的行政和司法强制措施遏制洗钱行为，其对于洗钱罪的认定、刑罚、对犯罪收益的强制措施、反洗钱的国际合作和反洗钱领域内适用的新技术和手段做了规定。该公约规定的洗钱上游犯罪的范围较广，囊括了所有犯罪，可以说是在反洗钱理念上迈进了一大步。但其规定的行政、司法手段以及国际合作的方式基本上没有超越前述公约，仅在关于利用新技术调查方面的规定有些新意。①

---

① 该公约第四条规定："2. 各缔约国应考虑采取可能必要的立法和其他措施，以便使其能够利用特殊调查手段识别和追踪收益以及收集与之有关的证据。此种手段可能包括监测各种指令、观察、截获通信、登录计算机系统以及产生特定文件的指令。"

3. 1991 年 6 月 10 日，欧洲委员会《关于防止利用金融系统洗钱的理事会指令（91/308/EEC）》

1991 年 6 月 10 日，欧洲共同体理事会在卢森堡通过了欧盟的第一个金融领域反洗钱指令，即《关于防止利用金融系统洗钱的指令（91/308/EEC）》。该指令开始注意到传统金融系统的弊端是滋生洗钱犯罪的温床，铲除金融系统的温床是打击洗钱犯罪的必然选择。该公约规定的"金融"的范畴已经扩大到信贷和金融机构以外所有面临洗钱风险的领域，这种规定具有一定的前瞻性，相对于 FATF2003 年将"特定的非金融领域"纳入反洗钱工作范围的建议，早了十多年。该公约最大的贡献就是第一次比较明确地规定了尽职调查、记录保存、禁止泄密、交易报告和未合规的处罚等现代反洗钱领域金融机构合规的核心原则，在金融领域反洗钱的国际法中具有划时代意义。该指令在 2001 年又进行了修改，修改后的版本从报告机构合规的角度系统阐述了金融及相关领域的反洗钱规则，暂容后述。

（二）发展期的反洗钱国际立法

"发展期"以金融机构合规标准及金融情报机构制度的形成为标志，相关国际法确定了一系列行之有效的现代反洗钱措施。

1. FATF 文献 [1]

（1）《40 条建议》

FATF 在 1990 年 2 月 6 日发表的年度报告中，就反洗钱问题提出了《40条建议》，并且在 1996 年和 2003 年进行了两次重大修订。现行的 40 条建

---

[1] FATF 是 1989 年由七国集团（美国、日本、德国、法国、英国、意大利、加拿大）在巴黎成立的专门制定反洗钱和反恐融资领域内的国际指引，并积极推动各国相关政策制定和实施的政府间组织。它的主要文献《40+9 条建议》是国际反洗钱和反恐怖融资的核心文件，成为联合国、其他国际组织和各国制定相关法律和政策的首要参考。FATF 最初仅是七国集团建立的临时组织，期限为 5 年，后来延长到 8 年。本应该于 2002 年结束，但发展到现在已逐渐变成一个常设机构。目前 FATF 有 33 个成员，包括 31 个国家和地区以及 2 个国际组织；拥有 20 多个观察员，我国已于 2005 年 1 月成为其观察员。加入该组织的要求也越来越高，成为其成员后还要经常接受其框架内的严格评估。

议主要是 2003 年 6 月 18 日在柏林会议上审议通过的新《40 条建议》，此文本在 2004 年 10 月又以修正案的形式进行了修改。新 40 条建议分为前言、引言、法律体系、金融机构和非金融行业和职业应采取的反洗钱和反恐融资措施、反洗钱和反恐融资体系中的制度性措施和其他必要措施、国际合作、术语表以及《40 条建议的解释》等 8 部分。据美国政府的统计，占世界人口 85% 和全球经济产量约 90%~95% 的大约 130 个独立法域作出了执行《40 条建议》的政治承诺。

（2）《9 条特别建议》

在"9·11"事件后，打击恐怖融资成为与反洗钱同等重要的国际社会焦点。为了打击恐怖融资，2001 年 10 月 29 日 FATF 的成员和观察员在华盛顿举行会议，审议通过了 8 条特别建议。2004 年 10 月于巴黎通过了第 9 条特别建议。特别建议的内容主要包括：①批准和执行联合国决议；② 将恐怖融资及其相关的洗钱活动规定为刑事犯罪；③冻结和没收恐怖分子财产；④报告与恐怖融资有关的可疑交易；⑤国际合作；⑥替代性汇款机制；⑦电汇；⑧非营利性组织；⑨现金运输。至此《40+9 条建议》构建了较为完整的反洗钱和反恐融资框架体系。

（3）《确定反洗钱非合作国家或地区的标准与政策》

随着全球经济日益开放，资金流动不断加速，支付方式不断创新。但一些国家和地区监管缺失，特别是在客户识别等合规方面还是空白，这成为反洗钱工作的死角。在此背景下，为了有效打击洗钱活动，FATF 成员国于 2001 年 6 月制定并发布了《确定反洗钱非合作国家或地区的标准与政策》。其目的在于确定非合作国家和地区的标准，识别非合作国家和地区，并鼓励非合作国家和地区也能够加入到国际反洗钱的合作当中来。同时 FATF 设定了"不合作国家和地区"（NCCTs）名单，列入该名单的国家和地区被认为与国际标准背道而驰，这导致这些国家声誉受到影响，在国际交往中处于不利的地位。例如，缅甸因长期榜上有名，美国等国家长期对其进行经济制裁。一些国家和国际组织也拒绝与染指洗钱的离岸金融中心发生业务往来，被列入黑名单的国家往往要花大力气摆脱这样的阴影。① 目前，NCCT 成员原来有十多个，甚至包括俄罗斯、乌克兰和白俄罗斯等大国，经过各国的努力，现在都已脱离了黑名单。

（4）反洗钱金融行动特别工作组《金融机构甄别恐怖融资指南》

2001 年 10 月，FATF 的特别全体会议重点讨论了金融机构反恐融资的问题。会议决定起草一个指南，帮助金融机构建立甄别恐怖融资手段的机制。由此 FATF 成员国的专家将反恐融资问题作为以后年度重要课题进行研究。该指南的目的在于预防金融机构被滥用为隐藏和移转恐怖资产的工具。该指南虽然和 FATF 的 8 条特别建议同时起草，但是侧重点不同。特别建议及其解释所针对的主体是国家（或法域），而该指南所针对的主体是金融机构。该指南对于金融机构如何进行反恐融资行动给予了有针对性的指引，较特别建议的规定更为细致。②

2. 埃格蒙特集团文献

埃格蒙特集团于 1995 年 6 月在布鲁塞尔成立。它作为金融情报机构（FIU）之间的非政府性国际组织目前有 106 个成员，并且其规模还在迅速扩张中，其主要文件包括《宗旨声明》《加入埃格蒙特集团的程序》《埃格蒙特集团关于金融情报机构概念的解释》和《金融情报机构之间交流洗钱案件情报的原则》。它围绕着专门反洗钱机构——金融情报机构（FIU），规定了 FIU 的定义、地位、职能、情报交流等重要内容，是国际反洗钱法开始走向成熟的标志。该集团起草的 FIU 间使用的 MOU 范本更是成为世界上 FIU 和相关主管部门开展合作时的重要参考，多数埃格蒙特集团成员使用的 MOU 都是在该范本基础上依据其本国法修改而成，大大促进了国际金融情报交流工作。

由于该集团在国际反洗钱和打击相关犯罪工作中的权威性，它的主要文献已经为主要的反洗钱、反恐融资和反腐败的国际法律所直接援引。埃

---

① 例如曾被列入 NCCTs 的俄罗斯，不遗余力地开展反洗钱工作，参照国际标准出台了一系列法律，建立了高级别的金融情报机构，用了 1 年时间就脱离了黑名单并成为 FATF 成员国。

② 该文件分为引言、恐怖融资和金融机构的风险、强化已有措施、适时提高谨慎性、恐怖融资特点、恐怖分子资金来源、清洗与恐怖分子有关的资金，附件 1：可能引起警觉的金融交易的特点和附件 2：信息来源等 9 部分。

格蒙特安全网络也成为其成员间交流情报和相关合作的主要渠道。埃格蒙特集团的趋势是建设成为正式的国际组织，其成员间适用的合作指引性文件会经历从 MOU 到协议（Agreement）再到条约（Treaty）的转变过程，尽管过程相对缓慢，但这是重要国际组织自身演进的趋势。

3. 联合国文献

（1）联合国《与犯罪收益有关的洗钱、没收和国际合作示范法》（1999）

该《示范法》是由联合国禁毒与犯罪问题办公室于 1999 年制定的专门针对洗钱行为的法律规范，适用于大陆法系的国家。[①] 该《示范法》是联合国历史上第一次用正式法律文献的方式仅针对洗钱问题进行的立法。它总结了 FATF 建议、巴塞尔银行反洗钱文献和欧盟理事会文献，以引言、总论、洗钱预防、洗钱侦查、强制措施及国际合作 6 个篇章，从洗钱的概念、机理、与有组织犯罪及相关犯罪的关系、社会危害和对其的预防和打击方面做了系统的规范。重点详述了金融系统内反洗钱工作的原则和机制，对于反洗钱的行政和刑事措施也继承了前述国际法的主要精神。值得注意的是，该《示范法》是联合国高层级的法律第一次专章规定金融情报机构的地位、职能和重要意义，而且在文件末尾又专门用示范法令的形式为各国金融情报机构的立法提出了指引，在国际反洗钱立法领域具有里程碑意义。

（2）联合国《制止向恐怖主义提供资助的国际公约》（1999）

国际恐怖行为的频度和规模在很大程度上依赖恐怖分子可以获得多少资助，因此反恐融资逐渐成为整个国际社会反恐行动的重点。此前这方面的国际法还是空白，因此迫切需要增强各国之间的国际合作，制定和采取有效的措施以打击恐怖融资。1999 年 12 月 9 日，第五十四届联合国大会通过了《制止向恐怖主义提供资助的国际公约》，弥补了现有的国际相关文件在此方面的不足。该公约于 2002 年生效，中国已于 2001 年 11 月 14 日签署了该公约。该公约共 28 条，其中的第 18 条规定了在面临与洗钱有

---

① 2003 年联合国禁毒与犯罪问题办公室另行制定了一部适用英美法系国家的示范法，其名称为联合国《洗钱犯罪收益与恐怖融资示范法》。

关的可疑交易情况时金融机构应采取的控制措施，并强调各缔约国应进一步加强国际合作来预防犯罪行为。

（3）联合国《打击跨国有组织犯罪公约》（2000）[1]

联合国《打击跨国有组织犯罪公约》是目前世界上第一个针对跨国有组织犯罪的全球性公约。它确立了通过促进国际合作，更加有效地预防和打击跨国有组织犯罪的宗旨，为各国开展打击跨国有组织犯罪的合作提供了法律基础。公约规定缔约国应采取必要的立法和其他措施，将参加有组织犯罪集团、洗钱、腐败和妨碍司法等行为定为刑事犯罪。该公约共41条，与洗钱活动密切相关的有以下内容：第6条，洗钱行为的刑事定罪；第7条，打击洗钱活动的措施等。该公约的特点在于规定的国际司法协助的内容相当详尽[2]，这些制度为国际反洗钱司法协助的开展铺平了道路，对FATF建议的后两次修改影响巨大。

（4）联合国《反腐败公约》（2003）[3]

该公约是联合国历史上通过的第一个指导国际反腐败斗争的专门法律文件，扩大了传统腐败概念的外延，强化了反腐败机制，进一步强调了洗钱和腐败行为的内在联系，在吸收国际上重要的反洗钱立法积极成果的基础上（例如FATF《40条建议》，埃格蒙特集团文献），强调了反洗钱是反腐败工作不可或缺的组成部分，将反洗钱纳入了反腐败工作的范畴。该

---

① 联合国《打击跨国有组织犯罪公约》于2000年11月15日在第55届联合国大会上通过，2003年9月29日正式生效。中国已于2000年12月12日签署了该公约，中国全国人大常委会于2003年8月27日批准了该公约。

② 包括八种司法协助措施：向个人获取证据或陈述；送达司法文书；执行搜查和扣押并实行冻结；检查物品和场所；提供资料、物证以及鉴定结论；提供有关文件和记录的原件或经核证的副本，其中包括政府、银行、财务、公司或营业记录；为取证目的而辨认或追查犯罪所得、财产、工具或其他物品；为有关人员自愿在请求缔约国出庭提供方便；不违反被请求缔约国本国法律的任何其他形式的协助。

③ 联合国《反腐败公约》的起草工作始于2000年12月；在2003年10月31日的第58届联合国大会全体会议上审议通过。中国政府于2003年12月10日签署了该公约，并于2005年10月27日，在第十届全国人民代表大会常务委员会上第十八次会议以全票批准，于12月14日正式生效。关于该公约的解读可参见《联合国〈反腐败公约〉对反洗钱工作的重要意义》，载于《中国金融》2005年第24期。

公约在总结归纳既有国际公约的基础上，针对腐败问题对反洗钱工作提出了系统而细致的要求。根据联合国毒品和犯罪问题办公室 2004 年 2 月在维也纳发布的《有关反洗钱立法的联合国公约和国际标准概览》对于该公约的解读，该公约中有 12 条，共 95 款涉及了洗钱问题及其遏制手段和机制，占文本篇幅 1/5。

公约共有八章七十一条，在其"预防、刑事定罪与执法、国际合作、资产追回、履约监督"五大机制中，有三大机制明确涉及各缔约国反洗钱法律制度和工作机制的各个方面，为防范和打击洗钱提出了相当周密的规范性要求，主要包括第二章预防措施第十四条"预防洗钱的措施"和"国家合作"，第三章定罪和执法第二十三条"对犯罪所得的洗钱行为"，第五章资产的追回第五十二条"预防和监测犯罪所得的转移"和第五十八条"金融情报机构"。其他条款也多处渗透、融合了国际上现有的反洗钱工作指导精神，适用了既成的反洗钱机制。

4. 巴塞尔银行监管委员会文献

巴塞尔银行监管委员会（以下简称委员会）的成员由西方 12 个发达国家：比利时、加拿大、法国、德国、意大利、日本、荷兰、瑞典、瑞士、英国、美国和卢森堡的中央银行和金融监管机构组成，于 1975 年成立。秘书处设在位于巴塞尔的国际清算银行，其宗旨是促进各国在银行监管事宜上的合作。《关于防止犯罪分子利用银行系统洗钱的声明》于 1998 年 12 月通过。声明分为前言和原则声明两个部分，对银行业反洗钱做了系统、专业和全面的规定，特别是对于尽职调查、记录保存、交易报告和内控制度进行了细化规定。该声明对于"FATF 建议"2003 年之后的修改，特别是对于金融领域的反洗钱措施的规定，有重大影响。

5. 欧盟法

（1）欧洲议会和欧盟理事会《关于修订理事会〈关于防止利用金融系统洗钱的指令〉的指令》（2001）

2001 年 12 月，欧洲议会和欧盟理事会在布鲁塞尔通过了欧盟的第二个反洗钱指令，即《关于修订理事会〈关于防止利用金融系统洗钱的指令〉的指令》（2001/97/EC）。2001/97/EC 号指令结合了欧盟条约、服务贸易总协议的原则，考虑了国际洗钱的新趋势，对洗钱的上游犯罪作出了扩大解释；通过修订"信用机构"和"金融机构"的范畴等来最大范围地覆盖金融业反洗钱范围；扩大了履行必要义务的对象范围，对公证人等专业人员的相关义务作出了规定。[①]

（2）欧盟理事会《关于协调各成员国金融情报机构在交流情报方面合作的决定》（2000）

1997 年欧洲议会批准了打击有组织犯罪的行动计划，建议应当根据理事会《关于防止利用金融系统洗钱的指令（91/308/EEC）》，加强相关机构在接收可疑交易报告方面的合作。随着各成员国金融情报机构之间情报交流工作的逐步加强，有必要改善各国金融情报机构之间的情报交流机制以确保情报交流的效率，进而更有效地打击和预防洗钱犯罪活动。欧盟理事会于 2000 年 10 月 17 日在卢森堡通过《关于协调各成员国金融情报机构在交流情报方面合作的决定（2000/642/JHA）》，并于同日生效。在此文件的基础上，欧洲建立了与埃格蒙特集团并行的情报交流网络。

6. 加勒比金融行动特别工作组文献[②]

（1）加勒比反洗钱金融行动特别工作组《19 条建议》

加勒比反洗钱金融行动特别工作组（Caribbean Financial Action Task Force，CFATF）成立于 1992 年，是加勒比地区的区域性政府间组织，目前有 30 个成员国。本建议于 1992 年 12 月通过，并于 1999 年 10 月 20 日修定。建议中规定了反洗钱部门、洗钱罪、豁免权、没收、主管机构、记

[①] 其中，91/308/EEC 号指令的第 1、3、6、7、9、11 条由 2001/97/EC 中的新条款代替，第 2、8、10 条分别添加了新内容，而第 4、5、8、10、12 条中的部分术语进行了替换。该法律的修订可谓与时俱进，使得欧盟反洗钱立法达到了前所未有的新高度。

[②] 由于地区和文化差异，反洗钱政策的制定和实施以及国际合作需要在总体原则的指引下兼顾地区特点。地区性 FATF 组织是世界各地结合本地区特点建立起来的反洗钱组织。目前地区性 FATF 组织包括：欧亚反洗钱和反恐融资小组、亚太反洗钱工作组、加勒比反洗钱金融行动特别工作组、欧洲理事会反洗钱措施评估专家委员会、东南非反洗钱工作组、南美金融行动特别工作组、中东北非金融行动特别工作组。目前西非地区 FATF 组织也正在筹建中。我国是欧亚反洗钱和反恐融资小组（EAG）的创始成员国，该组织是覆盖面积最大，涉及人口最多的地区性 FATF 组织。区域性组织的成立在客观上打破了少数国家"挟反恐以令诸侯""借反洗钱号令天下"的格局，使得各个国家和地区因地制宜，平等参与国际反洗钱和反恐融资行动。

录保管、现金报告、行政合作等方面的内容。

（2）加勒比反洗钱金融行动特别工作组《金斯敦宣言》

1992 年 11 月 5 日至 6 日，加勒比地区政府的部长和其他代表齐聚牙买加金斯敦，发表了《金斯敦宣言》。会议讨论了各国的反洗钱工作情况，近年来各国取得的工作进展以及未来应采取的措施，回顾了 1990 年 6 月在阿鲁巴岛举行的会议及 1992 年 5 月 26 日至 28 日在金斯敦举行的反洗钱专家技术研讨会的成果，决定在打击贩毒和洗钱方面加大力度，一致同意签署并批准联合国《禁止非法贩运麻醉药品和精神药物公约》，并同意签署和执行反洗钱金融行动特别工作组的《40 条建议》以及加勒比地区反洗钱金融行动特别工作组的《19 条建议》。会议还建议设立秘书处来协调成员国的合作，并提出了监督及合作的计划。

7. 沃尔夫斯堡集团文献

（1）《反洗钱原则》（2002）

该原则是由沃尔夫斯堡集团在 2000 年 10 月与透明国际和马克·皮斯教授一起提出的一套全球银行业反洗钱指南，并于 2002 年 5 月第一次修订。沃尔夫斯堡集团由下列金融机构组成：ABN AMR N.V. 银行、西班牙中亚 Banco Santander S.A.、东京三菱有限银行、花旗集团、瑞士信用集团、德国 AG 银行、高盛、汇丰银行、摩根大通集团、Societer-Gerneral 以及 USB AG。该《原则》根据国际立法的趋势，及时修订了相关章节，篇幅不长，言简意赅，重申了金融业反洗钱的核心原则，并且着重强调了内部教育和培训在金融业合规工作中的作用。

（2）沃尔夫斯堡集团《沃尔夫斯堡集团制止恐怖融资声明》

该声明是继上述文件之后发布的反恐融资倡议，吸收了当代国际反恐融资类法律的主要原则。《声明》开章明义地说明恐怖活动的资金不一定来自于犯罪所得，这一点使得反恐融资和反洗钱工作有了一定区别，也增加了工作的难度，因此该声明对金融机构的反恐融资工作提出了更高的标准。[①]

---

① 全文分为前言、金融机构在反恐融资中的作用、个体权利保护、了解你的客户、高风险行业和行为、监控、加强全球合作的必要性等 7 个部分，并在最后表示该集团赞同 FATF 反恐融资的建议。

二、国际反洗钱立法的基本原则和精神

（一）上游犯罪最大化

洗钱[①]及其上游犯罪范围的界定，是整个反洗钱工作的逻辑起点。目前洗钱的上游犯罪最大化，在国际社会上基本达成共识。

"9·11"事件后，恐怖融资等相关犯罪也成为洗钱的上游犯罪。[②]随着联合国《反腐败公约》的生效，腐败类犯罪也被纳入洗钱的上游犯罪。[③]FATF《40条建议》第1条规定："各国应将洗钱罪适用于所有严重犯罪，以使洗钱犯罪的上游犯罪范围最大化。关于洗钱犯罪的上游犯罪的范围，可以规定包括所有犯罪；也可以限定一个范围，规定限于某些严重犯罪，或者规定限于法定刑为监禁的犯罪（限定范围的方法），也可以是上述几种方法的结合。""如果某个国家采用限定范围的方法，则洗钱犯罪的上游犯罪至少应囊括该国法律所规定的全部严重犯罪；如果该国法律对这些犯罪规定有最低刑罚，则应当包括所有法定最低刑为六个月以上监禁的犯罪"无论采取何种方法，每个国家在规定洗钱罪的上游犯罪时都至

---

① 虽然一般情况下，洗钱罪的具体犯罪构成和刑事责任应该由一法域的刑事法律规范规定，而反洗钱法作为行政法和经济法的合体主要应该侧重于公权力部门的职能划分和报告主体的合规要求，但是由于洗钱和洗钱罪的并非完全等同的概念，反洗钱法一般要超越刑法的概念，从犯罪学的角度规定洗钱的定义。由于英美法系和大陆法系刑法中有关于吸收犯或牵连犯等罪数形态原则的规定，因此很多情况下，某行为构成了洗钱行为，但是在刑事司法上只能被定为其他犯罪，最典型的就是被定洗钱行为上游犯罪的罪名。因此，反洗钱法中洗钱的概念一般要大于刑法中对于洗钱罪的规定。

② FATF特别建议9："将恐怖融资及相关洗钱行为规定为刑事犯罪：各国应将资助恐怖主义、恐怖活动及恐怖组织行为规定为刑事犯罪。各国应确保将这些罪行指定为洗钱的上游犯罪。"

③ 这方面的国际法主要包括：1988年《联合国禁止非法贩运麻醉药品和精神药物公约》、1990年欧洲委员会《关于犯罪收益的清洗、搜查、扣押和没收问题的公约》、2000年《联合国打击跨国有组织犯罪公约》、2003年《联合国反腐败公约》《欧盟理事会关于洗钱及犯罪工具和收益的识别、追踪、冻结、扣押和没收的框架决定》和FATF《40条建议》。其中规定最完善的是FATF《40条建议》（2004）的规定。

少包括《术语表》所列的"指定的犯罪类型"。①

（二）报告可疑交易

最初的反洗钱类法律仅从传统的行政和司法措施方面开展反洗钱，特别是强调侦查和强制措施。针对犯罪分子通过赃款赃物的物理形态的转移"窝赃"，这些做法尚游刃有余。但是对于洗钱分子利用银行等金融机构的洗钱行为，传统做法显然已不合时宜。洗钱分子利用金融机构《保密法》的庇护有恃无恐，金融机构沦为其清洗黑钱的工具。面对这种局面，以"反洗钱法"修正"金融机构保密法"的弊端势在必行。只有了解客户的真实身份，报告大额和可疑交易才能发现犯罪线索，遏制洗钱行为。1970 年，美国通过《银行保密法》，改革了传统的银行保密制度，确立了美国反洗钱制度的基础。20 世纪八九十年代，多数发达国家和地区先后制定了反洗钱法，对金融业保密制度进行了大刀阔斧的革新。以严格的银行保密制度而著称的瑞士，也迫于国际压力接受了国际通行的反洗钱规则，从 2004 年 7 月 1 日起，凡在瑞士银行利用匿名账户向国外汇款超过一定数额的客户，银行必须公开其真实身份。

报告机构履行反洗钱义务是《反洗钱法》对于金融机构《保密法》进行修正的最直接表现，也是反洗钱立法的两大核心内容之一。此项原则主要包括 5 个方面：尽职调查、记录保存、交易报告、禁止泄密和内控制度。

1. 尽职调查（Due Diligence）

洗钱分子将黑钱投入金融系统意图在于经过资金的交易和移转，逐步模糊黑钱的真实来源并隐藏洗钱者与黑钱的直接联系，借以逃避金融监管和司法侦查。最常用也是最简单的方法就是利用匿名、假名进行交易，或者指使第三人进行交易。因此，若能洞悉资金与犯罪分子的关联，就为将

---

① "指定的犯罪类型"指以下 20 类犯罪：（1）参加有组织犯罪集团和进行敲诈活动；（2）恐怖主义活动，包括恐怖融资；（3）贩卖人口以及偷渡；（4）利用他人进行色情活动，包括利用儿童进行色情活动；（5）非法贩卖毒品和精神性药品；（6）非法贩卖军火；（7）非法贩卖盗窃物和其他赃物；（8）贪污和贿赂；（9）诈骗；（10）制伪币；（11）产品制假和非法翻印；（12）环境类犯罪；（13）杀人、重伤害；（14）绑架、非法监禁和劫持人质；（15）抢劫或盗窃；（16）走私；（17）勒索；（18）伪造文书；（19）盗版；（20）内幕交易和操纵市场。

犯罪分子绳之以法打下基础。"尽职调查"或"了解你的客户（Know Your Customer）"是报告机构合规的起点，它要求金融机构了解客户的真实身份，以识别特定资金与其真正所有人的关系，为反洗钱主管机关的综合分析、调查取证提供线索。此原则最早由巴塞尔银行法规与监管实践委员会于 1988 年发表的《关于防止犯罪分子利用银行系统洗钱的声明》中提出，现在这项制度已经是反洗钱领域的基础制度。沃尔夫斯堡集团《反洗钱原则》、欧洲议会和理事会《修正关于防止利用金融系统洗钱的 91/308/EEC 号理事会指令的 2001/97/EC 号指令》《2001 年财经部长理事会 / 司法与家庭事务理事会联席会议文献》、FATF《40 条建议》等国际文献都对此做了详细的规定。[①]

尽职调查原则的内容包括：（1）使用可靠的、有独立来源的原始文件、数据和信息[②]识别客户和核实客户身份。金融机构不应开设匿名账户或者明显以假名开设的账户。（2）识别受益人。采取合理措施核实受益人身份，这些措施在证明受益人身份的作用方面应能使金融机构自身感到满意。对法人和法律协议来说，金融机构应当采取合理措施了解所有权归属和管理机构情况。（3）获取关于业务关系的目的、性质等方面的信息。（4）对业务关系采取持续的尽职调查措施，严格审查在此业务关系下进行的交易，确保此交易的进行与金融机构所掌握的客户及其商业、风险承受能力（如有必要，还包括资金来源）等情况一致。如果金融机构未能执行上述（1）至（3）的规定，则不应为客户开设账户、开始业务关系或进行交易；而应考虑制作关于该客户的可疑交易报告。

金融机构应采取上述各类符合尽职调查原则的措施，但是所采取措施的程度可以依据不同类型的客户、业务关系和交易所存在的风险大小来确

---

① FATF《40 条建议》第 5 条规定："金融机构不应设立匿名账户或明显以假名开立的账户。在进行下列交易时，金融机构应该采取符合尽职调查原则的措施，包括识别和核实客户身份；（1）建立业务联系；（2）进行以下非常见交易时：超过规定金额的交易；在 FATF 对其打击恐怖融资《9 条特别建议》第 7 条进行的解释中所规定的几种情况下进行电汇交易；（3）有洗钱和恐怖融资嫌疑时；（4）金融机构对先前取得的客户身份资料的准确性和充分性有怀疑时。"

② 可靠的、有独立来源的原始资料的原始文件、数据和信息，下称为"身份资料"。

定。这些措施应当与主管部门发布的指引相一致。

对于高风险业务，金融机构应当采取更加严格的尽职调查措施。① 在特定的条件下，可以允许金融机构对一些低风险业务简化或简单地实施上述措施。这些要求应适用于所有新客户，当然金融机构也应该在考虑现实情况和风险的基础上将这些建议适用于现有的客户，同时应当在适当的时间内对现有的业务关系采取尽职调查措施。

2. 保存记录

依据情报工作和《刑事诉讼法》的一般原则，报告机构的报告和金融情报机构的分析都不能直接作为刑事审判中的证据。这一方面是考虑到要减少报告机构对报告引起的相关责任的顾虑；另一方面，也是考虑到金融情报工作手段的特殊性。因此，在执法或司法机关通过金融情报机构的分析发现了犯罪线索后，不能直接使用这些报告和情报，执法或者司法机构需要重新启动刑事诉讼程序进行，回到报告机构调查取证，取得原始的记录才可作为证据使用。保存记录的要求是尽职调查规则的逻辑延伸。巴塞尔银行监督委员会在《关于防止犯罪分子利用银行系统洗钱的声明》中论述到"银行应'就须保留有关客户身份识别和单项交易的哪些记录以及记录的保留期限制定明确标准。'这样做非常重要，它可以使银行监督其与客户的关系，了解客户进行之中的业务，并在必要时为纠纷、法律诉讼或可能导致刑事起诉的金融调查提供证据。作为身份识别程序的起点和正常的后续行动，银行应获取客户的身份识别文

---

① 例如对于政治公众人物和跨境交易。FATF 建议"6. 对于政治公众人物，金融机构除应采取一般的尽职调查措施外，还应采取以下措施：（1）建立适当的风险管理机制，以确定客户是否为政治公众人物；（2）取得同此类客户开展业务关系的高层管理人员的批准；（3）采取合理措施，确定财富和资金来源；（4）采取持续的强化措施对业务关系进行监测。7. 对于跨境代理银行及其他具有类似关系的机构，金融机构除应采取一般的尽职调查措施以外，还应采取以下措施：（1）收集关于代理机构的足够信息，以充分理解代理业务的性质，同时根据公开的可利用信息判断该机构的信用和其受到的监管的质量，包括它是否正在接受关于洗钱和恐怖融资的调查或其他的执法行动；（2）评估代理机构的反洗钱和反恐融资控制措施；（3）在建立新的代理银行关系之前，获取高级管理层的许可；（4）用文件明确每个机构应负的责任；（5）对于"转账支付账户"，针对可直接利用代理行此种账户的客户，代理行应核实其身份和采取持续的审慎性措施，并应代理行的要求提供相关客户身份材料"。

件，并在账户关闭后保留其副本至少 5 年。银行还应在金融交易发生后保留所有交易记录至少 5 年"。

FATF《40 条建议》第 10 条规定："为迅速向主管当局提供其所索取的资料，以在必要时作为起诉犯罪活动的证据，金融机构应将一切国内或国际间交易的必要记录至少保存 5 年，这些记录必须足以重现每项交易（包括所涉及的金额和货币类别）。金融机构应被要求在业务关系结束后至少 5 年内，继续保存根据尽职调查原则获得的有关客户身份信息（如护照、身份证、驾驶执照等官方识别身份文件或类似文件的副本或记录）、账户档案和业务往来凭证。"第 11 条规定："金融机构应特别注意所有复杂、数额巨大或交易方式极为异常的没有明显经济和合法目的的交易，并尽可能审查这些可疑交易的背景和目的，书面记录审查结果，以供主管部门和审计部门使用。"

3. 可疑交易报告

（1）信息披露

交易报告信息披露是监管部门合规审查，乃至整个反洗钱工作流程的关键环节。报告机构是反洗钱体系的神经末梢，它需要报告机构的工作人员对于所有交易进行第一轮筛选和甄别，报告不同类型的交易。其中，可疑交易是最重要的一种，它依赖于合规官的业务素养和主观分析作出判断，向金融情报机构报告。由此，反洗钱工作流程进入实质阶段。[①]

FATF《40 条建议》第 13 条规定："法律法规应当明确规定：如果一个金融机构怀疑或者有合理依据怀疑某些资金是犯罪收益或与恐怖融资有关，该金融机构就应该立即将这些可疑情况向金融情报机构（FIU）报告。"根据 FATF《40 条建议》的解释，"1. 建议的 13 条中涉及的犯罪行为是指：（1）在某法域内可能构成洗钱行为上游犯罪的所有犯罪活动。（2）至少

---

① 沃尔夫斯堡集团《反洗钱原则》、欧洲议会和理事会《修正关于防止利用金融系统洗钱的 91/308/EEC 号理事会指令的 2001/97/EC 号指令》、FATF《40 条建议》等国际法对此问题都有相似规定。此处仅以 FATF 建议为例。沃尔夫斯堡集团《反洗钱原则》、欧洲议会和理事会《修正关于防止利用金融系统洗钱的 91/308/EEC 号理事会指令的 2001/97/EC 号指令》和 FATF《40 条建议》对此做了详细规定。此处仅以 FATF 建议举例。

应包括第 1 条所规定的构成洗钱行为上游犯罪的犯罪。积极鼓励各国采用上述（1）条款的规定。包括未遂交易在内的所有可疑交易，无论交易金额大小，都应该报告。2.执行本建议的时候，无论交易是否涉及税务问题，金融机构都应该报告。各国应当关注，为阻止金融机构报告可疑交易，洗钱者尤其可能托词交易涉及税务问题"。

（2）责任豁免

虽然交易报告制度是打击洗钱的有效措施，但这种报告义务构成了对《金融机构保密法》和《隐私法》的直接冲击，形成了两种法益的最直接冲突。在《金融机构保密法》和《隐私法》的理念里，客户信息严格保密，泄露信息人员将要承担相应的民事、行政或刑事责任。因此，反洗钱法必须有相应的条款，以使报告人员豁免因披露信息而带来的法律责任。另外，可疑交易报告是由报告员根据自己的判断，认为是与洗钱有关的信息，虽然有可能引起后续的刑事诉讼，但是这与《刑事诉讼法》中规定的"检举揭发"有本质的区别。后者是针对有比较切实的犯罪证据而向执法和司法机关报告，若检举不实，有可能承担相应的责任。而可疑报告仅仅是报告人员的一种怀疑，无论如何也不会构成过错检举。

FATF 建议 14 条规定："金融机构及其董事、经理和员工：（1）只要他们向金融情报机构报告其怀疑是出于善意，即便他们并不确切知道可疑资金往来背后的犯罪行为究竟是什么，也不论违法行为是否已确实发生，他们都应该受到法律的保护，免除其因为违反合同或者是其他任何法律、法规或者行政规章的条款中关于限制信息披露而本应该承担的刑事和民事责任。"

4. 禁止泄密

"禁止泄密"规则与"金融机构保密"制度有天壤之别。"金融机构保密"是伴随着银行制度的发展和私权神圣的思潮早已确立的传统观念，其旨在保护金融机构的客户隐私。但它也造成了金融机构被洗钱分子滥用的弊端，甚至有的金融机构和犯罪分子朋比为奸，沆瀣一气，为中饱私囊，帮助洗钱分子规避金融监管，逃避司法制裁。而"禁止泄密"规则是反洗钱法的重要规则之一，本身就是对"金融机构保密"制度的修正。该规则强调的是，金融机构既已向金融情报机构报告了可疑交易，就不能将此报告的相关情况透露给从事可疑交易的人。因为，当金融机构报告了可疑交易，金融情报机构很有可能经过分析后移交执法机关，从而启动刑事调查程序。若报告机构向从事可疑交易的人透露信息，而该人确为洗钱分子，他就有可能转移资产、毁灭证据。这无异于打草惊蛇，使得刑事强制措施落空，整个反洗钱流程夭折。

FATF 建议第 14 条规定："依法应禁止泄露可疑交易报告（STR）或相关信息已被报告给金融情报机构的事实。"同时，为了区别泄密与劝说犯罪分子悬崖勒马的行为，FATF 建议第 14 条的解释规定"若律师、公证人、独立法律职业者和作为独立法律职业者的会计试图劝阻客户不要从事非法活动，这种行为不属于泄密行为"。2001 欧洲议会和理事会《修正关于防止利用金融系统洗钱 91/308/EEC 号理事会指令的 2001/97/EC 号指令》的规定的目的性更加明显："信贷和金融机构及其董事和雇员不应向有关客户或其他第三者泄露消息，告之已根据第 6 条和第 7 条向当局发送信息或正在进行洗钱调查。"

5. 内控制度

内控制度建设是报告机构自身完善反洗钱机制、提高反洗钱免疫力，预防洗钱风险的必要措施。此制度主要包括：内部合规规程、审计与合规部门职责和员工培训。[①]

FATF《40 条建议》第 15 条："金融机构应该开发反洗钱和反恐融资措施。这些措施应该包括：（1）制定内部政策、程序和控制措施。包括适当的合规管理安排，以及合适的筛选程序以保证雇佣高素质员工。（2）有一个持续进行的员工培训计划。（3）建立审查机制，以检测相关制度。"第 15 条建议的解释规定："针对建议中规定的第一项要求而采取的措施的类型和力度应适当，应考虑到洗钱和恐怖主义融资的危险和业务规模。

---

① 这方面的国际法主要包括巴塞尔银行监督委员会《关于防止犯罪分子利用银行系统洗钱的声明》（1998）、沃尔夫斯堡集团《反洗钱原则》、欧洲议会和理事会《修正关于防止利用金融系统洗钱的 91/308/EEC 号理事会指令的 2001/97/EC 号指令》、1998 年《欧盟关于洗钱及犯罪工具和收益的识别、追踪、冻结、扣押和没收的联合行动文献》和 FATF《40 条建议》。

对于金融机构，合规管理安排应包括在管理层任命一名合规官员。"巴塞尔银行监督委员会《关于防止犯罪分子利用银行系统洗钱的声明》（1998）的规定更为具体。第55条为总体规定："''有效地了解你的客户'程序包括例行的适当管理监督、制度和控制措施、分工、培训和其他有关政策。银行董事会应充分致力于有效地'了解你的客户'方案，制定适当的程序和确保其有效性。在银行内应划分明确的责任，确保银行的政策和程序得到有效管理，至少是符合当地的监管做法。应以书面形式明确规定报告可疑交易的渠道并将这些渠道通知所有人员。还应制定内部程序，以评估银行在公认的可疑活动报告制度下的法定义务是否要求它将交易报告给有关的执法和/或监管当局。"该《声明》用大量篇幅对内控制度进行了细化规定，例如第56条规定了"合规部门的功能"；第57条规定了"内审部门的功能"；第58条规定了"内部培训"；第59条规定了"外部审计"等①。

---

① 第56条规定了"合规部门的功能"："银行的内部审计和合规职能部门在评估和确保'了解你的客户'政策和程序得到遵守方面具有重要责任。作为一般规则，合规部门应对银行自身的政策和程序（包括法律和条例要求）提供独立评估。其责任应包括通过对合规情况的抽样检验，持续监督工作人员的业绩，如果它认为管理层没有以负责任的方式对待'了解你的客户'程序，则审查例外报告，以提请高级管理层或董事会的注意。"

第57条规定了"内审部门的功能"："内部审计在独立评估风险管理和控制措施，通过定期评估'了解你的客户'政策和程序（包括有关的工作人员培训）的遵守效果，履行其对董事会审计委员会或类似监督机构的责任方面发挥着重要作用。管理层应确保审计部门配备足够的、熟悉此类政策和程序的人员。此外，内部审计人员应积极主动地就审计结果和批评意见采取后续行动。"

第58规定了"内部培训"："所有银行应开展持续的雇员培训方案，以便使银行工作人员在"了解你的客户"程序方面受到充分培训。各部门工作人员的培训时间和内容应由银行根据其自身的需要进行调整。培训要求对新工作人员、一线工作人员、合规工作人员或与新客户打交道的工作人员应有不同的重点。对于新工作人员，应在'了解你的客户'政策的重要性和银行的基本要求方面对其进行教育。对于直接与公众打交道的一线工作人员，应培训他们如何核查新客户的身份，如何在不断处理现有客户的账户时进行审慎调查以及如何发现可疑活动的各种形式。应开展定期的复习培训，以确保工作人员不忘自己的责任和不断了解新动态。所有有关工作人员充分理解'了解你的客户'政策的必要性并一贯执行这些政策，至关重要。银行内有无推动这种理解的文化，是成功执行这些政策的关键所在。"

（三）金融情报机构

反洗钱体系中主管部门职能分工、协调配合是反洗钱法的另一核心问题。因为反洗钱工作既是一项系统工程，也是一系列环环紧扣的流程，离不开各个机关的协调运作。立法机关颁布反洗钱方面的法律和法规，FIU及行政机关比照法律制定实施细则并负责具体执行，公安和检察院依靠线索和情报开展侦查，取得证据后起诉，法院作出最终判决，将洗钱等犯罪分子绳之以法。这个体系协调运作的关键在于各机关职责明确、恪尽职守。功能缺位意味着体系残缺，越俎代庖将导致功能紊乱。[1] 虽然反洗钱体系中包括立法、执法、司法、情报和监管等多部门，但除金融情报部门之外的其他部门，在特定法域的行政法、经济法和刑事诉讼法中已经有了较为详细的规定，在反洗钱法中只是要明确工作流程和角色扮演。反洗钱法在主管部门方面的创新在于对金融情报机构的规定。金融情报部门作为金融监管机构和情报部门的合体，是新形势下的制度创设，功能特殊并且在反洗钱体系中发挥着基础和枢纽的作用。因此，金融情报机构的法律定位是反洗钱法的重要课题之一。[2]

FATF《40条建议》第26条规定："各国应该建立一个金融情报机构（FIU），作为接收（若经允许，也可索取）、分析和移送可疑交易报告和其他与潜在洗钱行为和恐怖融资有关信息的国家中心。该金融情报机构应该有权以直接或者间接的方式，及时获得所需之金融、行政和执法方面的信息，使其能恰当地发挥职能，包括对可疑交易报告的分析。"

关于金融情报机构的法律规定，各国立法体例包括以下几种：a. 专门制定《金融情报机构法》；b.《交易报告法》中专门规定；c.《反洗钱法》中专门规定；d. 反洗钱类单行法中分散规定。

---

① 第59条规定了"外部审计"："在许多国家，外部审计人员在监督银行的内部控制措施和程序以及确认它们是否遵守监管做法方面，也发挥着重要作用。"

② 目前涉及此问题的国际立法主要包括埃格蒙特集团《宗旨声明》等文献、2003年《联合国反腐败公约》、欧盟理事会《关于成员国金融情报机构间在交流情报方面的合作安排的决定》《2001年财经部长理事会/司法与家庭事务理事会联席会议文献》、联合国《与犯罪收益有关的洗钱、没收和国际合作示范法："关于金融情报机构的法令范本"》和FATF《40条建议》。

（四）国际合作

反洗钱领域的国际合作主要包括国际情报交流、执法合作和司法协助。由于洗钱犯罪的国际化，反洗钱的国际合作十分重要。犯罪分子之所以选择跨境洗钱的方式，主要是为了利用不同国家和地区之间的监管体系不同、司法管辖界限分明的因素。若各个国家和地区各自为战，缺乏协调合作，无异于放纵犯罪。而且，从"9·11"事件等恐怖袭击，以及远华走私洗钱案的案件处理来看，国际合作虽然被多个国际公约、双边协议等提倡很久，但是实际效果并不好。

因此，FATF《40条建议》第35条首先重申了国际合作的必要性和紧迫性：各国应立即采取措施实施签署并完全执行《巴勒莫公约》《维也纳公约》《1999年联合国禁止资助恐怖主义公约》。鼓励各国签署和执行其他相关的国际公约，例如《1990年欧洲委员会清洗、搜查、查封和没收犯罪收益的公约》《2002年美洲反恐怖主义公约》等。

《建议》第36至39条分别规定了司法协助的一般原则①、"双重犯罪原则"②、

---

① "各国应尽最大可能迅速、积极、有效地提供关于洗钱和恐怖融资调查、起诉及相关程序的双边司法协助。各国尤其应该做到：（1）不禁止双边司法协助的提供或不为双边司法协助的提供设置不合理的限制条件。（2）确保双边司法协助的执行有明确、有效的程序可遵循。（3）不得仅仅以犯罪涉及财政问题为由拒绝执行双边司法协助的请求。（4）不得以法律要求金融机构保密为由拒绝执行双边司法协助的请求。在处理外国司法、执法部门向本国对口部门直接提出的双边法律协助请求时，若本国法律允许，该国对口部门应同样享有第28条所规定的权力。为避免司法冲突，对于那些可在多个国家进行审判的案件，应从司法公正的角度出发，考虑设计和实施有助于确定案件最佳审判地点的机制。"

② 双重犯罪原则是国际司法协助中的一项基本原则，它要求请求国请求协助所涉及的犯罪行为必须在被请求国也构成犯罪，否则不予协助。该原则本是引渡制度中的一项原则，随着国际司法协助措施的多样化，逐步发展成为司法协助中的一般性原则。"双重犯罪原则"体现了各国之间平等互惠的精神和对对方法律制度的尊重。对被请求国来讲，双重犯罪原则是"罪刑法定原则"在国际司法协助领域的延伸，因此，"双重犯罪原则"是一项为各国所普遍遵从的原则。FATF建议："无论涉及的犯罪是不是双重犯罪，各国均应该尽最大可能提供双边司法协助。在规定该犯罪为双重犯罪行是提供双边司法协助或引渡前提的情况下，如果两国均已将该犯罪所涉及隐含的行为规定为犯罪，则无论两国是将此犯罪规定为同一种犯罪类型或以何种术语来描述此犯罪，此犯罪都应被视为双重犯罪。"

强制措施和犯罪所得共享机制的建议①、引渡的建议②。规定比较原则性，也比较全面，下文将专章讨论。

三、主要国家和地区的反洗钱立法

（一）美国反洗钱立法

作为世界上最早出现洗钱活动并且是洗钱犯罪的重灾区，从 20 世纪 70 年代起，美国就开始制定涉及反洗钱的法律。与国际社会一样，美国反洗钱立法的原动力也是为了遏制毒品交易。鉴于与美元紧密联系在一起的清洗毒品贩运收益的活动已经严重威胁着美国的国家安全，为了减轻这种威胁和消灭银行成为洗钱避风港之漏洞，美国国会就呼吁进行国际协商和多边合作，包括制定国际公约和国内反洗钱政策。经过发展，美国形成了一系列严密的反洗钱法律，主要包括：1970 年的《银行保密法》、1986 年的《洗钱控制法》、1988 年的《洗钱起诉改善法》、1992 年的《阿农齐奥—怀利反洗钱法案》、1994 年的《洗钱抑制法》、1998 年的《洗钱和金融犯罪战略法》、2001 年的《爱国者法案》等。随着洗钱形势的发展，美国

---

① 对于犯罪所得的"遏制和没收"是反洗钱工作实质成效凸显的重要阶段；另外被追回的资产的共享也是反洗钱国际合作的重要考量因素，处理得合适与否，直接影响到国际合作的效率和深度。因此 FATF 建议："各国主管部门应迅速采取行动，执行外国提供的识别、冻结、查封、没收被清洗资产、洗钱或者其上游犯罪的犯罪收益、用于或者企图用于实施犯罪的工具、同等价值的财产请求。各国还应有协调查封和没收程序的法律框架，其中可包括没收资产的共享。"

② 引渡是国际法中的一个重要概念。它是指一国把一个正在其国境内的而被他国指控为犯罪或判刑的人，依该国的请求，移交该国审判或处罚的一种制度。就其国际法律特征而言，首先，引渡是一种国家行为。是否引渡，在何种条件下可以引渡，都是由国家决定的事务。这是纯粹由公法解决的问题，不具有任何私法性质。其次，引渡实际上还是一种国家的权力。国家有引渡或不引渡的权力，但没有引渡的义务。任何一个国家都不能强迫另一个国家引渡某个人给它。再次，引渡的对象是受到犯罪指控的自然人，而不是法人或组织。如果出于其他政治或经济上的目的，任何引渡都是不能接受的。最后，引渡是根据外国的请求进行的，一国只有在极其特殊的情况下才会主动将犯罪人移交给外国。FATF 建议："各国应该将洗钱视为可引渡罪行。各国应引渡本国公民。如果某国不仅仅以国籍问题作为引渡前提，则应该按照引渡请求国的要求，将案件在合理时间内尽快递交给本国相应的主管部门，对引渡请求中提出的罪行进行起诉。这些部门应按照本国法律的规定，以与处理其他严重犯罪同样的方式作出决定和进行有关法律程序。所涉及的国家应该互相合作，尤其是关于程序和证据方面的事项，以保证起诉的有效进行。"

对于洗钱的处罚力度有加大的趋势。

1.《银行保密法》（1970）

针对犯罪人滥用金融机构的薄弱环节清洗非法收益的情形，为了保证执法部门获取金融交易的证据和资料，美国国会于 1970 年通过了《银行保密法》（*Bank Secrecy Act*）。在讨论该法案时，美国财政部指出：《银行保密法》的名称会给人产生误解。实际上，制定该法的主要目的是为了限制①，而不是强化某些金融交易的秘密。美国政府于 1988 年通过了《洗钱起诉改善法》（*Money Laundering Prosecution Improvement Act*），将汽车、飞机和轮船的经销商以及从事房地产、美国邮政服务的人员，也列入金融机构的范畴。这扩大了《银行保密法》中关于"金融机构"的定义。同时，对那些包括出于过失的银行家在内的帮助洗钱的行为人，规定了义务条款和罚款。美国国会于 1994 年又通过了《洗钱抑制法》（*Money Laundering Suppression Act*），对《银行保密法》予以进一步的修订。②

2.《洗钱控制法》（1986）

美国国会于 1986 年 10 月通过了《洗钱控制法》（*Money Laundering Control Act*），将洗钱罪确定为联邦性的罪名。该法的通过，其目的在于激励金融机构分享洗钱信息而不必担心承担民事责任，并在现有法律基础上加大了对洗钱罪的处罚力度。该法的制定，与打击毒品犯罪密切相连，在该法通过两年后《联合国禁止非法贩运麻醉药品和精神药物公约》亦于

---

① 例如，对于涉及大额现金交易的行为，《银行保密法》要求银行和其他金融机构具有报告的义务。具体而言，对于超过 1 万美元的现金交易，金融机构必须向有关部门提交涉及存款、取款、现金兑换或者其他支付或转移的报告。在提交的现金交易报告中，还要求必须透露拥有账号的客户身份和客户资金的来源。如果金融机构不提交报告，或者提交虚假的报告，则构成犯罪。同时，该法还要求银行和其他金融机构具有报告可疑交易、保存交易记录等义务，否则也构成犯罪，将被处以民事处罚，或者 1 年以下监禁刑和 10 万美元罚金的刑事处罚。尽管 1970 年的《银行保密法》对金融机构施加了一定的义务要求，但是在实际生活中，许多银行和金融机构并没有严格履行交易报告义务（王新.追溯美国反洗钱立法之发展［J］.比较法研究，2009（2）.）。

② 此次修订，加强了对金融机构和从业人员的监管，不仅增加了报告跨境现金输送的义务以及在外国的银行和证券账户的义务，而且将违反《银行保密法》行为的最高刑提高到 10 年监禁刑或者高达 50 万美元的罚金，而且可以并处（王新.追溯美国反洗钱立法之发展［J］.比较法研究，2009（2）.）。

1988 年通过。该法是世界范围内最早使用洗钱这一法律术语，并将洗钱犯罪化的法律文献。

3.《阿农齐奥—怀利反洗钱法案》（1992）

《阿农齐奥—怀利反洗钱法案》（*Annuzio-Wylie Anti-Money Laundering Act*）是美国国会于 1992 年通过的。该法案扩大了银行的报告义务，金融机构及其官员、董事、雇员、代理人均有义务贯彻反洗钱方案、保存涉及资金转移的记录、报告有关可能违反法律或规章（Relevant to a Possible Violation of Law or Regulation）的可疑交易。这里的可疑交易包括所有违反法律和规章的交易，而不仅仅包括涉嫌洗钱的交易或交易额在 1 万美元以上的交易。该法案也提高了"了解你的客户"义务的标准，其目的在于防止银行对涉毒存款不审慎和逃避惩罚。对没有取得金融许可执照而经营非法资金传送业务的行为，该法规定可处以最高 5 年的监禁刑，并且可以剥夺银行的存款资格或没收其营业执照。

4.《爱国者法案》（2001）

该法案是《为拦截和阻止恐怖主义而提供适当手段以团结和巩固美利坚的法案》（*Uniting and Strengthening America by Providing Appropriate Tools Required to Intercept and Obstruct Terrorism Act*）的简称，美国参众两院在 2001 年 10 月 24 日一致通过，同年 10 月 26 日美国总统布什予以签署。该法案于"9·11"恐怖事件发生后通过，其目的在于防止和惩罚国内外的恐怖分子行为，加强情报和执法人员执法调查的手段。[①]

（二）英国的反洗钱法律法规体系

在立法层面上英国的反洗钱法律法规共分为四个层次：

1. 由英国议会专门制定的控制洗钱犯罪的单行法律（Primary Legislation）

1986 年，英国在全球范围内首个制定《1986 年贩运毒品罪法》（*Drug Trafficking Offences Act* 1986），确立了毒品贩运洗钱罪。随后分别在 1989

---

① 王新 . 追溯美国反洗钱立法之发展［J］. 比较法研究，2009（2）.

年通过《防止恐怖行为（临时规则）法令》［*Prevention of Terrorism（Temporary Provisions）Act*］，1990 年通过《刑事司法（国际合作）法令》［*Criminal Justice（International Co-operation）Act*］和 1993 年《刑事司法令》将反洗钱有关贩毒、恐怖等犯罪行为进行严格规定，努力促使金融机构以及有关行业在反洗钱中发挥重要作用。2000 年正式制定的《2000 年恐怖主义法》（*Terrorism Act* 2000）和 2002 年制定的《2002 年犯罪收益法》（*Proceeds of Crime Act* 2002）强化了受监管企业报告洗钱等可疑交易行为的义务。

2. 根据法律的"授权"由有关的政府机关（主要是财政部）制定的控制洗钱的行政法规

如《1993 年洗钱条例》（*Money Laundering Regulations* 1993）规定了金融机构及其职员在反洗钱中的法定义务，要求所有的金融机构必须建立和实施一套反洗钱内控制度，以防止金融机构被洗钱分子利用进行洗钱活动，具体职责主要包括客户识别、交易记录保存、交易报告、可疑交易处理、向当局进行反洗钱信息披露、反洗钱信息保密和对员工的培训、内部交流等。《2001 年洗钱条例》将反洗钱措施和要求扩展到非金融企业，包括律师、会计师和宝石等贵重金属交易经纪商等。《2003 年洗钱条例》进行了进一步细化和强化，对于不履行法定义务的机构、企业和个人，将追究刑事责任。《2007 年洗钱条例》主要对客户尽职调查进行了调整和补充，如增加了欧盟反洗钱第三号指令关于以风险为基础的客户尽职调查的规定，允许适用对象根据客户、业务关系、产品或交易的类型，决定客户尽职调查措施以及业务关系持续监测的程度。

3. 由英国金融服务监管局等监管机构制定的规则（FSA Rules）

英国金融服务监管局（FSA）按照英国国会 2000 年 4 月通过的《金融服务与市场法案》（*Financial Services and Markets Act* 2000）被赋予新的降低金融犯罪的监管目标和职能。2001 年制定的"监管指导手册"（*FSA's Handbook of rules and guidance* 2001）具体规定了金融机构打击金融犯罪的要求、反洗钱详细内容、公司高级经理和洗钱报告官的职责等。

4. 由有关的行业组织制定一些反洗钱的指导性的行业准则

1990 年 12 月，英国 16 个负有金融监管职责的机构的行业协会发起成立了关于反洗钱的专门行业协会——联合反洗钱指导小组（Joint Money Laundering Steering Group，JMLSG），其目的是推广金融领域反洗钱的最佳经验、操作准则和业务规范，在解释英国反洗钱条例方面提供切实有效的指导。该协会同时发布了《英国金融服务业反洗钱指导手册》（*Prevention on Money Laundering Guidance 55 Notes for the UK Financial Sector*，*December* 2001 *edition*），该手册分别于 1993 年 10 月、1995 年 5 月、1997 年 6 月、2001 年 6 月和 2003 年 9 月进行多次修订，其主要内容分别是针对银行与建房协会、保险行业和投资行业的反洗钱规则，属于由行业内的一些业务专家与法律专家根据本行业特点制定的对法律予以解释的规范，具有职业或行业道德的宣示作用与警示作用，不具有法律的强制力，但对法官在断定有关机构或从业人员有无违背法定义务或是否尽到适当的勤勉义务具有十分重要的参考作用。

（三）澳大利亚的反洗钱法律体系

澳大利亚是世界上较早开展反洗钱的国家之一，目前已经建立了较为完善的法律体系。澳大利亚现有 4 部专门的反洗钱和反恐融资的法律法规分别如下：

1. 1987 年的《犯罪收益法》（*The Proceeds of Crime Act*）

该法于 1987 年出台，2002 年又重新修正，是澳大利亚颁布实施的第一部反洗钱法律。该法中有关于过失洗钱罪的界定和刑事责任具有很强的社会威慑力，有利于提高全社会的反洗钱意识，该规定在拥有反洗钱立法的国家也属于比较超前的，在一定程度上反映出了澳大利亚在反洗钱立法上的先进性。

2. 1988 年的《金融交易报告法》（*Financial Transaction Reports Act*）

该法是澳大利亚最重要的反洗钱立法，确立了澳大利亚的反洗钱体系，规定 AUSTRAC 是澳大利亚的专业金融情报机构，负责接收管理和分析大额现金和可疑交易等报告，AUSTRAC 有权利将金融情报提供给其他相关政府机构。同时该法扩大了客户的责任和报送机构的义务，把报送义务主体范围扩大到了非金融机构。最近两年由于打击反恐融资的全球化，越来越多的恐怖融资的问题提到日程上来，因此，澳大利亚的立法部门正在着力讨论修改《金融报告法》。

3. 1988 年的《电子交易拦截补充法案》(*The Telecommunication Interceptions Amendment Act*)

为了更好地打击洗钱犯罪遏制违法金融交易，1988 年出台的该法是对 1979 年《电子交易法》、1979 年《澳大利亚联邦警察法》、1901 年《海关法》和 1988 年《金融交易法》中部分条款的补充解释。

4. 2002 年的《打击恐怖融资法案》(*The Suppression of the Financing of Terrorism Act*)

在该法中澳大利亚正式以法律形式确定了恐怖融资的定义。同 1988 年的《电子交易拦截补充法案》相同，该法也是一种补充法案，用来补充 1995 年的《犯罪法案》、1988 年的《引渡法》、1988 年的《金融交易法》、1987 年《刑事犯罪互助法》和 1945 年《联邦法案》。

（四）卢森堡的反洗钱法律体系

卢森堡作为世界第八大金融中心，高度重视反洗钱和反恐融资（AML/CFT）工作。AML/CFT 工作起步早，法律体制健全，机构设置合理，社会整体意识较高，其经验具有一定参考价值。卢森堡反洗钱立法启动较早，在 FATF 建议、巴塞尔协议和欧盟法的指引下几经修改、日趋完善。

1. 简要回顾

卢森堡的反洗钱立法始于 1989 年 7 月，19/02/1973 号法律将洗钱规定为刑事犯罪；同年，金融监管机构也开始制定指引性文件来贯彻上述法律。1993 年，卢森堡制定了新的《银行法》，贯彻执行欧盟 91/308/EEC 号决议以及反洗钱金融行动特别工作组（FATF）《40 条建议》。1994 年，监管机构开始制定新的工作指引来具体贯彻实施这次新修订的法律。

1998 年的一系列法律修改具有重要意义，扩大了洗钱罪的适用范围，这主要表现在以下几个方面：洗钱已经不限于清洗毒品走私所得，新《刑法》中明确规定了洗钱罪，合规义务适用于多个金融与非金融行业。

2003 年，卢森堡又出台了《反恐和反恐融资法》。2004 年，卢森堡在总结了过去 10 年工作经验的基础上，通过国内立法来贯彻执行欧盟 2001/17 号指令，完善了卢森堡相关立法框架。这一方面进一步扩大了上游犯罪范围，另一方面扩大了合规行业的范围，提高了合规标准。至此，反洗钱工作标准和方法又被适用于反恐融资领域。

另外，主要的金融监管机构卢森堡金融业监管委员会（CSSF）也发布了相关宣传指引。CSSF 于 1994 年发布了基础指引，之后持续进行多方面的修正和补充，2005 年发布了 CSSF05/211 号指引，将所有的正在适用中的指引性文件进行了归纳总结。

2. 主要内容

就立法内容上看，此类法律法规和指引主要包括两大部分。一方面将洗钱和恐怖融资规定为刑事犯罪；另一方面规定了预防措施，也就是商业机构的合规义务以及实施细则。

根据卢森堡法律规定，洗钱包括三种主要犯罪类型：（1）故意协助伪证上游犯罪所得的来源；（2）故意参与上游犯罪所得的处置或投资；（3）故意接受、保留或使用上游犯罪所得。

与国际惯例相同，卢森堡法律中洗钱罪的成立以上游犯罪的存在为前提。上游犯罪包括：毒品走私、有组织犯罪、绑架未成年人、对未成年人进行性侵犯、卖淫、腐败、恐怖活动或恐怖融资、金融诈骗等。法律同时规定，只要构成"双重犯罪"，上游犯罪无论是在卢森堡国内或国外发生，均不影响洗钱罪的成立。

反洗钱合规义务主要适用于以下方面：（1）金融领域：银行、所有金融服务业、自主管理股份的集中投资企业、管理公司、退休基金；（2）非金融领域：保险、审计、会计、公证、博彩、财政顾问、房地产中介、律师、所有超过 15000 欧元的现金交易。

合规义务包括：（1）了解客户；（2）对特定交易给予特别关注；（3）依据风险层级对客户进行持续监管；（4）保留特定文件；（5）建立适当的内部合规程序；（6）与监管机关合作；（7）将交易名称或账户号整合到电子交易或关联信息中。

若商业机构违规，应受到以下处罚：故意违反合规义务的可被处以1250 欧元 ~125000 欧元的刑事罚金。应当注意，即使违规与洗钱和恐怖融资无关联也可构成违规，也要受到刑事处罚。但是，这里的刑事处罚并不是对洗钱罪的处罚，仅仅是对违规行为的处罚；若构成洗钱罪，将受到更严厉的刑事制裁。若过失违规，则由监管机关进行行政处罚即可。

第三章

联合国《反腐败公约》等国际公约和
文献在中国的适用现状与未来

我国的反洗钱法律的制定和完善受到国际反洗钱立法和国内反洗钱实践两种因素的影响。其中,国际反洗钱立法对我国的影响比较大,我国相关法律多数是在缔结或参加国际公约,加入国际组织的过程中,为了达到国际标准而制定或修改的。到目前为止,可以说其外来因素大于内生因素,国际法的本土化是前提,移植和借鉴法律的实效是关注的重点。目前的反洗钱法律体系主要包括刑法、相关司法解释和行政法律法规,如表3-1所示。

表 3-1 我国反洗钱法律规范体系

反洗钱法律	
《中华人民共和国刑法》	1997 年 3 月 14 日中华人民共和国主席令第 83 号公布,2006 年 6 月 29 日第六次修正《最高人民法院关于审理洗钱等刑事案件具体应用法律若干问题的解释》(2009 年 9 月 21 日最高人民法院审判委员会第 1474 次会议通过)
《中华人民共和国反洗钱法》	2006 年 10 月 31 日第十届全国人民代表大会常务委员会第二十四次会议通过
《中华人民共和国中国人民银行法》	1995 年 3 月 18 日第八届全国人民代表大会第三次会议通过,2003 年 12 月 27 日修正
反洗钱行政规章	
《金融机构反洗钱规定》	2006 年 11 月 14 日,中国人民银行令〔2006〕第 1 号
《金融机构大额交易和可疑交易报告管理办法》	2006 年 11 月 14 日,中国人民银行令〔2006〕第 2 号
《金融机构报告涉嫌恐怖融资的可疑交易管理办法》	2007 年 6 月 11 日,中国人民银行令〔2007〕第 1 号
《金融机构客户身份识别和客户身份资料及交易记录保存管理办法》	2007 年 6 月 21 日,中国人民银行中国银行业监督管理委员会中国证券监督管理委员会中国保险监督管理委员会令〔2007〕第 2 号
反洗钱规范性文件	
中国人民银行关于印发《反洗钱非现场监管办法(试行)》的通知	2007 年 7 月 27 日,银发〔2007〕254 号
中国人民银行关于印发《反洗钱现场检查管理办法(试行)》的通知	2007 年 6 月 4 日,银发〔2007〕175 号
关于印发《中国人民银行反洗钱调查实施细则(试行)》的通知	2007 年 5 月 21 日,银发〔2007〕158 号
……	……

第一节 《刑法》对于洗钱罪的规定

一、发展过程

我国刑事法律对洗钱罪的规定大致经历了四个阶段。

（一）初创阶段

1989年9月，我国加入了《联合国禁毒公约》，此时我国还沿用1979年的刑法典，没有对洗钱罪做专门规定。1990年，为达到国际公约的要求，出台了《关于禁毒的决定》，在国内法中首次将洗钱活动规定为犯罪，该决定与《联合国禁毒公约》相同，其上游犯罪仅限于毒品犯罪，范围相对狭窄。这是我国以单行刑法的模式规定洗钱罪，目前这种刑事立法技术已经不经常采用了。

（二）明确阶段

1997年的新刑法首次明确规定了洗钱罪。但其上游犯罪只有三种：毒品犯罪、黑社会性质的组织犯罪、走私犯罪。相比之前的洗钱罪的上游犯罪范围仅仅限于毒品犯罪而言，范围有所扩大。之所以将黑社会性质的组织犯罪和走私犯罪纳入洗钱罪的上游犯罪，主要是基于改革开放深入进行后所出现的日益严峻的有组织犯罪斗争的形势和走私活动对中国改革开放和经济发展的负面影响等刑事政策方面的考虑。

（三）发展阶段

恐怖活动犯罪越来越成为国际社会所共同面对的威胁。中国同样面临着恐怖活动犯罪的威胁，同时鉴于国际反恐合作的形势需要，我国在2001年通过的《刑法修正案（三）》中将恐怖活动犯罪增加为洗钱罪的上游犯罪，该举动是反恐合作国际化的体现。从近几年的司法实践看，贪污贿赂犯罪的势头不断上升，对这类犯罪所得的洗钱活动缺少有效打击的手段是其中一个重要原因。2005 年中国正式批准加入了《联合国反腐败公约》，为了进一步加强反腐败方面的国际合作，使得国内日益严峻的贪污腐败犯罪得到有效遏制，刑事政策需要进一步扩大洗钱罪上游犯罪的范围，将贪污腐败犯罪纳入其中。2006 年的《刑法修正案（六）》和 2006 年 10 月 31 日表决通过的《反洗钱法》因此增加了贪污贿赂犯罪、破坏金融管理秩序犯罪、金融诈骗犯罪等，进一步扩大了洗钱罪上游犯罪的范围。

另外，第十一届全国人民代表大会常务委员会第七次会议于 2009 年 2 月 28 日通过了《中华人民共和国刑法修正案（七）》，共十五条。这是对我国《刑法》的重大修改，对目前很多严重、常发、社会危害性大的犯罪作出了大幅修正。此次虽然没有直接对洗钱罪进行修改，但对洗钱罪的多个上游犯罪进行了重大修改，包括"走私国家禁止进出口的货物、物品罪""内幕交易、泄露内幕信息""组织领导传销活动罪""非法经营罪""利用影响力受贿罪""巨额财产来源不明罪"。

同时，该修正案对于《刑法》第三百一十二条对同属于洗钱类犯罪的"掩饰、隐瞒犯罪所得、犯罪所得收益罪"进行了修改，规定了单位犯罪，保持与第一百一十九条一致。

（四）细化阶段

尽管刑法典做了多次修正，但实践上洗钱罪的适用效果并不好，这饱受国际反洗钱组织的苛责，其原因在下文将详细讨论。在总结了司法实践的经验和教训、借鉴国际标准后，最高人民法院于 2009 年 11 月 4 日发布了《关于审理洗钱等刑事案件具体应用法律若干问题的解释》（法释〔2009〕15 号，以下简称《解释》）。此次《解释》的出台广泛征求了包括人民银行在内的反洗钱部际联席会议成员的意见，按照以下原则进行：

1. 充分借鉴国际经验，准确把握洗钱、恐怖融资犯罪的发展趋势和打击趋势，确保《解释》规定的科学性和前瞻性。

2. 立足国情，重在解决国内实际问题，确保《解释》规定的针对性和有效性。一方面，对于公约文件的规定注意结合国内情况进行甄别取舍，不盲目照搬；另一方面，对于公约文件没有具体要求但国内司法有实际需求的问题，认真研究并加以解决。

3. 严格依法、积极理性、循序渐进，确保《解释》规定的合法性和稳妥性。一方面，在现有的法律框架内可以通过司法解释解决的问题，尽可能解决；另一方面，对于需要通过修订立法解决的问题，司法解释不予处理。①

这次解释共 5 条。第一条是关于"明知"的认定，这是理论界争论较大的问题。《解释》对于"明知"采用国际公约通行的客观推定规则：明知不意味着确实知道，确定性认识和可能性认识均应纳入明知范畴。"明知"的对象是：行为人对七类上游犯罪的违法所得及其收益具有概括性认识即告充足，而不要求特定到某一具体的上游犯罪所得及其收益。而且，《解释》还比较详述了六种推定明知的情况，这些规定即使相对于相关国际公约也具有一定的超前性。

第二条是关于《刑法》第一百九十一条规定的"其他方法"进行洗钱的细化规定。第一百九十一条规定的具体洗钱行为的前四款主要规定了利用金融机构的洗钱行为。此次又规定了：通过典当、租赁、买卖、投资等方式，协助转移、转换犯罪所得及其收益的；通过与商场、饭店、娱乐场所等现金密集型场所的经营收入相混合的方式，协助转移、转换犯罪所得及其收益的；通过虚构交易、虚设债权债务、虚假担保、虚报收入等方式，协助将犯罪所得及其收益转换为"合法"财物的；通过买卖彩票、奖券等方式，协助转换犯罪所得及其收益的；通过赌博方式，协助将犯罪所得及其收益转换为赌博收益的；协助将犯罪所得及其收益携带、运输或者邮寄出入境的等六种犯罪行为，而且也设置了"（七）通过前述规定以外的方式协助转移、转换犯罪所得及其收益的"这样的兜底条款，较好地满足了司法审判的需要。

第三条是关于《刑法》第一百九十一条、第三百一十二条、第三百四十九条三个洗钱犯罪条文之间的关系和处罚原则。《解释》第三条规定主要解决三个洗钱类犯罪竞合处理问题，同时也与《解释》第二

---

① 参见《〈最高人民法院关于审理洗钱等刑事案件具体应用法律若干问题的解释〉的解读》第 8 页，刘为波整理，关于洗钱罪司法解释专题研讨会会议材料。

条规定相呼应，借助一般法与特别法的适用原则间接说明：《刑法》第三百一十二条是洗钱犯罪的一般条款，三个法条的主要区分在于犯罪对象，以此淡化三者在行为方式和行为性质上的差异。这条规定是在现有的法律体系内，依照"法条竞合"处理的一般原则，规定了处理方法。这将比较有效地解决实践中依据第三百一十二条定罪多，而依据第一百九十一条定罪少的现状。

但本质上讲，笔者认为，刑法第三百一十二条、第一百九十一条和第三百四十九条都规定的是洗钱类犯罪，目前的处理方式也是权宜之计，按照发展的眼光看，这三条应该合一规定。但是这已经超出了司法解释的权限，有待于立法机关进行研究考虑。

第四条主要解决洗钱犯罪案件的审判和认定程序问题。在 FATF 评估过程中，这个问题也曾是讨论焦点。因为这个问题不仅涉及程序问题，也涉及"自洗钱"行为的处理和"罪数形态"理论在洗钱罪认定过程中的适用。

虽然洗钱罪与上游犯罪密不可分，没有上游犯罪，就没有洗钱这一下游犯罪。但是在程序上，洗钱罪的成立，不要求上游犯罪经人民法院先行判决确认。只有根据案件事实足以认定上游犯罪事实成立的，才能认定洗钱犯罪成立。《解释》在赋予洗钱案件审理程序的相对独立性的同时，增加了司法机关对于此类洗钱案件的查证要求。

《解释》第四条第二款是针对依照《刑事诉讼法》第十五条规定不予追究刑事责任的情形作出的规定。根据《刑法》第六十四条规定以及最高人民法院、最高人民检察院、公安部、国家安全部、司法部、全国人大常委会法制工作委员会《关于刑事诉讼法实施中若干问题的规定》第十九条关于"对于在侦查、审查起诉中犯罪嫌疑人死亡，对犯罪嫌疑人的存款、汇款应当依法予以没收或者返还被害人的，可以申请人民法院裁定通知冻结犯罪嫌疑人存、汇款的金融机构上缴国库或者返还被害人"的规定，此情形下犯罪所得及其收益的性质不变，故针对此类犯罪所得及其收益实施的洗钱行为，同样构成犯罪并应依法追究刑事责任。

《解释》第四条第三款关于"上游犯罪事实可以确认，依法以其他罪名定罪处罚的，不影响《刑法》第一百九十一条、第三百一十二条、第三百四十九条规定的犯罪的认定"的规定，主要是考虑到实践中存在一些牵连犯（有观点认为是吸收犯），法院虽然认可了某一上游犯罪的犯罪事实，但是根据"罪数形态"的理论，有可能定成上游犯罪以外的其他罪名，在定罪量刑上不单独体现，这不影响上游犯罪的性质认定以及相关洗钱犯罪的处理。

第五条是关于《刑法》第一百二十条之一规定的相关概念的理解。《刑法》第一百二十条之一对资助恐怖活动罪的罪状规定较为原则，实践中在一些名词概念的理解上存在分歧。《解释》主要明确了以下几个方面：第一，资助包括筹集资金和提供资金两种具体行为，单纯的筹集资金行为，同样应以资助恐怖活动罪定罪处罚；第二，"资助"的方式不以金钱为限，为恐怖活动组织或者实施恐怖活动的个人筹集、提供经费、物资或者提供场所以及其他物质便利的行为，均属于资助行为；第三，资助恐怖活动罪的成立不以被资助的人具体实施恐怖活动为条件，预谋实施、准备实施和实际实施恐怖活动的个人，均属于《刑法》第一百二十条之一规定的"实施恐怖活动的个人"。此次司法解释对于洗钱罪的规定进行了比较详细的补充说明，具有重大的理论和实践意义。但是，限于司法解释的性质和效力，很多重要问题还没有得到根本解决，比如自洗钱的罪数形态处理问题，逆洗钱法律界定等。而且，有些措辞和理解也有待商榷，这些问题将在本书的下一节做详细论述。

二、实践效果及问题

自 1997 年新刑法规定洗钱罪以来，《刑法》第一百九十一条在打击洗钱犯罪的斗争中发挥了巨大的作用，并在实践中不断完善。但随着反洗钱斗争形势的日趋严峻和不断发展变化，《刑法》第一百九十一条面临巨大的挑战，在反洗钱法律实践中存在一些问题。FATF 通过数次评估总结了我国反洗钱法律体系有以下主要问题：

1. 我国洗钱犯罪的刑事立法采取了"多条文规定、多罪名规范"的做法，分别是《刑法》第一百九十一条的洗钱罪、第三百一十二条的掩饰、隐瞒犯罪所得、犯罪所得收益罪以及第三百四十九条的窝藏、转移、隐瞒毒品、毒赃罪。三个条文属于"法条竞合",在文字表述上存在一些交叉、重叠、不够协调的地方,加之个别用词的含义不尽一致,实践中反映三个法条之间的区分界限不够清晰,司法机关处理情况和标准有较大差距。

2. 司法机关对于依法打击洗钱、恐怖融资犯罪活动的重要性认识不足,"重上游犯罪、轻洗钱犯罪"以及"重刑法第三百一十二条、轻刑法第一百九十一条"的传统司法观念尚未得到根本转变,实践中对于洗钱犯罪活动的查处仍相对薄弱。

3.《刑法》第一百九十一条第1款(1)至(4)项的规定主要是针对通过银行类金融机构实施的洗钱行为,尽管第(5)项规定了"以其他方法掩饰、隐瞒犯罪的违法所得及其收益的性质和来源"的兜底条款,但考虑到解释上的类比性要求,非通过银行类金融机构特别是通过金融机构以外的其他途径实施的转换、转移、掩饰、隐瞒行为是否为本条所涵盖,实践中存在疑问。

4. 相关公约文件的规定,除非本国法律基本原则明确禁止,应当将上游犯罪人自行实施的洗钱行为(自洗钱)规定为犯罪。我国《刑法》对此问题的处理没有明确,直接影响到了部分洗钱犯罪特别是外国人在我国境外实施上游犯罪之后在我国境内进行自己洗钱行为的处理。

5. 相关公约文件规定,犯罪所得、犯罪所得的转化财产、混合于合法财产中的价值相当部分以及所有形式的犯罪所得形成的收益均应予以没收;在犯罪所得及其收益不能没收时,可没收价值相当的合法财产。相比之下,我国刑法规定较为笼统,仅规定犯罪分子违法所得的一切财物,应予追缴或者退赔,而能否没收价值相当的合法财产,则未明确。

6.《刑法》第一百二十条之一对资助恐怖活动罪的罪状规定过于原则,筹集但尚未提供资金的行为能否独立构成资助行为、资助恐怖活动是否需以实施具体恐怖活动为前提以及"恐怖活动""恐怖活动组织"等概念的具体理解和认定,均无明确规定。[1]此次司法解释对"资助"采取了扩大解释,略有牵强,对此还需要通过立法程序明确。

---

[1] 参见《FATF 对中国评估报告》,资料译自:http://www.fatf-gafi.org/pages/0, 2987, en_32250 379_32235720_1_1_1_1_1, 00.html。

上述问题在一定程度上制约了刑事打击洗钱和恐怖融资犯罪活动的有效性。1997 年至今全国法院审理的、以《刑法》第一百九十一条洗钱罪追究刑事责任的洗钱案件仅 20 件；2001 年《刑法》第一百二十条之一规定资助恐怖活动罪以来尚无一例以此罪名追究刑事责任的案件，这与当前我国洗钱、恐怖融资犯罪活动的实际情况明显不相适应，与前述提及的适用《刑法》第三百一十二条追究刑事责任的洗钱案件数量形成鲜明反差。

根据最高法院的统计，依照《刑法》第一百九十一条、第三百一十二条、第三百四十九条被定罪处罚的犯罪人每年均达 1 万余人。尤其是在 2006 年《刑法修正案（六）》颁布实施之后，以《刑法》第三百一十二条追究刑事责任的犯罪人数迅速上升。据统计，2005 年依照第三百一十二条规定定罪的是 10097 人，2006 年上升至 12156 人，2007 年上升至 13768 人，2008 年更是高达 17650 人，年均递增 20.62%。

问题比较集中地表现为第一百九十一条适用的效率太低，大部分的洗钱犯罪行为被其他犯罪行为"吸收"了，而没有单独作出法律上的评价。比如清洗贪污贿赂犯罪所得的洗钱行为，一般以上游犯罪定罪，对洗钱不单独定罪，这严重影响刑法打击洗钱犯罪效果。[①] 到目前为止，全国以洗钱罪定罪量刑的案件仅二十余件。2008 年，全国各级人民法院依照《刑法》第一百九十一条"洗钱罪"审结案件 12 件，生效判决 15 人，12 人被并处罚金；依照第三百一十二条"掩饰隐瞒犯罪所得、犯罪所得收益罪"审结案件 10318 件，生效判决人数 17650 人，14615 人被并处或单处罚金；依照第三百四十九条"窝藏毒赃罪"审结案件 59 件，生效判决 69 人（详见

---

① 重庆市巫山县交通局原局长晏大彬因涉嫌受贿 2226 万元，成为"重庆第一贪"；而其妻则因帮助洗钱，同时走上了被告席，成为因亲属贪污受贿被指控"洗钱罪"的全国第一人。2008 年重庆市第二中级人民法院日前对重庆市巫山县交通局原局长晏大彬受贿、其妻傅尚芳洗钱一案公开宣判，认定被告人晏大彬犯受贿罪，判处死刑，剥夺政治权利终身，并处没收个人全部财产；认定傅尚芳犯洗钱罪，判处有期徒刑 3 年，缓刑 5 年，并处罚金 50 万元。此案系我国首例宣判的以贪污贿赂犯罪为上游犯罪的洗钱案件。新刑法自 1997 年新增洗钱罪，至 1998 年才发生第一起以贪污罪为上游犯罪的洗钱案件，这与洗钱罪法律实践中对洗钱罪认定的方式有关。凸显了刑法第一百九十一条在法律实践中打击犯罪的效率，为以后的司法实践开了个好头。

表 3-2 和表 3-3 ）。①

表 3-2

罪名	收案	结案	生效判决人数	处刑情况								
				宣告无罪	免予刑事处罚	5年以上有期徒刑至死刑	5年以下有期徒刑	拘役	有期徒刑、管制缓刑拘役	并处罚金	单处罚金	宣告无罪
	件	件	人	人	人	人	人	人	人	人	人	人
洗钱罪	16	12	15	0	0	0	2	5	5	2	12	0
掩饰、隐瞒犯罪所得、犯罪所得收益罪	10323	10138	17650	0	51	213	5223	2563	5500	1031	1546	3069
窝藏、转移、隐瞒毒品、毒赃罪	56	59	69	0	0	7	36	9	13	3	27	1

表 3-3

年份	洗钱罪				掩饰、隐瞒犯罪所得、犯罪所得收益罪				资助恐怖活动罪			
	批准逮捕		提起公诉		批准逮捕		提起公诉		批准逮捕		提起公诉	
	件	人	件	人	件	人	件	人	件	人	件	人
2003	2	5	0	0	4993	3408	4488	15747	1	4	1	1
2004	1	1	3	4	5402	14626	5290	18436	6	11	1	1
2005	0	0	1	3	6516	17075	6411	23003	0	0	0	0
2006	3	10	0	0	6883	18128	7558	27210	0	0	0	0
2007	1	1	0	6	7715	19305	8965	1998	0	0	0	0
2008	6	9	3	3	9405	22374	11818	38855	0	0	0	0

　　表 3-2 和表 3-3 均来自于 2008 年反洗钱报告，数据略有出入，据报告编写组说明，上述数据分别来自反洗钱部际联席会议的 2 个成员单位。虽然如此，可以得出一个总体结论，以洗钱罪定罪的案件非常少。

---

① 参见《2008 年中国反洗钱报告》，第 40 页。

与此同时，根据我国反洗钱报告公布的数据，我国的大额交易和可疑交易报告的数量却是世界第一，已经过亿笔，几乎等于其他国家反洗钱报告数量的总和。这两个数据反差极大，引起了很多国际组织和其他国家的误解。一方面，由于我们公布的大额交易和可疑交易报告数量极大，一些国家误解中国是洗钱天堂；另一方面，洗钱罪定罪案件的减少，造成司法效率低的错觉。同时，这些也湮没了我国反洗钱工作的重大成果。

三、宏观展望

2009 年《最高人民法院关于审理洗钱等刑事案件具体应用法律若干问题的解释》（以下简称《解释》）的出台在法律规定的清晰性方面有了较大进步，为司法实践指明了方向，估计《解释》实施后，上述 FATF 提到的相关问题会在很大程度上得到解决。但从宏观上看，参考 FATF 和《联合国反腐败公约》等国际标准，从宏观反洗钱刑事政策的角度看，我国还需要在以下方面改进：

（一）整合洗钱类犯罪立法资源

目前洗钱类犯罪分三个条款规定的现状虽然勉强可以维持，但是弊端也很明显。这三个条款并不能完全互补，既存在交集，也存在漏洞，导致不连贯和混淆的局面，以及这些条款适用范围和运用的不确定性。因此未来的发展趋势是将第一百九十一条、第三百一十二条和第三百四十九条归纳进一个条款，放在《刑法》"妨害社会管理秩序罪"一章中的"妨害司法罪"一节，即将第三百一十二条规定为统一的洗钱罪。

上游犯罪应包括所有可能产生犯罪收益的犯罪。

（二）规范"资助恐怖活动罪"

"反恐融资"工作在国际层面已经超过了"反洗钱"工作的重要性。相比而言，我国对此的立法还比较欠缺。虽然《解释》对刑法第一百二十条的解释在一定程度上解决了该问题。但个别措辞还存在着不规范，并略显牵强。

从国际政治的角度看，当某一组织被认定是"恐怖组织"，将被各国列入必须联合打击的名单，无条件对其进行打击。这是法定的、强制性的，也是最具敏感性的国际义务。在刑法上也要适用"普遍管辖原则"。因此，对此类条款的规定要力求完善，从国际政治的角度看，其重要性甚至超过了洗钱罪。

当前我国面临严峻的反恐形势，"东突厥伊斯兰运动"恐怖势力长期与"基地"组织相互勾结，在新疆和中亚地区不断制造爆炸、暗杀等恐怖暴力活动，严重威胁着这些地区的安全和稳定。实施恐怖活动离不开背后的经济支撑，严厉打击恐怖融资犯罪，有效切断恐怖活动组织和恐怖分子的资金供应链，是国际社会打击恐怖活动犯罪的一条重要经验，也是我国反恐工作总体部署的关键一环。

因此，《刑法》第一百二十条的规定不能满足于目前的解释。《解释》第五条"刑法第一百二十条之一规定的'资助'，是指为恐怖活动组织或者实施恐怖活动的个人筹集、提供经费、物资或者提供场所以及其他物质便利的行为。"其中的"筹集"属于扩大解释，不能想当然地为"资助"所涵盖。国际标准中的"融资"则可以解释为"资助包括筹集资金和提供资金两种具体行为"。至于《联合国制止向恐怖主义提供资助的国际公约》也是当时翻译的问题，严格地讲"Finance"就应该翻译成"融资"，包括"融"和"资"两个行为，即"筹集"和"资助"。因此这个问题事关"罪行法定"原则，也事关国际政治权衡，应通过立法加以解决。罪名也可以考虑改成"为恐怖活动融资罪"。

（三）司法审判上认定"自洗钱"犯罪的独立性

在中国申请加入国际权威的反洗钱组织"反洗钱金融行动特别工作组"（FATF）的评估工作中，FATF 认为中国"自行洗钱未被规定为犯罪，而中国法律没有基本原则禁止做这样的规定。洗钱罪判决数量很少，因而关于洗钱的规定未得到有效实施"。评估报告第 77 条指出：所有三种洗钱犯罪都适用于第三方，不适用于上游犯罪人。中国司法部门和立法机关始终坚持自行洗钱行为是上游行为的自然延伸，就自行洗钱者而言上游犯罪是洗钱行为不可分离的必要前提行为（condition sine qua non）的观点。这个观点是目前刑事司法的重大误区。自洗钱的独立性主要表现在：（1）洗钱罪的犯意与上游犯罪的犯意彼此是独立的；（2）洗钱罪和上游犯罪不一定具有必然特定的联系，它们之间不具有犯罪构成之间固有的依附与被依附的关系，也不具备刑事法律规定的犯罪构成之间的特定关联，洗钱罪与其上游犯罪发生联系，仅仅基于共同的主观上的犯罪目的和二者之间因果上的必然联系；（3）洗钱罪侵犯的客体是国家金融管理制度和司法机关的正常活动，而洗钱罪的上游犯罪因其具体的性质不同，其犯罪客体也各不相同。因此洗钱罪与其上游犯罪间在犯罪客体上是不同的。

因此，洗钱罪与其上游犯罪不构成目前司法现状认定的"吸收关系"。另外，正如 FATF 在评估报告中所指出的那样，"对自行洗钱仅以上游犯罪起诉的实践是一种并不必然带来满意结果的选择。如果上游犯罪由外国人在外国的领土上实施，那么如果以该行为由自行洗钱的外国人实施为理由，中国法院可能发现自己对于上游犯罪没有管辖权。这也意味着执法部门无法对在中国境内的洗钱行为采取措施，从而明显降低反洗钱措施的有效性。在目前伴随大量外国投资的经济增长过程中，该问题尤其值得关注"。因此，从司法管辖的角度来看，认定自洗钱的独立性也是非常必要的。

鉴于刑法对洗钱罪的规定在整个反洗钱工作体系中的极端重要性，这里仅做宏观展望，笔者将在下文中专节讨论。

第二节 《反洗钱法》

《中华人民共和国反洗钱法》自 2007 年 1 月 1 日起已正式开始实施。这是我国第一次以国家级大法的形式将反洗钱工作体系化、制度化，是我国履行《联合国反腐败公约》等国际法和反洗钱金融行动特别工作组（FATF）《40+9 建议》义务的必要举措，也是经济全球化、贸易一体化的国际背景下，我国打击洗钱及其上游犯罪，维护国家安全、经济秩序、金融稳定和司法公正的必然要求。时任总理温家宝在 2007 年全国金融工作会议上指示："要贯彻今年开始实施的《反洗钱法》，切实加大反洗钱工作力度，加强对异常资金流动情况的监控，遏制洗钱及相关犯罪，有效打击洗钱活动。"

一、重要意义

《反洗钱法》一方面体现了国际标准本土化的要求，另一方面也是我国多年来反洗钱工作经验的总结。该法将国际惯例和中国实践相结合，明确了重要的反洗钱制度，提升了金融情报机构（FIU）的法律地位并初步建立了反洗钱组织体系，使我国反洗钱立法向国际标准迈进了一大步。

（一）提升重要反洗钱制度法律层级

《反洗钱法》出台前，我国虽已制定了《金融机构反洗钱规定》等多部经济行政法规，基本建立了"客户身份识别""记录保存""大额和可疑交易报告""内控制度"等反洗钱核心工作制度。但是这些由人民银行颁布的行政规章，一方面效力层级较低，对于人民法院审理案件属于"参照"类规定，而不是"依据"，有不适用的可能性；另一方面，规定比较分散，类似于"客户身份识别"这样的制度在多部规章中都有规定，但表述不一，给实际工作带来了困难。

《反洗钱法》的出台较好地解决了这些问题。其一，《反洗钱法》是全国人大常委会制定的国家级大法，必须作为行政、执法、司法的依据。这无疑提高了一系列反洗钱制度的法律效力，提升了工作力度。其二，统一了反洗钱法律体系。《反洗钱法》的制定一方面直接推动了《刑法》中关于"洗钱罪"规定的修正，将上游犯罪扩大到 7 大类、上百个罪名；另一方面将上述分散在多部行政规章中的重要反洗钱制度归纳整合，形成了互相衔接、体系分明的工作制度。据此人民银行新出台了《金融机构反洗钱规定》《金融机构大额交易和可疑交易报告管理办法》和《金融机构报告涉嫌恐怖融资的可疑交易管理办法》，并会同金融监管部门制定了《金融机构客户身份识别和客户身份资料及交易记录保存管理办法》，细化了具体工作流程和方式，形成了较为完善的反洗钱法律体系。

（二）明确金融情报机构（FIU）法律地位

FIU 制度是对 10 多年来国际反洗钱工作经验的总结，是反洗钱领域唯一的机构创新，上述所有反洗钱制度都是围绕 FIU 展开的。因此，10 余年来制定的反洗钱类国际公约、示范法和 FATF 建议等文献几乎无一例外地对其进行了专门规定。世界上多数国家都成立了 FIU，仅 FIU 间专门组织——埃格蒙特集团就有 106 个成员。

中国反洗钱监测分析中心（简称中心）是中国的 FIU，依据中编委和人民银行授权成立并已全面履行职责逾 5 年，监测分析范围已覆盖银行业、证券期货业和保险业，并正在向律师行业、会计行业、贵重金属行业、典当行业等特定领域延伸。目前，中心已接收、分析大额和可疑交易报告过亿笔，位居世界前列；向公安机关移交分析结果几百件，多次协助纪检监察机关调查，为多起重大案件的破获提供了重要线索；与五大洲 52 个国家和地区的 FIU 或对口部门建立了联系，与 16 个国家和地区的对口部门在签署谅解备忘录或者协议的基础上开展了金融情报交流工作。中心卓有成效的工作为保护国家利益、维护国家声誉作出了重要贡献。

因此，在总结历年工作经验和成绩的基础上，《反洗钱法》第十条专门规定了 FIU 的法律地位与主要职能，并且在第二十七条和第二十八条及其释义中规定了国际金融情报交流的内容，成为此次立法的一大亮点。

当时的中纪委书记贺国强、中央书记处书记何勇在视察中心工作时，对中心前期监测分析工作作出了肯定，说明 FIU 制度确有实效，也是对中心工作的鞭策，为下一步发展指明了方向、提出了更高要求。

（三）初步建立反洗钱组织体系

《反洗钱法》另一核心内容就是初步构建了反洗钱组织体系，为反洗钱各部门间的分工配合、协调运作奠定了基础。

1. 明确规定反洗钱行政主管机关

《反洗钱法》第四条规定："国务院反洗钱行政主管部门负责全国的反洗钱监督管理工作。"根据《中国人民银行法》《金融机构反洗钱规定》和《反洗钱法（草案）》历次审议说明，人民银行是反洗钱行政主管部门。《反洗钱法》中采用"反洗钱行政主管部门"的措辞是考虑到随着行政体制改进，政府机构部门的名称和职能有可能调整，为保证法律稳定，避免朝令夕改而采取的一种常用立法技术。

这种职能划分是借鉴国际经验和考虑中国实践的结果。纵观世界各国关于反洗钱主管机关的设置，可以分为三大类：第一类，成立独立的 FIU 作为主管部门，采用部级设置，作为反洗钱情报平台和牵头部门，主管反洗钱工作。这样的国家有俄罗斯、乌克兰、泰国、印度尼西亚等。第二类，央行、财政部、司法或警察等部委作为主管部门，内设具有相对独立性的 FIU，与其他部门配合工作。例如，美国反洗钱主管部门为财政部，英国为警察部门，马来西亚为央行，白俄罗斯为国家监控委员会，FIU 为其内设部门。第三类，财政或金融监管部门为主管部门，但 FIU 设在其他司法或执法部门内。例如德国和卢森堡等。

上述不同主管部门的设置主要受该国既有机构职能和 FIU 性质的影响，也受到整体行政、执法和司法体系的影响。我国财政部和公安部也曾负责相关工作，但是立法者考虑到人民银行具有独一无二的清算和金融信息系统，并与金融体系具有天然联系，因此，在总结工作经验的基础上选择人民银行为主管机关，下设中心为 FIU，是符合中国国情的。

依此立法理念，《反洗钱法》用半数篇幅规定了人民银行组织协调、资金监测、制定规章、监督检查、行政调查、国际合作等权利义务。

2. 规定反洗钱机构体系

2003 年 5 月，根据国务院批示，我国就已经建立了由人民银行牵头，包括最高人民法院、最高人民检察院、国务院办公厅等 23 个部门组成的反洗钱部际联合会议制度，随着工作推进，更多部委将加入此工作机制。2004 年 4 月，又成立了由人民银行牵头，银监会、证监会、保监会和国家外汇局参加的金融监管部门反洗钱领导小组。

《反洗钱法》基本肯定了这个工作体系，在第四条原则性规定了行政和司法各部门之间应相互配合；第九条规定了金融监管部门制定规章、监督管理等反洗钱职能；第十条规定了 FIU；第十一条规定了人民银行从其他机构获取信息的权力；第十二条规定了海关通报"跨境现金携带"信息的职责；第十三条和第二十六条规定了行政部门和侦查机关之间的配合机制。

3. 理顺反洗钱工作流程

《反洗钱法》规定了较为宏观的反洗钱工作流程，涉及国内和国际两部分。国内流程包括：金融机构合规并报告大额和可疑交易，FIU 接收、分析和报告分析结果，监督检查，行政调查，线索移交和侦查，行政处罚和移交刑事司法程序共 7 个相互衔接、协调配合的部分。国际部分主要包括：缔结或参加国际条约，开展国际合作，FIU 国际情报交流，国际司法协助等几个关联部分。

4. 推动全社会反洗钱态势

《反洗钱法》除在第三条规定了金融机构和特定的非金融机构的反洗钱义务外，还在第七条赋予任何单位和个人向人民银行和公安机关举报洗钱活动的权利，并且为了保障举报人安全，也特别规定了接受举报单位的保密义务。

5. 拓展国际反洗钱合作

在经济全球化、贸易一体化的今天，国际合作是打击跨国洗钱、交流情报信息、追缴外流赃款、跨国调查取证、引渡外逃罪犯的必要途径。国际合作一般包括政治、情报、警务、司法合作等几个层次。

我国在国际政治合作方面始终不遗余力，签署了一系列联合国和地区性反洗钱和反恐融资公约，积极参与了联合国毒品与犯罪办公室（UNODC）、国际刑警组织（INTERPOL）、亚欧会议（ASEM）、上海合作组织（SCO）、欧亚反洗钱工作组（EAG）等重要国际组织的反洗钱行动。2007 年 6 月 28 日，我国已通过反洗钱金融行动特别工作组（FATF）的评估，成为正式成员。

《反洗钱法》的出台顺应了国际趋势，是我国切实履行政治承诺的表现。该法第五章专章规定了国际合作，表明了我国在条约或平等互惠原则前提下开展合作的态度，并授权人民银行代表国家开展政府间国际合作，司法机关开展相关司法协助。同时，该法明确规定了反洗钱国际情报交流的内容，填补了金融情报交流领域的法律空白，是反洗钱立法开始走向成熟的重要标志之一，也是国际合作领域的重大突破。

二、实践效果及问题

《反洗钱法》作为我国第一部反洗钱国家级大法出台，虽然是里程碑式的进步，但是鉴于我国反洗钱工作起步晚、经验不足，立法还是采取了宜粗不宜细的原则，全文仅 37 条，有些问题还欠缺规定。

（一）反洗钱信息平台不健全

情报工作是反洗钱执法、司法工作等系列流程的起点，反洗钱情报信息搜集是否全面、迅捷，分析是否准确、客观，报告是否保密、及时决定了整个反洗钱行动成败与否。但是，《反洗钱法》并没有明确反洗钱情报信息收集机构的唯一性，因此，被赋予相应反洗钱职能的金融监管机构和其他有关部门也可以成立另外的"反洗钱信息中心"，这可能会造成诸多不良后果：（1）机构重复建设，容易互相掣肘，浪费行政资源；（2）反洗钱信息不集中，分析报告质量不高；（3）容易形成冗余或冲突的分析报告，影响进一步调查；（4）信息保密性差，可能泄密的环节增多，而且情报也容易成为多重利益主体妥协的产物；（5）金融机构多头报送，负担加重。这些隐患都是与情报工作独立性、保密性、时效性的本质相冲突的，将大大影响整体反洗钱工作的质量。

另外，人民银行和其他政府机构的信息共享机制规定不完善，人民银行尚不能获得足够多的匹配信息以推进监测分析工作，有碍进一步深挖犯罪，许多重大可疑案件的分析工作因缺少必要的辅助信息而被迫中断；同时，人民银行的情报移送机制也不完善，移送面很窄，大量有价值的情报不能及时为相关行政、执法、纪检监察部门所用。

（二）重要制度缺位

《联合国反腐败公约》和FATF《40+9 建议》中都专门规定了"政治公众人物"（Politically Exposed Persons，PEPs）的监控措施，要求将具有政治影响力的公众人物及其亲属列入洗钱高风险行列，对其采用更加严格的防范和监控措施。此项制度的目的不言而喻，旨在惩治腐败，追缴腐败所得。该制度在欧美等发达国家已经确立，并取得了实效，如"皮诺切特洗钱案"和"陈水扁洗钱案"。很遗憾，《反洗钱法》没有规定该制度。

适时借鉴该制度，是我国履行《联合国反腐败公约》的义务，也是落实我党《建立健全教育、制度、监督并重的惩治和预防腐败体系实施纲要》的要求。

（三）FIU 制度不健全

《反洗钱法》虽然规定了 FIU 制度，但其规定与联合国公约和 FATF 文献的标准还有一定差距。一方面，该法没有赋予 FIU 与其从事的情报工作相适应的"相对独立性"，这违背了情报工作客观、保密和及时性的要求，可能掺杂臆断、妥协和滞后性因素。我国 FIU 应充分发挥作为央行内设机构的优势，在充分授权前提下，在职责范围内，"相对独立"地开展工作，减少不必要的干涉。另一方面，FIU 的职能不健全。涉及 FIU 职能的 10 余个国际法律文献都对 FIU 的职能做了整齐划一的规定："接收、分析和移送"情报，以及"国际交流"。《反洗钱法》将"移送"（Dissemination）改为"报告"（Report）。前者强调的是 FIU 可依自己判断将情报移送给相应行政、执法、纪检监察机关，为各机构打击洗钱犯罪及时提供线索。后者用词含混，在情报工作成绩凸显阶段增加了情报流转程序，这会损害情报的及时性，也无法发挥 FIU 信息平台的作用。

三、宏观展望

根据《反洗钱法》两年来的实施情况，中国人民银行颁布了《中国2008—2012 年反洗钱战略》（简称《战略》）。《战略》的指导思想是，分析国际国内反洗钱的形势和挑战，总结实践经验，继续完善现有反洗钱体系；从中国国情出发，以国内风险评估为基础，注重实践和创新，检验国际标准适用于中国的合理性；制定覆盖全社会的、统一的国家反洗钱发展战略，明确反洗钱工作的总体目标、实施原则和实施步骤，努力探索创建具有中国特色的、有效的反洗钱模式；在制定和实施我国反洗钱战略中，坚持针对性、均衡性和有效性并重的原则，统筹兼顾，分阶段、有步骤地实施，重点完善核心制度，稳步推进体系构建，发挥工作机制效率，全面提升反洗钱制度的有效性。

《战略》的总体目标是，2012 年前，构建符合国际标准和中国国情的反洗钱工作体制；建立完善的反洗钱和反恐怖融资法律法规体系；建立覆盖金融业和特定非金融行业的可疑资金交易监测网，创建具有中国特色的"以防为主、打防结合、密切协作、高效务实"的反洗钱机制，有效防范、打击洗钱等犯罪活动，维护正常的金融管理秩序和社会秩序，保障国家利益和经济安全。

《战略》制定和实施的原则是，兼顾针对性、有效性和均衡性。针对性是指在风险评估基础上，合理调配资源，明确目标，集中资源防范和打击与特定严重犯罪有关的洗钱活动。有效性是指有效预防、打击和惩治洗钱行为，设计指标体系，量化衡量反洗钱措施对反洗钱目标的实现效果。均衡性是指适当考虑金融业和特定非金融行业的反洗钱成本和对客户隐私、商业秘密的保护，在防范和打击洗钱犯罪活动与增加资源投入、保护合法权益之间保持平衡。

结合《战略》的指导方针，在反洗钱法律体系的建设上，笔者认为至少应该完善以下几个方面。

（一）借鉴完善重要反洗钱制度

《战略》明确了"以风险为本"的监管理念。高风险客户是指来自特定地区（如恐怖主义较为严重、贩毒活动猖獗的地区）、特定行业（如珠宝业、博彩业）具有较高洗钱风险的客户。在高风险客户中，最值得关注的是有关政治敏感人物（Politically Exposed Persons，PEPs）。按照 FATF 的定义，政治敏感人物指现在或曾经担任显赫公职的个人，如国家元首或政府首脑、高级政客、政府、司法或军队高级官员、国有企业高级行政人员和政党的重要官员。FATF《40 条建议》中的第 6 条指出："对于政治敏感人物，除了实施常规的尽职调查措施外，金融机构还应：（1）拥有适当的风险管理系统以确定客户是否为政界名流；（2）获得高级管理层的批准方可与此类客户建立业务关系；（3）采取合理措施确定财产和资金来源；（4）对业务关系进行更严格的持续监视。"巴塞尔委员会也认为，与有一定政治地位的个人和与他们有密切联系的个人或公司发展业务关系会使银行面临较高的信誉或法律风险，还有可能给银行带来巨额罚款。因此，世界各大银行对于 PEPs 客户的开户都要强化审查，对其账户内的资金往来也给予持续关注。

在"陈水扁洗钱案"中，黄睿靓所开户的瑞士美林银行的计算机系统内，存有各国政商名人资料库，这一名单库内容一直在持续更新，只要涉及这一名单库的账户有异常金额出现，就会被马上通报给政府的金融情报机构（FIU）。由于陈水扁妻子吴淑珍曾于 2006 年 11 月被台湾司法当局因私用公款而起诉，而陈水扁也因"国务机要费"等案被调查，其家族成员都被列入瑞士美林银行 PEPs 客户名单。因此，当黄睿靓在美林银行的账户中一出现巨款，就成了头号监控目标。我国应根据国情，适时借鉴该制度，在反洗钱法中做明确规定。

（二）完善《反洗钱法》中关于金融情报机构的规定

《战略》明确了"建立覆盖金融业和特定非金融行业的可疑资金交易监测网"，监测分析的职责主要是由金融情报机构来完成的。金融情报机构在打击洗钱和其他严重金融犯罪的工作中发挥着不可替代的独特作用，增强了反洗钱工作的高效性和协同性，提高了执法机关打击洗钱及其上游犯罪的预见性和主动性，这已经被世界各国和众多国际组织所认同与重视。

在"陈水扁洗钱案"中，瑞士金融情报机构——瑞士洗钱举报办公室（MROS）在收到银行关于陈水扁家人涉嫌洗钱的可疑交易报告后，经过研究分析认为其具有较高的洗钱嫌疑，并将此线索移送相关执法机构——瑞士联邦检察署，后检察署发函向台湾求证，陈水扁洗钱的事实才最终被曝光。

中国反洗钱监测分析中心作为中国的金融情报机构，承担着接收、分析大额和可疑交易报告并移送可疑交易线索的重要职责。反洗钱立法的建议稿中曾对其专章规定，后来因为多种原因被取消了。这不符合国际惯例。在很多国家，反洗钱法律的主体部分起始就是金融情报国际法，比如加拿大和澳大利亚。即使不采用这种模式的国家也大多数采用在《反洗钱法》

中单列一章的方法。这是国际主流趋势，是反洗钱立法技术日臻完善的标志。

借鉴各国立法，从学术角度看，《反洗钱法》在内容上应该完善金融情报机构的以下职责：（1）情报的接收、分析和移送；（2）与执法、司法、监管等各部委的合作、信息共享机制；（3）有与履行职责相关的监管权。

（三）丰富国际金融情报交流合作的内容

《战略》在国际交流部分提出了"扩大金融情报的国际交流，开辟国际金融情报的双边和多边交流渠道，扩大中国反洗钱情报来源，提升情报预警能力"的要求。国际金融情报交流合作是国际执法合作的新领域，其不同于传统的执法合作，也不属于司法合作的范围，具有保密性、便捷性和灵活性的特点。

例如，台湾 FIU——调查局洗钱防制中心是埃格蒙特集团的正式成员[①]，因此在"陈水扁洗钱案"的调查中，能够通过埃格蒙特情报网络获取洗钱线索和进行情报交换。2008 年 1 月，埃格蒙特集团即发现黄睿靓在开曼群岛的瑞士美林银行开户并存入 2100 万美元，且查出黄睿靓是陈水扁的儿媳，怀疑其有洗钱之嫌，因此正式函告台湾洗钱防制中心。核查函不但列举了陈水扁一家在美国、开曼、新加坡、瑞士的账户、资金状况，还包括这些账户开立时的部分访谈记录，内容非常完整。

《反洗钱法》在国际合作部分对此规定过于含混，仅规定了"国务院反洗钱行政主管部门根据国务院授权，代表中国政府与外国政府和有关国际组织开展反洗钱合作，依法与境外反洗钱机构交换与反洗钱有关的信息和资料"[②]。这样的规定过于笼统，而且采用"交换"一词也不准确。目前我国对外已经签署了 16 个反洗钱谅解备忘录或者协议，因此，应该在将来修改法律时，明确采用"国际金融情报交流"的提法，并明确情报交流的机关、范围、程序、渠道、保密和使用等重大问题。

---

① 埃格蒙特集团（Egmont Group）是各国（地区）金融情报机构之间的非政府性国际组织，目前有 106 个成员，并且其规模还在迅速扩张中。该集团的情报网络——埃格蒙特安全网络成为各金融情报机构情报交换的主要渠道。

② 参见《中华人民共和国反洗钱法》第 28 条。

第三节　反洗钱行政法规

《反洗钱法》是国家级的法律，规定的事项全面但概括，限于篇幅，只能点到为止，规定最重要、最原则性的事项。为了保证《反洗钱法》的充分落实和实施，人民银行作为反洗钱行政主管部门和部际联席会议机制的牵头部门，会同相关金融监管部门研究制定了一系列反洗钱部门规章。

在 2003 年前，我国反洗钱行政法规尚不完善，国务院和中国人民银行发布的一系列金融管理法规和规章实际上发挥了反洗钱的作用。例如《个人银行存款账户实名制》①《银行账户管理办法》②《境内外汇账户管理规定》《境外外汇账户管理规定》③，这些法规和规章在反洗钱法律制度正式确立之后，成为反洗钱制度的重要内容并在金融管理和反洗钱领域同时发挥作用。随着我国反洗钱工作的开展，反洗钱行政规章的完善也经历了三个发展阶段。

一、摸索阶段

反洗钱工作最早由公安部牵头，转为由人民银行牵头，这主要是考虑到人民银行支付清算等相关系统内储存有大量的金融交易数据，这是开展反洗钱工作得天独厚的条件。所以，2003 年 1 月，中国人民银行发布了《金

---

① 2000 年 4 月国务院发布的《个人银行存款账户实名制》规定个人在金融机构开立账户必须提供有效的身份证件，彻底否定了匿名账户和假名账户的合法性。1994 年中国人民银行发布、2003 年修订的《银行账户管理办法》规定了银行账户的开立及使用的基本规则。

② 1994 年中国人民银行发布、2003 年修订的《银行账户管理办法》规定了银行账户的开立及使用的基本规则。

③ 1997 年中国人民银行和国家外汇管理局相继发布了《境内外汇账户管理规定》和《境外外汇账户管理规定》，明确要求开立账户时金融机构必须对客户身份进行核实，登记有关证件材料，对账户资金的交易进行有效管理并保存交易记录。

融机构反洗钱规定》①《人民币大额和可疑支付交易报告管理办法》② 和《金融机构大额和可疑外汇资金交易报告管理办法》③ 等三个反洗钱规章，首次明确提出了反洗钱行政管理制度，建立了以银行业为核心的全面的金融机构反洗钱管理制度。

二、修整阶段

经过几年卓有成效的工作实践，并且受到国际立法和准备加入反洗钱国际组织的影响，到 2006 年，反洗钱工作的法律环境和工作机制发生了很大变化：一方面，《反洗钱法》对反洗钱义务主体范围、监管体制、检查和处罚等方面进行了重新规定；另一方面，反洗钱工作机制也发生很大变化，特别是在 2006 年 7 月实现了本外币反洗钱统一管理。为适应反洗钱形势的变化，2006 年 11 月 14 日，中国人民银行颁布了《金融机构反洗钱规定》④ 和《金融机构大额交易和可疑交易报告管理办法》⑤。《金融机构反洗钱规定》共 27 条，对适用范围、中国人民银行的反洗钱监管职责、金融机构的反洗钱义务、反洗钱监督检查、反洗钱调查、法律责任等内容作出了具体规定；《金融机构大额交易和可疑交易报告管理办法》详细规定了大额和可疑交易报告的标准，要求金融机构做好大额交易和可疑交易报告工作，按照中国人民银行制定的大额交易和可疑交易报告要素及具体的报告格式、填报要求，提供真实、完整、准确的交易信息，制作大额交易报告和可疑交易报告的电子文件。

三、完善阶段

上述反洗钱规章基本确立了金融机构的反洗钱工作标准。但是，为了进一步贯彻落实《反洗钱法》，中国人民银行在 2007 年发布了两个反洗

---

① 中国人民银行令 2003 年第 1 号。
② 中国人民银行令 2003 年第 2 号。
③ 中国人民银行令 2003 年第 3 号。
④ 中国人民银行令 2006 年第 1 号。
⑤ 中国人民银行令 2006 年第 2 号。

钱部门规章：一是《金融机构报告涉嫌恐怖融资的可疑交易管理办法》①，重点对涉嫌恐怖融资的可疑交易报告标准作出规定，是我国针对恐怖融资制定的第一部专门规章；二是会同中国银行业监督管理委员会、中国证券监督管理委员会、中国保险监督管理委员会联合发布了《金融机构客户身份识别和客户身份资料及交易记录保存管理办法》②，具体规定了客户身份识别、客户身份资料及交易记录保存等反洗钱核心制度。

上述反洗钱部门规章细化了金融机构反洗钱义务，进一步明确了反洗钱监管职责，成为金融机构开展反洗钱工作的基本操作准则。《反洗钱法》及配套规章构成了我国金融业较为全面和完整的反洗钱法律法规体系，确立了我国金融业反洗钱基本制度。根据历年人民银行颁布的《反洗钱年报》，下文对现行的反洗钱规章内容进行分析。

（一）《金融机构反洗钱规定》③

中国人民银行于 2006 年 11 月 14 日发布了《金融机构反洗钱规定》，废止了 2003 年 1 月 3 日中国人民银行发布的《金融机构反洗钱规定》。该办法根据《反洗钱法》的规定，结合我国反洗钱工作的实际情况和需要对原《金融机构反洗钱规定》作出了重要修改：

1. 将反洗钱监管范围由银行业金融机构扩大到证券、期货、保险等行业的金融机构；

2. 统一了本外币反洗钱监管体制，结束了本外币反洗钱监管和资金监测分离的状况，外汇管理局管理检查司的反洗钱职责因此合并到人民银行反洗钱局和反洗钱监测分析中心；

3. 规范了反洗钱检查和调查的程序，特别是人民银行的检查措施，以及中国人民银行及其分支机构的检查权和调查权区别；

4. 对金融机构建立和实施反洗钱内部控制制度、客户身份识别制度，履行报告大额交易和可疑交易，保存客户身份资料和交易记录等反洗钱义

---

① 中国人民银行令 2007 年第 1 号。

② 中国人民银行令 2007 年第 2 号。

③ 参见《2007 年中国反洗钱报告》，第 58 页。

务进行了更为清楚和适当的表述。

（二）《金融机构大额交易和可疑交易管理办法》①

中国人民银行于 2006 年 11 月 14 日发布了《金融机构大额交易和可疑交易报告管理办法》，废止了 2003 年 1 月 3 日中国人民银行发布的《人民币大额和可疑支付交易报告管理办法》和《金融机构大额和可疑外汇资金交易报告管理办法》。该办法在统一反洗钱本外币大额和可疑交易报告管理制度，明确规定证券公司、保险公司等非银行金融机构的交易报告义务的基础上，对银行、证券、保险等行业报告大额交易和可疑交易的具体标准、大额交易和可疑交易报告的报告时间、方式和路径进行了规定。此外，该办法针对实践中出现的一些新问题也给予了明确规定，例如，在未发现交易可疑的前提下，10 类大额交易可以不报告；除按照客观标准报告可疑交易外，金融机构及其工作人员还应当主动识别和报告其他可能的可疑交易；对既属于大额交易又属于可疑交易的交易，金融机构应当分别提交大额交易报告和可疑交易报告；交易同时符合两项以上大额交易标准的，金融机构应当分别提交大额交易报告。

（三）《金融机构客户身份识别和客户身份资料及交易记录保存管理办法》②

中国人民银行、中国银行业监督管理委员会、中国证券监督管理委员会和中国保险监督管理委员会于 2007 年 6 月 2 日联合发布了《金融机构客户身份识别和客户身份资料及交易记录保存管理办法》。该办法根据《反洗钱法》的有关规定，对金融机构的客户身份识别义务和客户身份资料及交易记录保存义务进行了具体规定。

该办法共 5 章 35 条，明确规定金融机构应当勤勉尽责，建立健全和执行客户身份识别制度，遵循"了解你的客户"的原则，针对具有不同洗钱或者恐怖融资风险特征的客户、业务关系或者交易，采取相应的措施，

---

① 参见《2007 年中国反洗钱报告》，第 69 页。
② 参见《2008 年中国反洗钱报告》，第 89 页。

了解客户及其交易目的和交易性质，了解实际控制客户的自然人和交易的实际受益人，同时，应当按照安全、准确、完整、保密的原则，妥善保存客户身份资料和交易记录，确保能足以重现每项交易，以提供识别客户身份、监测分析交易情况、调查可疑交易活动和查处洗钱案件所需的信息。在客户身份识别方面，该办法不仅对银行、证券公司、保险公司等金融机构需要进行识别客户身份的具体情形分别进行了规定，而且对识别实际控制客户的自然人和交易的实际受益人、识别境外高级公职人员、重新识别客户身份、持续的客户身份识别、建立跨境代理行业务关系、通过第三方的客户身份识别、跨境汇款信息登记、客户身份识别的方式方法等进行了明确要求，基本上反映了金融行动特别工作组《40条建议》对于客户身份识别的要求。在客户身份资料和交易记录保存方面，该办法则分别对保存内容、措施、期限、形式等进行了具体规定。

（四）《金融机构报告涉嫌恐怖融资的可疑交易管理办法》①

为监测恐怖融资行为，防止利用金融机构进行恐怖融资，规范金融机构报告涉嫌恐怖融资可疑交易的行为，中国人民银行于 2007 年 6 月 11 日发布了《金融机构报告涉嫌恐怖融资的可疑交易管理办法》。长期以来，我国有关法律制度对于涉嫌恐怖融资活动的可疑交易报告，没有专门规定。该办法的发布实施弥补了这一空白。

该办法共 14 条，在涉嫌恐怖融资的可疑交易报告义务的适用范围、管理体制、报告时间、方式和路径等方面作出了与《金融机构大额交易和可疑交易报告管理办法》基本一致的规定。同时，该办法还明确了两类可疑交易标准，一类是金融机构及其工作人员怀疑客户、交易或者资金与恐怖组织、恐怖分子、进行恐怖融资的人相关联的，就应按可疑交易报告。为便于金融机构理解涉嫌恐怖融资交易的内涵，该办法从六个方面对恐怖融资行为进行了定性描述，并设立了兜底条款。另一类，属于国务院有关部门和机构、司法机关、联合国安理会决议所列的恐怖组织和恐怖分子名

---

① 参见《2008 年中国反洗钱报告》，第 98 页。

单，或是属于人民银行要求金融机构关注的相关嫌疑人的，要求金融机构除了按相关部门、机构要求采取措施外，还应同时向反洗钱中心和人民银行分支行报告。

（五）实施情况及发展方向

1. 实施情况

反洗钱规章虽然效力层级不高，但是至关重要。按照这几个规章，反洗钱监管初见成效。根据 2008 年《反洗钱年报》公布的数据，2008 年，反洗钱监测分析中心共接收金融机构报送的大额交易报告 1.77 亿份，可疑交易报告 6891.5 万份，如表 3-4 和图 3-1 所示。

表 3-4　　　　　2008 年金融机构报告大额和可疑交易报告统计

金融机构类型	应报告机构（家）	大额交易报告（份）	可疑交易报告（份）
银行业	320	176729842	68596792
证券期货业	330	410225	147482
保险业	111	25201	170904
其他金融机构	158	0	6
合计	919	177165268	68915184

资料来源：参见《2008 年中国反洗钱报告》，第 38 页。

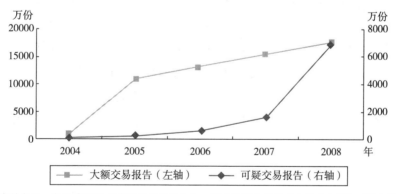

资料来源：参见《2008 年中国反洗钱报告》。将金融机构根据《人民币大额和可疑支付交易报告管理办法》（中国人民银行令〔2003〕第 2 号发布）、《金融机构大额和可疑外汇资金交易报告管理办法》（中国人民银行令〔2003〕第 3 号发布）和《金融机构大额交易和可疑交易报告管理办法》（中国人民银行令〔2006〕第 2 号发布）上报大额和可疑交易报告的统计单位统一为"份"，一份大额交易报告或可疑交易报告可能包含若干笔大额交易或可疑交易。

图 3-1　金融机构报送大额和可疑交易报告接收量年度比较

反洗钱监测范围已经覆盖到银行业、证券期货业、保险业、信托公司、金融资产管理公司、财务公司、金融租赁公司、汽车金融公司和货币经纪公司。

（1）调查重点可疑交易线索情况

2008 年，人民银行对发现和接收的大量可疑交易线索进行分析筛选，发现 1392 个具备高度洗钱嫌疑的重点可疑交易线索，人民银行依法对这些重点可疑交易线索开展反洗钱调查 4113 次。2008 年，人民银行向侦查机关移送线索和报案共 752 起，比上年增加 35.7%。移送线索和报案数占全部调查线索的 54.0%。[①]

（2）侦查机关立案情况

2008 年，各地侦查机关根据人民银行的报案线索共立案侦查 215 起，占报案线索数的 28.6%，比上年提高 11 个百分点，表明反洗钱调查的有效性不断提高。从 2008 年拉萨"3·14"打砸抢烧严重暴力犯罪事件发生后，西藏地区的侦查机关加大了侦查力度，对当地人民银行的报案线索进行立案侦查的数量显著增长，达到 5.6%。[②]

（3）涉嫌洗钱案件的侦查和破获情况

2008 年，人民银行协助侦查机关调查涉嫌洗钱案件 899 起，是上年协查案件数的 2.7 倍，涉及金额折合人民币 2513 亿元。人民银行对上述 899 起涉嫌洗钱案件共协助调查 3071 次。从协查涉嫌洗钱案件涉及的上游犯罪类型进行分析，涉及破坏金融管理秩序犯罪的案件最多，占总数的 16.9%；其次是涉及金融诈骗犯罪和恐怖活动犯罪的案件，占总数的 9.4% 和 9.1%；涉及非《刑法》第一百九十一条规定上游犯罪的案件占 40.8%（见图 3-2）。

---

① 参见《2008 年中国反洗钱报告》，第 59 页。
② 参见《2008 年中国反洗钱报告》，第 65 页。

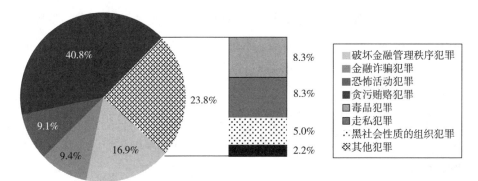

图 3-2　人民银行协助调查涉嫌洗钱案件涉及上游犯罪类型分布①

从破获洗钱案件涉及的上游犯罪类型进行分析，涉及破坏金融管理秩序犯罪的案件最多，占总数的 24.2%；其次是涉及金融诈骗犯罪的案件，占总数的 20.2%；再次是涉及毒品犯罪的案件，约占总数的 8.4%；涉及非《刑法》规定上游犯罪的案件占总数的 30.9%（见图 3-3）。②

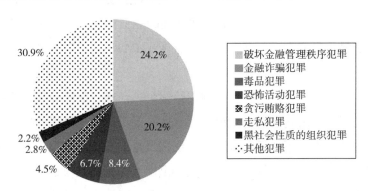

图 3-3　人民银行协助破获案件涉嫌上游犯罪类型分布

2. 发展方向

（1）存在问题

这些规定将《反洗钱法》和《刑法》的精神和原则具体化，也为反洗钱部际联席会议成员单位的制定内部规范性文件，以及银行、证券、保险

---

① 参见《2008 年中国反洗钱报告》，第 68 页。

② 参见《2008 年中国反洗钱报告》，第 72 页。

业行业自律机构和从业机构制定行业指引和内部规定提出了标准，直接规范日常反洗钱工作的运转。但是，根据近几年的反洗钱实践，这些规定的执行效果并不尽如人意，这可以通过以下几方面进行思考：

① 从制定时间来看，这些规章多出自FATF评估期间。从这个角度看，现行生效规章主要是为了满足评估的需要，制定得比较仓促，比较缺乏实证基础，对于银行、证券和保险等反洗钱合规部门的调研和征求意见的时间也比较短。

② 从规定条款来看，这些规定基本照搬了 FATF 的标准，从积极的意义上讲，这使中国的反洗钱立法很快达到了国际标准；但从另一个层面看，这些规章基本上是 FATF 和一些国际公约的照搬，缺乏本土化的过程，适用性不是很高。尤其是《金融机构报告涉嫌恐怖融资的可疑交易管理办法》，其制订时间很短。主要是在加入 FATF 前夕，我国还受到 FATF 的指责，FATF 认为我国对恐怖分子融资行为的监控立法还不完善，我国就紧急出台了上述规定，几乎是对 FATF 评估标准的原文摘录。另外在反洗钱大额和可疑交易报告的规定上几乎是完全接受了 FATF 的客观标准，对于主观判断的要求比较少。

③从实践效果上来看，这些规定给银行、证券、保险等报告机构带来了巨大的压力，由此引发了所谓"防卫性"保送，即报告机构把所有符合客观条件的报告，不加甄别地向中国反洗钱监测分析中心报送。因为是通过电子系统保送，所以报送量非常大，出现了大量的垃圾数据。这也给反洗钱监管部门带来了繁重的工作压力，许多真正有重大洗钱嫌疑的信息被淹没在海量的无用数据中。

（2）改进意见

这些规章还需要在以下几个方面进行改进：

① 将国际标准更好的本土化。我国的国情具有特殊性，金融市场还不成熟，监管模式也与其他国家不同。因此，不能照搬国际标准，在加入FATF 等国际组织后，应仔细研究如何将国际标准与本土实践相结合。例如，替代性汇款体系在很多国家都是合法的，只要注册并接受监管就可以合法经营，而且西联汇款已经进入中国。我们可以考虑在适当的时候，制定相

关的监管法律,将一部分原来被称为"地下钱庄"的替代性汇款机构和个人,在符合条件的情况下将其合法化。

② 开展风险评估,推行风险为本(risk-based)的监管原则。以风险为本是各国反洗钱监管的经验总结,也是目前各反洗钱国际组织大力推行的成功做法。其核心就是对风险高的领域、行业、产品要实施比平均水平更加严格的监管标准;对于风险较低的领域、行业、产品则可以酌情实施比较宽松的监管。比如,目前我国年金类金融产品的洗钱风险不是很高,可以采用比较低的监管标准,这可以降低企业的反洗钱负担,并且集中精力和资源关注洗钱风险较高的领域。这要求在开展风险评估基础上,推行风险为本的监管模式,提升金融机构对洗钱风险的认识程度,指导金融机构确立和执行风险为本的反洗钱制度,切实提高反洗钱的有效性。

③ 制订反洗钱"黑名单",并系统关注。通过制订监管规章,建立向金融机构以及特定非金融机构发布涉嫌洗钱犯罪、恐怖组织和恐怖分子名单的制度,制定名单管理的程序和操作指引,提示风险。

④ 逐步减少可疑交易的客观标准,强化金融机构的自主识别能力。如前所述,现行规章的客观标准过多、过高。一方面给金融机构造成的负担过重;另一方面,引起金融机构的"防卫性"保送,报告了大量垃圾数据,给监管机构带来麻烦。建议修改规章,并指导金融机构在客观指标基础上充分发挥主观能动性,逐步实现以主观分析为主,辅以客观指标的可疑交易报告形成方法,提高可疑交易报告情报价值。

⑤ 建立特定非金融行业反洗钱制度。目前,反洗钱监管工作已覆盖了所有金融行业。但是,按照国际标准,反洗钱监管还应该覆盖律师业、会计师业、典当业、贵重金属行业等。因此,职能部门还要研究、制定特定非金融行业反洗钱与反恐怖融资制度,分阶段逐步在特定非金融行业开展反洗钱与反恐怖融资工作。

第四章

主要国家的反洗钱和反恐怖融资
立法借鉴

第一节　反洗钱和反恐怖融资的立法及界定

FATF 组织 2012 年 2 月发布的打击洗钱、恐怖融资与扩散融资的国际标准（新《四十项建议》），以及 2013 年出台的《反洗钱和反恐融资合规性及有效性评估方法》，从国际公认的角度，对反洗钱和反恐融资立法框架和反洗钱有效性作出界定，为研究各国立法及其有效性提供理论支撑。

一、立法框架——不同部门、不同效力等级法律的综合

新《四十项建议》的内容可对应划分为反洗钱和反恐融资六个领域的立法。一是行业管理制度。为防范犯罪资金进出金融行业及其他特定行业，提出一系列涉及客户和业务管理的制度要求。二是行业监管制度。为确保金融行业及其他特定行业管理制度的落实，在监管上作出的制度安排。三是金融情报制度。为有效识别犯罪资金，提出以金融情报中心为核心的情报收集、分析和利用的制度体系。四是刑事制度。为剥夺犯罪分子的犯罪收益或切断恐怖分子和组织的资金链条，提出以洗钱罪、犯罪收益没收制度为核心的刑事制度体系。五是国内政策协调制度。为确保国内金融制度、情报制度及刑事制度形成合力，提出以跨部门合作机制为核心的制度体系。六是国际政策协调制度。为确保与他国金融制度、情报制度及刑事制度形成合力，提出以跨国合作机制为核心的制度体系。

二、立法原理——综合运用各类法律手段对同一社会现象开展治理

反洗钱和反恐怖融资立法旨在规范人们利用金融行业及其他特定行业机构和人员的行为，或者金融行业及其他特定行业机构和人员向大众提供服务的行为，要对资金进出一国及相关行业涉及的违法情形进行治理。实践中产生了两个思路。第一个思路是间接治理，即建立资金监测机制的办法，通过交易监测、交易留痕等要求，为发现资金交易相关的违法行为奠

定基础。其最主要的措施是报告制度和交易记录保存制度，客观上能起到预防犯罪的作用，并能为对犯罪的直接打击提供线索。但是其实施会增加相关义务主体的成本，并可能影响资金与贸易的自由流动，影响普惠金融政策的实施。第二个思路是直接打击，即通过立法直接打击资金进出一国及相关行业中涉及的违法行为。这一方法更为直接有效，只需有关部门宣布为非法行为即可实施。包括设立洗钱罪和恐怖融资犯罪，开展金融制裁以及制定冻结、扣押和没收等措施。需要注意的是，应合理区分上游犯罪与洗钱罪、恐怖融资犯罪等行为之间的区别，避免出现同一行为列入不同罪名的情况。

上述两个思路本身就体现了行政手段与刑事手段的有机结合。在上述思路的基础上，进一步发展出行业管理要求、监管安排、国内和国际合作安排等。我们选择了美国和英国两个具有代表性的国家，从立法目的、制度安排、具体做法及有效性等方面与我国的现状进行对比研究。

三、有效性标准——根本评价标准统筹整合不同维度、不同层级的评价标准

《反洗钱和反恐融资合规性及有效性评估方法》提出，反洗钱有效性的高级目标是保护金融体系以及更为广泛的经济领域免受洗钱、恐怖融资、大规模杀伤性武器扩散融资的威胁，进而加强金融体系的完整性并促进其安全。强调通过政策、协调和合作，以降低风险；有效阻止犯罪和涉恐资金进入金融系统，或者发现并报告可疑交易；发现和遏制洗钱威胁，惩处犯罪分子并剥夺非法收益，发现和遏制恐怖融资威胁，剥夺恐怖分子资产，惩处恐怖分子，致力于反恐行动。为实现上述有效性目标，需要在立法上予以保证：一是建立国际、国内反洗钱和反恐融资合作打击的制度机制，明确相关各方的职责，确保降低风险；二是建立金融体系有效运行的制度机制，并监管到位，确保在客户接纳环节和交易报告环节严格控制，不留漏洞；三是建立有效的金融情报调查、司法定罪与没收、资产冻结等法律机制，确保实现对洗钱、恐怖活动的有效打击。

四、研究思路——在特定立法背景和法律实施机制下，探求立法内容对反洗钱有效性的影响

本课题研究重点在于阐述立法差异，通过立法差异及其表现出的反洗钱有效性对比，发现我国当前的反洗钱立法与国际标准、他国实践之间存在的差距，从而提出完善我国反洗钱和反恐怖融资立法的政策建议。但是立法差异决不应简单理解为立法具体内容的差异，尽管可能表现为立法具体内容的差异。因为，好的立法一定是适合本国国情的。如果认为一国的制度很好，而将其原汁原味不改一字地搬过来，丝毫不考虑这一制度在国外的运用原理及条件，不考虑中国的特殊情况，十有八九要失败。

因此我们的研究不仅是对各国法条内容不同的比较，我们还试图从立法背景、立法实施机制出发，解释立法内容差异对有效性的影响，并提出我国立法应借鉴的国际经验。

第二节　英美等国反洗钱立法

一、美国反洗钱和反恐融资立法

美国的反洗钱法律法规体系由三个层级组成：国会制定的反洗钱法律；有关政府部门为执行反洗钱法律，根据授权制定的一系列反洗钱行政法规；监管机构或者行业组织制定发布的与反洗钱相关的行业指导性准则。

（一）立法背景：金融自由化与特定犯罪打击力度的加大催生反洗钱立法

美国反洗钱立法与其 20 世纪 60 年代末期开始的金融自由化浪潮有紧密联系。1973 年美国首先取消资本流入限制。外资银行和外国资本积极进入美国市场，据统计，美国在 1977 年已有外国银行 122 家，设营业处 273 家。1980 年外国银行增至 344 家。美国本土银行也积极向国外寻求发展，在国外增设分部，积极参与国际金融市场上的业务竞争。到

1979 年美国商业银行在国外共有 139 家分行，设分行网 779 个，共有资产 3642 亿美元。在以美国为首的发达国家的推动下，全球金融服务贸易自由化迅速发展。

金融业的快速发展同时凸显出金融助长或被犯罪分子利用的情形。例如：资金流入及流出美国导致美国利益受到损害的情况，尤其是资金流出美国，进入瑞士的银行，导致美国税收的流失；毒品、有组织犯罪资金流入金融机构，甚至被用于进一步的犯罪活动；后来还有被恐怖分子利用筹集资金的情况。可以说，正是出于打击税收、毒品、有组织犯罪、恐怖主义等犯罪及对有关国家（地区）和组织开展金融制裁的需求，塑造了美国反洗钱和反恐怖融资立法，也对其有效性提出了独特的诉求。

（二）法律实施协调机制——从依托国会监督形成督促实施到形成完善法律的闭环

在 40 余年的发展历程中，美国依托强有力的国会监督协调，持续更新完善各项制度，使得美国反洗钱和反恐怖融资立法体现出与其他相关法律系统集成、有效衔接的特点。

国会监督协调的主要方式是委托审计机构（如 GAO）对没收制度、金融等行业管理制度、金融情报制度等方面开展审计，发现不足，提出改进建议。例如 GAO 在 1979 年、1981 年和 1986 年提交的审计报告中指出，如果反洗钱数据的使用达不到立法之初确立的目的，应考虑全部或部分废除反洗钱数据报告制度。此外，2012 年议会下设的调查委员会对汇丰银行的违规情况开展检查，提出监管上存在的不足，对监管机构改进监管提出要求。国会的监督协调主要从立法目的的角度对立法的合理性、执行的有效性开展分析，提出建议，对于反洗钱体系的完善具有重要意义。

（三）立法具体内容的差异

经过 40 余年的发展，美国的反洗钱立法经过多次修订才逐步形成较为系统和完善的反洗钱和反恐怖融资立法。与《四十项建议》的立法对接情况及与我国的差异如表 4–1 所示。

表 4-1　　　　　　　　　　　　美国立法对接及与我国立法的差异

四十项建议	对接的立法	特征或者差异
行业管理制度	《银行保密法》、财政部制定规章、检查手册、1976 年《全国紧急状态法》和 1977 年《国际紧急经济权力法》等	金融制裁制度、监测现金交易及跨境交易、降低成本原则下编写检查手册明确行业具体业务管理要求
行业监管制度	《银行保密法》、财政部制定规章、1976 年《全国紧急状态法》和 1977 年《国际紧急经济权力法》等	确立风险为本原则指导扩大反洗钱义务主体范围
金融情报制度	《银行保密法》、财政部制定的规章及制度	明确金融情报可以用于政府开展刑事、监管、税收、反恐等领域的调查
刑事制度	《洗钱控制法》	在保障公民权利的原则下发展民事没收制度、注重与监管衔接的洗钱罪立法
国内协调制度	《银行保密法》等	税务法规与反洗钱法规的紧密结合
国际协调制度	《银行保密法》等	

1. 立法确立完善的金融制裁制度

美国的金融制裁制度具有较长历史。制裁的原因除国际反恐外，还可能涉及大规模杀伤性武器扩散，毒品、有组织犯罪等。这方面的立法集中体现了反洗钱制度与其他犯罪打击制度有效衔接的特点。这一制度之所以能发挥作用，重要原因在于美元资产在国际贸易和金融交易中的地位和作用。OFAC 负责金融制裁制度的监督执行，发布制裁的个人和实体名单。金融机构除要依法冻结受制裁的实体和个人的资产，还要向 OFAC 报告，并被要求不得与受制裁的个人和实体发生业务往来。实践中该制度影响力很大，对于维护国家利益和国家安全发挥重要作用，也是美国的独门秘器。

2. 监测现金交易及跨境交易

现金交易监测体现为建立大额现金出入境申报、国内金融业大额现金交易报告制度、工商业超万元现金交易报告（Report of Cash Payments Over $10000 Received in Trade or Business）制度和赌场大额现金交易报告。现金交易监测形成了金融业、其他行业、出入境的完整闭环。同时，对资金进出国境的情况开展监测，除前述大额现金出入境报告制度，还有境外金融账户报告制度，要求报告个人在国外银行开立账户或开展其他业务关系信息。这些不同种类的报告最后都将集中于 FinCEN，用于开展分析。由于现金交易、跨境交易相对来说风险要高得多，收集上述信息对于构建高效的监测机制具有重要意义。

3. 确立风险为本原则指导扩大反洗钱义务主体范围

一方面，在《银行保密法案》中列出了很长的金融机构清单，包括旅行社、当铺等特定非金融机构；另一方面，为尽力降低反洗钱制度实施的成本，要求财政部根据风险为本原则扩展反洗钱义务主体，根据犯罪资金进入金融领域及其他行业的情况，逐步拓展。至今，律师、注册会计师等行业尚未纳入义务主体。美国可疑交易报告义务主体的扩展情况，请见表4-2。

表4-2 美国可疑交易报告义务主体的扩展

行业	开始反洗钱义务年度
存款类机构	1996 年
货币服务机构（MSB）	2000 年
证券机构	2002 年
赌场及期货机构	2003 年
保险公司	2005 年
基金公司	2006 年
住房抵押贷款公司和抵押中介（Mortgage Companies and Mortgage Brokers）	2012 年

4. 降低成本原则下编写检查手册明确行业具体业务管理要求

美国对相关行业的反洗钱要求需要考虑必要性与义务主体的成本。建立大额现金交易相关的报告制度的原因在于现金管理是最大的漏洞，犯罪资金通过现金的方式，进入金融机构或者进出美国，可以达到规逃税收、刑法、证券监管等方面的要求。可疑交易报告要求则是在1996年才建立，十分慎重。在考虑必要性时十分注重行业管理政策与刑事打击政策的协调。例如，根据反恐、打击洗钱尤其是维护国家安全的需要，立法中提出加强跨境业务管理的要求：要求加强对涉及外国人的私人银行业务的客户身份识别，通过代理行账户要求美国金融机构加强对外国金融机构的监测，授权财政部可根据需要获取美国金融机构与国外金融机构交易的情况等。

《银行保密法案》仅要求金融机构必须建立反洗钱方案，以支持反洗钱数据报送要求。反洗钱方案包括建立内控措施、程序和流程，设立合规官负责反洗钱工作，开展持续的员工培训，对反洗钱方案的有效性开展独立审计四个方面。FinCEN 牵头，与其他监管机构一道，针对需要检查的各类业务，统一编写了检查手册，明确如何在各类不同业务中落实反洗钱要求，有利于指导义务机构落实反洗钱要求，同时解决了不同监管机构之间监管标准不一致的难题。

5. 明确金融情报可以用于政府开展对刑事、监管、税收、反恐等领域的调查

美国把提升金融情报制度的有效性作为对冲成本的根本方法，立法中允许金融情报在保密前提下广泛运用于政府执法工作。这为美国金融情报制度逐步与大数据技术融合奠定了制度基础。现在 FinCEN 建立的反洗钱信息系统的用户涵盖联邦、州、地方多个层级执法部门、监管机构。数量由 2003 年末的 1105 个增至 2011 年末的 12256 个。数据使用方式多样。用户可直接访问 FinCEN 反洗钱信息系统，查询特定交易记录和信息。特定用户如联邦调查局、特勤局、美国移民和海关执法局等，还可批量下载反洗钱数据，导入本部门数据库。数据在多个领域广泛使用。目前，反洗钱信息系统日均搜索量达 3 万次，在识别和打击犯罪、促进监管、维护国家金融安全、宏观政策制定等方面发挥了重要作用。

6. 在保障公民权利的原则下发展民事没收制度

没收制度的完善需要在有效摧毁犯罪活动的经济基础与维护公民财产权利之间平衡。1970 年开始，以 RICO 法（Racketeer Influenced and Corrupt Organizations Act）和《1970 年毒品滥用预防和控制综合法》的通过为标志，美国的没收制度开始建立，不仅包括刑事定罪后作为制裁种类的没收（刑事没收），还包括判决之前对物诉讼的没收（民事没收）。目前美国共有两百多项法律中包括了没收条款。因为没收制度，尤其是民事没收制度简便、易行，但也容易损害公民财产权利，至 2000 年，美国发生了数十起民事没收行为被诉至最高法院的案件，导致国会出台了《2000 年民事没收改革法》（Civil Asset Forfeiture Reform Act of 2000），在民事没收的各个环

节加强了对当事人权利的保护。

7. 注重与监管衔接的洗钱罪立法

洗钱罪设定需要与监管安排紧密衔接。美国直到 1986 年才设立洗钱罪，对资金进出美国、资金进出金融机构中的特定违法行为予以直接打击，后续还有恐怖融资犯罪的设定。《银行保密法案》将违反其规定的行为分为两类，一种是主观故意，另一种是过失。对于违反《银行保密法案》要求，存在主观故意的，是犯罪行为。这实现了与洗钱罪设定的有效衔接，具有强大的威慑力。

8. 税务法规与反洗钱法规的紧密结合

美国税务制度从一开始就与反洗钱法规存在紧密融合的关系。最开始，大额现金交易报告就是由国税局设计，报给国税局，境外金融账户报告也是在年度纳税申报表中申报。接收的各类报告的最直接的用处之一就是调查税务犯罪。2010 年美国第 111 次国会颁布了《外国账户税收遵从法案》（Foreign Account Tax Compliance Act，FATCA），并于 2010 年 3 月 8 日生效，该法案使得税务与反洗钱的结合程度更为紧密，为美国政府监测资金流出情况提供了重要武器。

（四）有效性

美国的反洗钱立法体系，有效支持了刑事打击洗钱和恐怖融资犯罪。《2015 年美国国家洗钱和恐怖融资风险评估报告》统计，2006—2011 年联邦政府指控或宣判了 5000 起洗钱案例、2001 年以来联邦政府指控或宣判了 229 起涉恐案例。据美国联邦调查局统计，2014 年的所有案件中，有 16% 通过反洗钱数据分析找到了情报线索，其中，毒品犯罪案件占 42%、跨国有组织犯罪和复杂金融犯罪各占 33%、国际恐怖主义案件占 18%。

在长期的发展过程当中，美国实际上形成了一个根本性的评价标准：反洗钱体系的各项政策是否有效衔接，各个部门能否有效协调，能否对损害美国利益的资金进出和犯罪资金进出美国金融机构这两种情形开展有效治理。美国反洗钱数据在识别和打击犯罪、促进监管、维护国家金融安全、宏观政策制定等方面体现出其独特价值，成为其有效性的重要标志。

（五）案例——汇丰银行被美国处罚案

2012 年 7 月 16 日，美国参议院下设的常设调查小组委员会发布报告，汇丰银行涉嫌为墨西哥毒贩洗钱，并无视美国对伊朗的制裁，为伊朗、叙利亚及沙特阿拉伯等国非法转移资金等，沦为洗钱工具。之后，相关监管机构采取行动，汇丰银行需要向美国政府支付 19 亿美元罚款，以免于因监管洗钱不力的指控遭到刑事诉讼。这一案件体现出美国反洗钱立法的诸多特点。

1. 立法目的在于过滤进出美国及其金融体系的资金，防范和打击损害美国利益的行为。对于美国而言，打击恐怖主义犯罪、毒品犯罪及各类有组织犯罪是政府的工作重点，对于维护美国国国家利益具有重要意义。这体现在对汇丰银行的指控上，该机构成为恐怖组织、毒贩及日本、俄罗斯等有组织犯罪运作资金的通道，因此需要受到处罚。

2. 反洗钱立法需要统筹刑事制度、监管制度、行业管理要求、金融情报制度等。参议院下设的常设调查小组委员会所发布的报告，包含了与汇丰银行相关的刑事犯罪信息、监管信息、金融情报信息、行业管理要求等，因此证据充分，具有强大的说服力。这是需要各方面制度有效衔接才可能达到的效果。

3. 需要强有力的统筹协调机制做立法的后盾。美国国会对反洗钱相关法律实施的支持、监督成为反洗钱立法不断完善的根本原因。即便是 2012 年，美国反洗钱制度相对完善，也还需要国会出手，发现这一涉及多个部门的复杂体制的不足，指出改进方向。

4. 以问题作为导向的评价标准。反洗钱有效性的评价要具有问题意识，要站在国家安全、国家利益的高度，来评价反洗钱体系的整体有效性。2012 年之前，各监管机构、金融情报中心都有理由认为其工作是有效的。但美国国会用统筹协调的方式，进一步整合各类信息，发现了汇丰银行在维护美国国家安全和利益方面存在的不足，推动了监管机构、金融情报机构工作的改进。

二、英国反洗钱和反恐融资立法

英国制定了不同层级的反洗钱法律规范，由议会立法、行政规章、监管规则和行业指南等组成。议会立法的《犯罪收益法》和系列《反恐怖主义法》主要以刑事打击为核心；法律授权财政部制定的系列《反洗钱条例》主要以监测预防为主；监管当局制定的一系列规则手册，如《金融服务和市场法》《反洗钱规则》和《指定专人操作规则和原则》等，以及行业自律机构制定的行业指引，如《英国金融服务业反洗钱操作指引》《反洗钱操作注释》等，进一步细化议会立法和行政规章原则性的规定，对义务主体而言更具操作性。

（一）立法背景——由国际社会打击洗钱的共识转向为预防、遏制和打击犯罪提供新工具

英国反洗钱立法源起于G7为首的发达国家形成共同打击洗钱的共识，立法直接依据是欧盟的反洗钱指令。1989年，根据G7会议安排，FATF成立，反洗钱立法的国际化征程开始起步。这一组织从设立开始，就把制定和推动全球性反洗钱标准的实施作为其使命。英国作为FATF的创始成员国，参与反洗钱标准的制定，并依据欧盟反洗钱指令的要求，开展国内立法。第一个反洗钱指令指出，由于洗钱是一个国家现象，需要跨国合作，才能有效治理。欧盟已经先后发布了四个反洗钱指令。每一个版本的反洗钱指令都是根据FATF新修订后反洗钱国际标准制定的。这使得英国的反洗钱立法与国际标准实际上最为接近。

最初，欧盟对于限制资金的跨国和金融机构之间的流动，态度更为慎重。体现为最初监测资金流动的目的设置为识别和打击洗钱，同时规定了欧盟各国也可以规定收集的信息可以用于其他方面。后续则通过不断扩大洗钱罪的上游犯罪，以及对金融情报适用限制的放宽，实现立法目的与美国趋同。英国在依据欧盟第三个反洗钱指令立法后，反洗钱的目标已经不局限于预防和打击洗钱犯罪，而是成为国家加强犯罪活动打击的一个新工具。2007年，英国政府提出了新的反洗钱战略（The Financial Challenge to Crime and Terrorism），提出反洗钱的目标不应仅仅局限于防范和打击洗钱犯罪，而应是识别、遏制、打击各类犯罪，要让反洗钱措施对犯罪威胁产生最大的影响。

（二）法律实施协调机制——主管部门的法律制定及实施效果评估

法律实施协调主要主体是财政部，主要方式为法律制定及实施效果评估。法律制度出台前，财政部负责向受影响各方包括反洗钱义务主体、监管机构征求意见，应利益相关方要求开展成本收益分析，以及对小企业、行业竞争的影响进行测试。法律制度出台后，负责向有关各方征求意见，对监管效果进行评估。2001 年以来，财政部已开展了多次评估，发现了反洗钱成本过高、缺乏有效的协调机构等缺陷，成为英国修改反洗钱立法、形成反洗钱战略及采取其他改进措施的直接动力。2015 年，财政部首次发布《英国国家洗钱和恐怖融资风险评估报告》，进一步助力英国反洗钱发展。

（三）立法具体内容差异

经过 20 余年的发展，英国形成较为系统和完善的反洗钱和反恐怖融资立法。与《四十项建议》的立法对接情况及与我国的差异如表 4-3 所示。

表 4-3　　　　　　　　　英国立法对接及与我国立法的差异

四十项建议	对接的立法	特征或者差异
行业管理制度	《反洗钱条例》《反恐怖主义法》《犯罪收益法案》《行业反洗钱指引》	金融制裁制度、现金管理延伸至金融体系之外、明确风险为本要求，制定详细的行业反洗钱指引、设定要求尽力降低对金融机构的成本（金融机构未单独设立大额现金交易报告要求）
行业监管制度	《反洗钱条例》《反恐怖主义法》《犯罪收益法案》《行业反洗钱指引》	完整的反洗钱义务主体范围
金融情报制度	《反洗钱条例》《反恐怖主义法》	金融情报可以用于政府对于犯罪活动的调查、CONSENT SAR 报告制度
刑事制度	《反洗钱条例》《反恐怖主义法》《犯罪收益法案》	洗钱罪设置与监管安排的衔接
国内协调制度	《反洗钱条例》《反恐怖主义法》《犯罪收益法案》等	明确金融情报中心在可疑交易报告体系的统筹职责
国际协调制度	《反洗钱条例》《反恐怖主义法》《犯罪收益法案》等	

1. 明确了金融制裁相关要求

英国建立了与美国类似的金融制裁机制。但限于国家力量的对比，制裁所起的作用不如美国。但是，仍然对金融机构的合规具有重要影响力，对于维护英国的国家利益、打击恐怖主义活动等具有重要作用。

2. 完整的义务主体范围

英国受到反洗钱监管的行业和业务很广泛，包括金融机构、审计师、律师、信托和公司服务提供商、房地产经纪、大额现金交易商（1.5 万英镑及以上金额的一次性或相关系列现金支付业务）、赌场等，与 FATF 标准的要求非常接近。

3. 明确风险为本要求降低金融机构成本

按照风险为本要求，在实践中，英国非常注意做法的延续性，尽力降低金融机构的执行成本。例如，尽管 FATF 提出金融业建立大额现金交易报告建议，英国经过评估后认为现有的可疑交易报告取代现金交易报告的做法有效，不必另行设定大额现金交易报告要求，以降低金融机构成本。此外，英国针对每个行业的具体业务制定了详细的指引，除体现法律义务要求外，还包括特定业务风险指引，对如何落实风险为本要求提出了指导性意见，对于提升义务主体工作的有效性，具有重要意义。指引经财政部核准后，可作为法官判决知情不报罪的依据。监管机构确定相关人员是否违反《洗钱监管条例》规定时，也须考虑其行为是否遵照了相关指引。

4. 现金监测延伸至金融体系之外

英国现金交易监测主要依托可疑交易报告体系建立，注重发挥金融情报中心的信息枢纽和核心作用，同时，以金融机构、大额现金交易商（金融机构之外接受大额现金支付的相关行业。英国规定的大额现金交易是15000 欧元现金或者等价的其他货币支付，不管是单一交易还是分期付款；现金则包括现金票据、硬币和现金形式的旅行支票。将大额现金交易商确定为义务主体，目的在于增加大额现金交易使用成本，加强对金融体系外现金交易的监测）、律师及房地产经纪等中介机构、海关等主要的 4 类主体，开展涵盖多行业的现金交易监测，具体如图 4-1 所示。

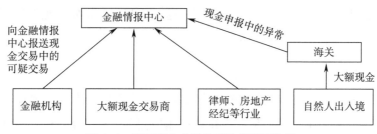

图4-1　英国现金交易的反洗钱监测体系

5. 刑事制度安排体现出与金融情报制度有效衔接的特点

英国的《犯罪收益法》（2002）除了设立对参与洗钱活动的人员的刑事处罚标准外，还规定了对洗钱报告义务主体及人员和其他相关人员的刑事处罚标准：有关行业和人员在明知或怀疑，或者有合理理由指导或怀疑其他人实施了洗钱时，若未在可行的情况下向特定的人员进行申报，将受到刑事处罚；行为人在明知或怀疑申报已经作出的情形下，向他人予以泄露，并且可能对涉及申报的调查工作造成不利影响的行为，将受到刑事处罚。《反恐怖主义法》中也有关于恐怖融资的不申报罪和泄露罪，将受到最高5年，单处或并处罚金的处罚。

6. 金融情报可以用于政府对于犯罪活动的调查

在此规定下，英国金融情报制度与打击税务犯罪、恐怖犯罪、诈骗，尤其是与犯罪资产的没收、冻结、扣押等措施有机结合。金融情报在刑事打击和日常监管中发挥重要作用。通过签订保密协议，准许其他监管、执法部门在遵循一定保密要求的前提下直接接入可疑交易报告数据库，推动可疑交易情报价值有效发挥。

7. 明确可疑交易报告体系的统筹协调机制

英国提出一个可疑交易报告体系的概念，将可疑交易报告的上报、搜集和使用等各项工作视为一个整体，赋予金融情报中心在操作层面展开协调的职责。2006年之后，英国金融情报中心每年发布年度报告，对主要可疑交易报告体系的运行情况进行评估，推动可疑交易报告使用效率持续提升。操作层面，英国还有一个独特的可疑交易报告机制（Consent Sar），对于一些交易，业务主体需要及时报告，特定期限内对资金予以冻结，待金融情报中心指导，再决定如何处理。这一机制有利于发现犯罪资金或活动后，及时采取针对性的措施。

（四）有效性

在立法体系的保障下，英国反洗钱工作有效性较高，主要体现在以下三方面。一是推动"任何人不得从犯罪中获利"这一策略的有效实施。2012 年英国执法部门利用可疑交易报告冻结资产价值达到 10.8 亿英镑，没收资产价值达到 4.98 亿英镑，缴获现金达到 864 万英镑。可疑交易报告被相关执法部门用于欺诈、有组织犯罪、税务犯罪等多种犯罪的调查和打击。二是有效支持国际情报交换。2012 年 SOCA 共接收了他国金融情报机构情报请求 1044 个，反馈情报 432 份；向其他国家发出情报请求 1237 次，收到 521 份；收到他国金融情报机构转交的情报 743 份，向其他国分享情报 243 份。三是有效提供涉恐情报。英国的金融情报中心内设的反恐怖融资部门（Terrorist Finance Team，TFT）分析了 7579 份涉恐可疑交易报告，向执法部门提交了 695 份涉恐情报。

在长期的发展中，英国形成了以可疑交易报告体系整体有效性为主要着力点的反洗钱工作有效性评价标准，着眼于可疑交易报告情报价值的有效发挥，着力构建可疑交易的报告主体与使用主体无缝衔接的有机整体。有效性关注：数据库是否在遵守个人隐私保护和可疑交易的保密要求的基础上，给予执法部门等充分的访问权限，并合理保留和删除可疑交易数据；可疑交易报告是否充分被相关执法部门用于欺诈、有组织犯罪、税务犯罪等多种犯罪的调查和打击；可疑交易情报是否在情报交换、情报共享、反恐融资等国际合作中发挥作用，维护了国家利益。

（五）案例——EFG 私人银行被英国处罚案

2013 年 4 月，瑞士 EFG 私人银行（以下简称 EFG）因为超过三年未能对高风险客户采取有效的反洗钱控制措施，且情节严重，被英国金融行为监管局处以 420 万英镑罚款。EFG 向高净值私人客户提供私人银行和财富管理服务，包括来自公认的洗钱、贿赂和腐败风险较高的国家和地区的客户。2011 年底，EFG 的 400 个高风险客户中有 94 个政治公众人物。

2011 年的专项审查发现，EFG 未将反洗钱政策付诸实践，高风险客户尽职调查中缺乏降低风险的记录，13 份客户资料显示客户涉嫌犯罪或被指控腐败 / 洗钱犯罪，但 EFG 不能充分解释为什么接受该客户或如何防控风险。并且，EFG 未能采取恰当措施监控高风险账户，有 83 个账户严重暴露了其交易监测缺陷。这一案件反映出英国反洗钱立法的特点：

一是体现了立法中关注跨境资金流动对英国利益的影响。立法的目的是确保进入英国金融系统的资金干净合法，防范和打击犯罪行为。EFG 受到巨额处罚的原因在于，EFG 的反洗钱制度浮于纸面，在客户接纳环节未能有效落实防控风险措施，致使犯罪收益流入英国金融系统。

二是反洗钱工作基于风险为本理念，关注金融机构是否遵循了法律及指引的相关要求。2011 年，英国监管当局发布了关于银行管理高风险客户的专项审查报告，并发布指引指导义务机构采取措施防控高风险客户和政治公众人物客户的金融犯罪风险。2012 年，苏格兰皇家银行旗下的顾资银行也因对政治公众人物洗钱活动监管方面存在巨大缺陷被处 875 万英镑罚款。这体现了英国关注反洗钱过程管理的特点。

三、中国反洗钱和反恐融资立法及建议

（一）立法背景——逐步放松外汇管制以进一步融入世界经济金融体系下的立法

随着我国改革开放的进程，出于融入国际社会和遵守国际规则的要求，我国自 1988 年开始陆续签署了《联合国禁毒公约》等四个涉及反洗钱和反恐怖融资问题的国际公约。这四个国际公约，对成员国建立健全反洗钱法律制度提出了明确具体的要求。自 1997 年，我国逐渐形成以《刑法》第一百九十一条洗钱犯罪为核心的反洗钱刑事法律规定，正式通过立法形式将国际义务转换为国内法的规定。2004 年，我国主动向国际反洗钱组织 FATF 表明希望加入该组织，并于 2005 年取得 FATF 的观察员身份。根据 FATF 预评估结果建议，我国必须制定并出台《反洗钱法》，以明确我国整体反洗钱法律框架。根据 FATF 的各项要求，我国于 2006 年通过了

《刑法修正案（六）》《反洗钱法》及一系列反洗钱规章制度，为我国通过 FATF 全面评估打下良好基础。

值得注意的是，上述立法背景是在我国外汇管制的情况下进行的，这一背景完全不同于英美。在外汇管制措施存在的情况下，跨境的资金监测并不是反洗钱和反恐融资工作关注的重点。对洗钱行为的打击和对犯罪资产没收政策的发展，服从于我国犯罪形势及司法实践的发展。而我国的犯罪形势及司法实践也不同于英美，这使得我国反洗钱和反恐怖融资立法体现出输入性的特点，将国际标准移植进来了，但零散不系统，与原有的法律体系衔接不够。

（二）法律实施协调机制——先天不足导致法律实施协调机制乏力

在外汇管制的大背景下，其措施更直接更有效，导致反洗钱和反恐怖融资监测资金跨境流动的作用暂无用武之地，实施协调的必要性打了折扣。

另外，由于反洗钱和反恐怖融资立法涉及领域很广，需要统筹刑法、行政法等多方面的要求。而我国立法中所体现的衔接不够、不系统的问题，也为协调实施造成了障碍，导致各个领域的规定无法照应，不同手段无法形成合力，法律的效力大打折扣。

（三）立法内容差异

按照国际规则的相关要求，我国已经基本建立了反洗钱和反恐怖融资立法框架。我国立法对接国际标准情况及与外国立法比较存在的不足见表 4-4。

表 4-4   我国立法对接及与外国比较立法的不足

四十项建议	对接的立法	与英国立法的主要差异	与美国立法的主要差异
行业管理制度	《反洗钱法》《反恐怖法》及相关规章	金融制裁制度、现金管理延伸至金融体系之外、明确风险为本要求，制定详细的行业反洗钱指引、设定要求尽力降低对金融机构的成本（金融机构未单独设立大额现金交易报告要求）	金融制裁制度、监测现金交易及跨境交易、降低成本原则下编写检查手册明确行业具体业务管理要求

续表

四十项建议	对接的立法	与英国立法的主要差异	与美国立法的主要差异
行业监管制度	《反洗钱法》《反恐怖法》及相关规章	完整的反洗钱义务主体范围	确立风险为本原则指导扩大反洗钱义务主体范围
金融情报制度	《反洗钱法》《反恐怖法》及相关规章	金融情报可以用于政府对于犯罪活动的调查、CONSENT SAR 报告制度	明确金融情报可以用于政府开展刑事、监管、税收、反恐等领域的调查
刑事制度	《刑法》第一百九十一条、第三百一十二条和第三百四十九条；《刑法》第六十四条；《刑事诉讼法》第一百一十四条，第一百五十八条等	洗钱罪设置与监管安排的衔接	在保障公民权利的原则下发展民事没收制度、注重与监管衔接的洗钱罪立法
国内协调制度	《反洗钱法》《反恐怖法》等	明确金融情报中心在可疑交易报告体系的统筹职责	税务法规与反洗钱法规的紧密结合
国际协调制度	《反洗钱法》《反恐怖法》等		

总体而言，我国反洗钱立法存在六个方面的不足：

1. 尚未建立金融制裁制度

随着外汇管制的放开，如何利用国际规则拒绝不受欢迎的可能危害我国安全和利益的资金进入我国，成为不得不考虑的重要课题。金融制裁制度可以精准发力，直接有效，亟须纳入我国的政策工具箱。

2. 现金交易监测范围不广

从近些年我国发生的案例来看，现金是洗钱的重要手段。而我国目前的现金交易监测主要集中于银行业，必然使现金交易监测的有效性受到制约，银行业之外的现金流动成为巨大的洗钱和恐怖融资漏洞。

3. 未制定针对义务主体具体业务的详细指引

我国目前尚未制定针对具体业务的反洗钱业务指引。现有的指引主要是针对不同行业，如银行业、保险业、证券业等。这一分类太大，不利于精准指导，实践中容易造成低风险业务使用针对高风险的措施，造成资源浪费，或者高风险业务使用针对低风险措施，导致无法防范风险。

4. 未明确按照风险为本的方法确定反洗钱义务主体

反洗钱义务主体的设置，导致义务主体承担额外的成本。只有当额外的成本可以给社会带来更大收益的时候，这一成本的承担才有必要。由于未明确风险为本的方法，导致存在设定义务主体时存在不合理的现象，例如保险业，就不管其是寿险公司还是财险公司，一股脑全部纳入进来。即使是美国，也是要求销售特定保险产品（主要是有现金价值的产品）的保险公司，才能作为义务主体。

5. 金融情报的使用范围受限

根据《反洗钱法》的相关规定，实践中，一般对金融情报的使用做了一定的限制，例如必须涉嫌洗钱或者洗钱上游犯罪的案件，才能使用金融情报。这一限制，在一定程度上限制了金融情报作用的发挥，并导致义务主体的付出无法在反洗钱本应发挥的作用中得到足够体现，在无法给予义务主体足够反馈的情形下，又会影响可疑交易质量报告的提升。

6. 洗钱罪的设置与监管的统筹不够

目前我国已经形成了《刑法》第一百九十一条、第三百一十二条和第三百四十九条三种不同罪名构成的洗钱罪刑事立法体系，通过三种不同的、并非完全互补且部分重叠的规定将洗钱行为刑法化，容易导致混乱。例如《反洗钱法》中，反洗钱预防和打击的上游犯罪主要关注的是7类上游犯罪，与《刑法》中广义洗钱罪包含所有上游犯罪的设定不匹配。

（四）对我国反洗钱和反恐怖融资立法的完善建议

我国应在外汇管制放开背景下考虑立法目的。随着我国开放程度的提升，资金在更大范围内自由进出我国，运用国际通行规则约束资金流动，维护国家利益，成为迫在眉睫需要解决的课题。因此，构建进出我国及金融机构的资金合理限制措施，防范和打击与资金流动相关的危害我国国家安全、损害国家和人民利益的行为，应作为反洗钱和反恐怖融资立法的根本目的。

应在更大程度上统筹反洗钱和反恐怖融资立法及其实施。从英、美国家经验来看，由于涉及部门众多，强有力的统筹协调必不可少。尤其是在我国当前，反洗钱相关立法未能有效融入现有制度体系的情况下，更是需要进一步加大统筹力度，才能进一步加强反洗钱和反恐怖融资制度与我国禁毒、反腐败等制度的衔接，操作中各部门积极配合，形成合力，从而有效发挥作用。

在上述两个前提下，实现反洗钱和反恐怖融资立法的相关修订。

1. 建立我国的金融制裁制度

金融制裁制度需要考虑打击毒品、恐怖、有组织犯罪、反腐败、大规模杀伤性武器扩散、洗钱及执行联合国安理会决议的要求实现有效衔接，具有前瞻性。

2. 完善我国的现金交易监测制度

重点解决在金融行业之外建立大额现金交易监测机制和海关与人民银行间的大额现金出入境通报机制问题。金融行业之外的大额现金交易监测机制可考虑税务手段的引入，形成多部门合力。

3. 制定具体的反洗钱业务指引

针对金融业反洗钱管理经验、技术积累不够的现状，制定反洗钱业务指引。可考虑三个方面的内容。首先是制定洗钱风险管理体系框架指引，明确公司治理、管理、操作等层面及不同部门职责分工的基本原则和要求，确保责任明确，分工合理，满足反洗钱制度制定、执行、完善的要求，引导金融机构建立有效传递落实反洗钱责任的管理安排。其次，制定不同业务的洗钱风险管理指引，针对不同业务，提出客户身份识别、可疑交易指标设定等管理措施，有效引导反洗钱部门与业务部门利用制度手段加强业务管理。最后，制定反洗钱大数据建设指引，提出利用大数据手段和技术改进反洗钱信息收集、分析和报送的指导意见，有效引导反洗钱部门与业务部门利用技术手段加强业务管理。

4.《反洗钱法》应明确规定风险为本原则，作为选择义务主体的原则

在英美西方国家，律师、会计师、公证人从业范围很广，广泛参与为客户管理资金、财产或公司等各类法律实体业务。犯罪分子有可能通过委托律师等中介为其管理资金、财产或公司等各类法律实体，隐匿其身份，

甚至资金以中介机构名义流入金融行业，成功规避金融行业反洗钱措施，逃避司法机关对犯罪资金的追踪和没收。因此，FATF 从 2003 年开始要求律师、会计师、公证人履行反洗钱义务。在我国，犯罪分子同样通过购买房产、开设公司或其他法律实体、利用现金、资金流入金融体系等方式洗钱，但与西方发达国家相比，由于发展阶段不同导致的交易习惯不同，律师行业在这些活动中的参与并不多。因此，以西方发达国家洗钱类型作为背景而提出的将律师等行业纳入反洗钱体系的要求并不适用于我国国情。依据上述原则，就可定期对特定行业的特定业务开展洗钱风险评估，以确定将特定行业纳入反洗钱体系的时机。

5. 修订《反洗钱法》，扩大反洗钱数据使用范围

将反洗钱数据用于监管、税收、预防和打击犯罪、反恐等活动，提升国家治理能力，维护国家安全，为反洗钱大数据应用奠定制度基础。

6. 修订《刑法》中关于洗钱罪相关规定

理顺《刑法》第三百一十二条、第三百四十九条和第一百九十一条之间的逻辑关系，进一步实现刑法体系与行政法体系的衔接，创设金融机构故意不履行反洗钱义务罪。

第五章

FATF《四十项建议》（已改为新《四十项建议》）修改的情况及在中国的适用

第一节　FATF 简介

金融行动特别工作组（FATF）成立于 1989 年，是由成员国部长发起设立的政府间组织。FATF 的主要任务是制定国际标准，促进有关法律、监管、行政措施的有效实施，以打击洗钱、恐怖融资、大规模杀伤性武器扩散融资（扩散融资）等危害国际金融体系的活动。FATF 还与其他国际利益相关方密切合作，识别国家层面的薄弱环节，保护国际金融体系免遭滥用。

FATF 建议为各国打击洗钱、恐怖融资和扩散融资设定了全面、完整的措施框架。各国的法律体系、行政管理、执行框架以及金融体系各不相同，难以采取相同的威胁应对措施。因此，各国应当根据本国国情，制定相应措施执行 FATF 建议。FATF 建议规定了各国应当建立的基本措施：识别风险、制定政策和国内协调；打击洗钱、恐怖融资及扩散融资；在金融领域和其他特定领域实施预防措施；规定主管部门（如调查、执法和监管部门）的权力与职责范围，及其他制度性措施；提高法人和法律安排的受益所有权信息的透明度和可获得性；推动国际合作。

FATF 最初的《四十项建议》颁布于 1990 年，旨在打击滥用金融体系清洗毒品资金。1996 年，为应对不断变化更新的洗钱趋势和手段，FATF 第一次对建议进行了修订，将打击范围扩大到清洗毒资外的其他犯罪领域。2001 年 10 月，FATF 进一步将其职责扩大到打击恐怖融资领域，并制定了反恐怖融资 8 项特别建议（之后扩充为 9 项）。2003 年，FATF 建议进行了第二次修订，这些建议共同组成了国际公认的反洗钱与反恐怖融资国际标准，得到全球 180 多个国家的认可。

在完成对成员的第三轮互评估后，FATF 与区域性反洗钱组织以及包括国际货币基金组织、世界银行和联合国在内的观察员密切合作，共同对 FATF 建议进行了修订及更新。修订后的建议在保持稳定和严谨的同时，致力于应对新出现的威胁，也明确并强化了许多现有义务。FATF 标准也进行了相应修订，以加强对高风险情况的要求，允许各国对高风险领域采取更加有针对性的措施，或强化有关标准的实施。各国首先应识别、评估、了解面临的洗钱及恐怖融资风险，然后制定降低风险的适当措施。风险为本的原则允许各国在 FATF 要求的框架下，采取更加灵活的措施，以有效地分配资源、实施与风险相适应的预防措施，最大限度地提高有效性。打击恐怖融资是一项严峻的挑战。有效的反洗钱与反恐怖融资体系对于打击恐怖融资十分重要，之前针对恐怖融资的大多数措施已经在建议中进行了整合，不再需要专门制定特别建议。但是，在 FATF 建议第 C 节，还是规定了一些专门针对恐怖融资的建议。这些建议包括：建议 5（恐怖融资刑罚化）、建议 6（与恐怖主义及恐怖融资相关的定向金融制裁）和建议 8（防止滥用非营利性组织的相关措施）。大规模杀伤性武器扩散是我们关注的另一个严重威胁，2008 年，FATF 将职责范围扩大到防范扩散融资。为应对这一威胁，FATF 通过了一条新建议（建议 7），旨在确保有效实施定向金融制裁，与联合国安理会有关要求保持一致。FATF 标准包括建议本身、释义以及术语表中的定义。所有 FATF 成员及区域性反洗钱组织成员必须执行 FATF 标准规定的措施，并按照 FATF 通用的评估方法，通过 FATF 互评估程序或国际货币基金组织和世界银行的评估程序，对各成员的执行情况进行严格评估。释义及术语表中的定义包括如何实施标准的举例。这些举例不是强制性要求，只起到指引作用。举例无意包罗万象，尽管可作为参考指标，但并非适用所有情况。

　　FATF 还制定了指引、最佳实践文件等，以帮助各国执行 FATF 标准。但上述文件并不是评估一国标准执行情况的强制性依据，仅供各国在考虑如何有效执行 FATF 标准时参考。FATF 现行指引和最佳实践文件含在 FATF 建议附录里，也可在 FATF 网站上查询。FATF 致力于与私营部门、社会团体及其他感兴趣各方保持密切的、建设性的对话，他们是维护金融体系完整的重要伙伴。建议的修订进行了广泛咨询，并且从这些利益相关方的评论和意见中获益。

　　今后，FATF 会继续根据其职责，以及全球金融系统面临的威胁及薄弱环节，在适当时候对标准进行再次修订。FATF 呼吁各成员采取有效措施，执行打击洗钱、恐怖融资和扩散融资的新建议。

第二节 FATF《四十项建议》内容

一、反洗钱与反恐怖融资的政策和协调

1. 评估风险与适用风险为本的方法（新建议）

各国应当识别、评估和了解本国的洗钱与恐怖融资风险，并采取相应措施，包括指定某一部门或建立相关机制协调行动以评估风险、配置资源和确保有效降低风险。在风险评估基础上，各国应适用风险为本的方法，确保防范或降低洗钱和恐怖融资风险的措施与已识别出的风险相适应。该方法应当作为在反洗钱与反恐怖融资体制内有效配置资源，实施 FATF 建议要求的风险为本措施的必要基础。如发现风险较高，各国应确保其反洗钱与反恐怖融资体系能充分化解这些风险；如发现风险较低，各国可以决定在特定情况下，允许对某些 FATF 建议采取简化的措施。各国应当要求金融机构和特定非金融行业与职业，识别、评估并采取有效措施降低洗钱与恐怖融资风险。

2. 国家层面的合作与协调（原建议 31）

各国应当根据已经识别出的风险，制定并定期审查本国反洗钱与反恐怖融资政策，指定某一部门或者建立协调机制或其他机制负责该政策的实施。各国应当确保政策制定者、金融情报中心、执法机关、监管机构和其他相关主管部门，在政策制定和执行层面，建立有效机制，加强合作和必要的协调，打击洗钱、恐怖融资和扩散融资。

二、洗钱与没收

1. 洗钱犯罪（原建议 1、2）

各国应当根据《维也纳公约》《巴勒莫公约》，将洗钱行为规定为犯罪。各国应当将洗钱罪适用于所有的严重罪行，以涵盖最广泛的上游犯罪。

2. 没收与临时措施（原建议3）

各国应当采取类似于《维也纳公约》《巴勒莫公约》和《反恐怖融资公约》规定的措施，包括立法，使主管部门能够在不损害无过错第三方合法权益的情况下，冻结、扣押或没收以下财产：（a）被清洗的财产；（b）来自洗钱或上游犯罪的收益，用于或企图用于洗钱或上游犯罪的工具；（c）属于犯罪收益的财产，或用于、企图用于、调拨用于资助恐怖主义、恐怖行为、恐怖组织的财产；或者（d）同等价值的财产。这些措施应当包括授权有关部门：（a）识别、追查和评估应予没收的财产；（b）采取冻结、扣押等临时措施，防止该财产被出售、转移或处置；（c）采取措施，防止或避免可能有损国家追回应被没收、冻结或扣押财产的能力的行为；（d）采取其他适当的调查措施。各国应当考虑采取措施，允许不经过刑事定罪判决即可没收此类财产或工具（不以刑事判决为基础的没收），或者在符合本国法律原则的范围内，要求违法者证明应被没收财产的来源合法。

三、恐怖融资与扩散融资

1. 恐怖融资犯罪（原特别建议 II）

各国应当根据《反恐怖融资公约》，将恐怖融资行为规定为犯罪，不仅应当将资助恐怖活动的行为规定为犯罪，而且也应当将资助恐怖组织和单个恐怖分子的行为规定为犯罪，即使该行为并未与特定的恐怖活动相联系。各国应当确保将这些犯罪规定为洗钱犯罪的上游犯罪。

2. 与恐怖主义和恐怖融资相关的定向金融制裁（原特别建议 III）

各国应当建立定向金融制裁机制，以遵守联合国安理会关于防范和制止恐怖主义和恐怖融资的决议。这些决议要求各国毫不迟延地冻结被指定个人或实体的资金或其他资产，并确保没有任何资金或其他资产，直接或间接地提供给被指定的个人或实体，或者使其受益，包括：（i）根据《联合国宪章》第七章，由联合国安理会指定，或者由其授权指定的个人或实体，包括第 1267（1999）号决议及其后续决议；（ii）根据第 1373（2001）号决议由该国指定的个人或实体。

3. 与扩散融资相关的定向金融制裁（新建议）

各国应当执行定向金融制裁，以遵守联合国安理会关于防范、制止、瓦解大规模杀伤性武器扩散及扩散融资的决议。这些决议要求各国毫不迟延地冻结被指定个人或实体的资金或其他资产，并确保没有任何资金或其他资产，直接或间接地提供给被指定的个人或实体，或者使其受益。根据《联合国宪章》第七章规定，这些个人或实体由联合国安理会指定或由其授权指定。

4. 非营利性组织（原特别建议 VIII）

对于可能被恐怖融资滥用的实体，各国应当审查有关法律法规是否完备。非营利性组织尤其容易被滥用，各国应当确保非营利性组织不会以下列方式被滥用：（a）恐怖组织利用非营利性组织的合法身份；（b）利用合法实体作为恐怖融资的渠道，包括以逃避资产冻结措施为目的；以及（c）利用非营利性组织，将合法用途的资金秘密转移至恐怖组织予以掩饰或混淆。

（四）预防措施

1.《金融机构保密法》（原建议 4）

各国应当确保《金融机构保密法》不妨碍 FATF 建议的实施。

2. 客户尽职调查（原建议 5）

各国应当禁止金融机构保持匿名账户或明显以假名开立的账户。各国应当要求金融机构在出现下列情形时，采取客户尽职调查（CDD）措施：（i）建立业务关系；（ii）进行一次性交易：（1）超过适用的规定限额（15000 美元／欧元）；或者（2）建议 16 释义规定的特定情况下的电汇；（iii）有洗钱或恐怖融资嫌疑；或者（iv）金融机构怀疑先前获得的客户身份数据的真实性或完整性。金融机构实施客户尽职调查的原则应由法律作出规定。各国可以决定如何通过法律或强制性措施设定具体的客户尽职调查义务。可采取的客户尽职调查措施如下：（a）确定客户身份，并利用可靠的、独立来源的文件、数据或信息核实客户身份。（b）确定受益所有人身份，并采取合理措施核实受益所有人身份，以使金融机构确信了解其受益所有人。对于法人和法律安排，金融机构应当了解其所有权和控制权结构。（c）了解并在适当情形下获取关于业务关系目的和意图的信息。（d）对业务关系采取持续的尽职调查，对整个业务关系存续期间发生的交易进行详细审查，以确保进行的交易符合金融机构对客户及其业务、风险状况（必要时，包括资金来源）等方面的认识。金融机构应当采取上述（a）至（d）项规定的每项客户尽职调查措施，但应当根据本条建议和建议1的释义，通过风险为本的方法，决定采取这些措施的程度。各国应当要求金融机构在建立业务关系之前、业务关系存续期间或者与临时客户进行交易时，核实客户和受益所有人身份。在洗钱与恐怖融资风险得到有效管理，并且为不打断正常交易所必需的情况下，各国可以允许金融机构在建立业务关系之后，尽快完成身份核实。如果金融机构不能遵循上述（a）至（d）项规定的措施（根据风险为本的方法调整所采取措施的程度），则不应当开立账户、建立业务关系或进行交易；或者应当终止业务关系；并应当考虑提交相关客户的可疑交易报告。这些要求应当适用于所有新客户，但金融机构还应当根据重要性和风险程度，将本建议适用于现有客户，并在适当时候对现有业务关系开展尽职调查。

3. 记录保存（原建议10）

各国应当要求金融机构将所有必要的国内和国际交易记录至少保存五年，以使其能迅速提供主管部门所要求的信息。这些信息必须足以重现每一笔交易的实际情况（包括所涉金额和币种），以便在必要时提供起诉犯罪活动的证据。各国应当要求金融机构在业务关系终止后，或者一次性交易之日起至少五年内，继续保留通过客户尽职调查措施获得的所有记录（如护照、身份证、驾驶执照等官方身份证明文件或类似文件的副本或记录），账户档案和业务往来信函，以及分析结论（如关于复杂的异常大额交易的背景和目的的调查函）。法律应当要求金融机构保存交易记录和通过客户尽职调查措施获取的信息记录。在职权范围内，本国主管部门可以查阅、使用交易记录和客户尽职调查获取的信息记录。本国主管部门还可以针对特定客户和活动采取额外措施。

4. 政治公众人物（原建议6）

对于外国的政治公众人物（作为客户或受益所有人），除采取正常的客户尽职调查措施外，各国还应当要求金融机构：（a）建立适当的风险管理系统，以确定客户或受益所有人是否为政治公众人物；（b）获得高级管理层的批准方可建立（或维持现有）业务关系；（c）采取合理措施确定其财产和资金来源；（d）对业务关系进行强化的持续监测。金融机构应当采取合理措施，确定客户或受益所有人是否为本国的政治公众人物，或者在国际组织担任或曾经担任重要公职的人员。如果与这些人的业务关系出现较大风险，金融机构应当采取（b）至（d）项规定的措施。对所有类型的政治公众人物的要求，也应当适用于其家庭成员或关系密切的人。

5. 代理行（原建议7）

对于跨境代理行及其他类似的业务关系，除采取正常的客户尽职调查措施外，各国还应当要求金融机构：（a）收集代理机构的充分信息，以全面了解代理机构的业务性质，并通过公开信息判断代理机构的信誉和监管质量，包括是否因洗钱或恐怖融资遭受调查或监管；（b）评估代理机构的反洗钱与反恐怖融资控制制度；（c）在建立新的代理业务关系之前，获得高级管理层的批准；（d）明确规定每个机构的相应职责；（e）关于"过路账户"，确信代理行已对可以直接使用委托行账户的客户实施客户尽职调查，确信代理行能够应委托行要求提供其通过客户尽职调查获取的有关信息。各国应当禁止金融机构与空壳银行建立或维持代理行关系。各国应当要求金融机构确信代理机构不允许空壳银行使用其账产。

6. 资金或价值转移服务（原特别建议 VI）

各国应当采取措施，确保本国提供资金或价值转移服务的自然人或法人获得许可或进行注册，并受到有效系统的监测，以符合 FATF 建议要求的相关措施。各国应当采取行动，发现未经许可或登记注册而提供资金或价值转移服务的自然人和法人，并给予适当处罚。在资金或价值转移服务提供商及其代理商开展业务的国家，任何作为资金或价值转移服务代理商的自然人、法人必须获得主管部门的许可或登记注册；资金或价值转移服务提供商必须保存一份可以随时被相关主管机构获得的代理商名单。各国应当采取措施，确保资金或价值转移服务提供商将其代理商纳入自身反洗钱与反恐怖融资计划，并对其合规情况进行监测。

7. 新技术（原建议 8）

各国和金融机构应当识别、评估可能由下列情形带来的洗钱与恐怖融资风险：（a）新产品、新业务以及新交割机制的发展；（b）新产品、现有产品中新技术或研发中技术的应用；金融机构应当在发布新产品、开展新业务以及应用新技术（研发中的技术）前进行风险评估，采取适当措施管理和降低此类风险。

8. 电汇（原特别建议 VII）

各国应当确保金融机构在办理电汇和处理相关报文时，填写规定的、准确的汇款人信息，以及规定的受益人信息，并确保这些信息保留在支付链条的每一个环节。各国应当确保金融机构对电汇进行监控，以发现电汇交易中是否缺乏汇款人和受益人信息，并采取适当的措施。各国应当确保金融机构在处理电汇过程中，按照联合国安理会第 1267（1999）号决议及其后续决议，和第 1373（2001）号决议中有关防范、打击恐怖主义和恐怖融资的规定，采取冻结措施，禁止与指定个人和实体进行交易。

9. 依托第三方的尽职调查（原建议 9）

各国可允许金融机构依托第三方实施建议 10 中规定的（a）至（c）项客户尽职调查措施或引荐业务，但应确保满足以下四项标准。如允许由第三方实施客户尽职调查，客户尽职调查的最终责任仍由依托第三方的金融机构承担。（a）依托第三方的金融机构应可以立即获得建议 10 中（a）至（b）项措施取得的必要信息；（b）金融机构应当采取适当措施，确信可在需要时立即获得第三方实施客户尽职调查时取得的身份证明和其他资料复印件；（c）金融机构应当确信第三方机构受到监督、管理或监测，并根据建议 10 和 11 的要求，在客户尽职调查和资料保存方面采取措施；（d）当决定哪些国家的第三方机构可依托时，各国应当参考可以获得的国家风险等级等信息，如果金融机构与所依托的第三方机构属于同一金融集团，同时，（i）该集团已按照建议 10、11、12 的要求采取客户尽职调查和资料保存措施，按照建议 18 采取反洗钱与反恐怖融资措施；（ii）当主管部门在集团层面上对其反洗钱与反恐怖融资相关措施有效性进行监管时，主管部门可以认为金融机构已通过其集团采取上述（b）、（c）项措施；

当该集团采取的反洗钱与反恐怖融资措施已显著降低原本较大的国家风险时，则（d）项可以不作为依托第三方开展客户身份识别的必要前提。

10. 内部控制、境外分支机构和附属机构（原建议 15 和 22）

各国应当要求金融机构执行反洗钱与反恐怖融资措施，同时，各国应当要求金融集团在集团层面执行反洗钱与反恐怖融资措施，包括在集团内部共享反洗钱与反恐怖融资信息的政策和程序。各国应当要求金融机构确保其境外分支机构和控股附属机构通过金融集团整体反洗钱与反恐怖融资措施，执行与母国落实 FATF 建议相一致的反洗钱与反恐怖融资要求。

11. 高风险国家（原建议 21）

应 FATF 呼吁，各国应当要求金融机构在与特定国家的自然人、法人、金融机构建立业务关系或交易时，采取强化的客户尽职调查措施。所采取的强化措施应有效并与风险相适应。应 FATF 呼吁，各国应当有能力采取适当的反制措施。FATF 未做呼吁，各国也应当有能力采取反制措施。所采取的反制措施应有效并与风险相适应。

12. 可疑交易报告（原建议 13 和特别建议 IV）

如果金融机构怀疑或有合理理由怀疑资金为犯罪收益，或与恐怖融资有关，金融机构应当依据法律要求，立即向金融情报中心报告。

13. 泄密与保密（原建议 14）

金融机构及其董事、管理人员和雇员应当：（a）在依法报告可疑交易时，即便无法确定是何种犯罪以及犯罪活动是否实际发生，均应受到法律保护，不会因未遵守合同、法律、法规或行政性规定关于信息披露的限制，而承担民事或刑事责任；（b）依法严禁向外界泄露向金融情报中心报告可疑交易或相关信息的事实。

14. 特定非金融行业和职业：客户尽职调查（原建议 12）

建议 10、11、12、15、17 中规定的客户尽职调查和交易记录保存要求适用于以下特定非金融行业和职业：（a）赌场——当客户从事规定金额及以上的交易时；（b）不动产中介——为其客户从事不动产买卖交易时；（c）贵金属和珠宝交易商——当客户从事规定金额及以上的现金交易时；（d）律师、公证人、其他独立法律专业人士及会计师——在为客户准备或实施与下列活动相关的交易时：买卖不动产，管理客户资金、证券或其他财产，管理银行账户、储蓄或证券账户，为公司设立、运营或管理进行出资安排，法人或法律安排的设立、运营或管理，以及经营性实体买卖时；（e）信托和公司服务提供商——在为客户准备或实施与下列活动相关的交易时：担任法人设立的代理人，担任（或安排其他人担任）公司董事、董事会秘书、合伙人或其他法人单位中同级别的职务时，为公司、合伙或其他法人或法律安排提供注册地址、公司地址或办公场所、通信方式或办公地址的，担任（或安排他人担任）书面信托的受托人或在其他法律安排中承担同样职能的，担任（或安排他人担任）他人的名义持股人。

15. 特定非金融行业和职业：其他措施（原建议 16）

建议 18—21 规定的要求适用于所有特定非金融行业和职业：（a）各国应当要求律师、公证人、其他独立法律专业人士和会计师在代表客户（或为客户）进行建议 22 中（d）项所列的交易时，报告可疑交易。强烈鼓励各国将报告要求扩展到包括审计在内的会计师的其他专业活动；（b）当贵金属和珠宝交易商从事规定金额及以上的现金交易时，应当报告可疑交易；（c）当信托与公司服务提供商在代表客户（或为客户）进行建议 22 中（e）项所列的交易时，应当报告可疑交易。

16. 透明度和法人的受益所有权（原建议 33）

各国应当采取措施防止法人被洗钱和恐怖融资活动滥用，应当确保主管部门可以及时掌握或获取法人受益所有权和控制权的完整准确信息。特别是在允许法人发行不记名股票或不记名股权证，以及允许名义股东和名义董事存在的国家，应当采取有效措施，确保此类法人不被洗钱和恐怖融资活动滥用。各国应当考虑采取措施，使金融机构和特定非金融行业和职业可以便利地获取建议 10、建议 22 要求的受益所有权及控制权信息。

17. 透明度和法律安排的受益所有权（原建议 34）

各国应当采取措施防止法律安排被洗钱和恐怖融资活动滥用。特别是，各国应当确保主管部门能及时掌握或获取关于书面信托（包括委托人、受托人和受益人）的完整准确信息。各国应当考虑采取措施，使金融机构和特定非金融行业和职业可以便利地获取建议 10、建议 22 要求的受益所有权及控制权信息。

18. 对金融机构的监督和管理（原建议 23 和 18）

各国应当确保金融机构受到充分的监督和管理，并且有效地执行FATF 建议。主管部门或金融监管机构应当采取必要的法律或监管措施，防止犯罪分子或其同伙持有金融机构的重要或多数股权，或成为金融机构重要或多数股权的受益所有人，或掌握金融机构实际管理权。各国不应当批准空壳银行的设立或允许空壳银行继续运营。对遵守核心原则的金融机构，在实施与洗钱和恐怖融资相关的审慎监管措施时，应当采用与反洗钱和反恐怖融资监管相类似的措施。对并表集团的反洗钱与反恐怖融资监管，同样适用以上方法。各国应当对其他金融机构进行许可、登记注册和充分管理，要考虑本行业的洗钱与恐怖融资风险而进行监管。至少应当要求提供资金或价值转移或货币兑换服务的金融机构进行许可或注册，并要受到有效监测，以确保符合国家反洗钱与反恐怖融资合规要求。

19. 监管机构的权力（原建议 29）

监管机构应当拥有足够的权力，监督、监测，包括检查金融机构，确保金融机构遵守打击洗钱和恐怖融资的要求。监管机构应当有权要求金融机构提交所有与合规监管相关的信息，并有权按照建议 35 要求，对不遵守要求的行为进行处罚。监管机构应当有实施一系列惩戒和经济处罚的权力，包括吊销执照、限制或中止金融机构业务的权力。

20. 对特定非金融行业和职业的监管（原建议 24）

对特定非金融行业和职业，应当采取下列监督管理措施：（a）对赌博业应当采取全面的监督管理制度，确保其有效实施必要的反洗钱与反恐怖融资措施。至少应做到：赌场应当经过许可，主管部门应当采取适当的法律或监管措施，防止犯罪分子或同伙持有重要或多数股权，或成为重要或多数股权的受益所有人，或担任管理职务，或成为运营者，并且，主管部门应当确保赌场受到有效的反洗钱与反恐怖融资监管。（b）各国应当根据行业和职业风险敏感性，对其他类型的特定非金融行业和职业建立有效的监测体系，并确保其符合反洗钱与反恐怖融资合规要求。监测可由：

（a）监管机构执行；或（b）如行业自律机构能确保其成员履行反洗钱与反恐怖融资义务，也可由适当的行业自律机构执行。监管机构或行业自律机构还应该：（a）采取必要措施，防止犯罪分子及其同伙获得专业认证，或持有重要或多数股权，或成为重要或多数股权的受益所有人，或担任管理职务，例如通过"适宜和恰当"测试来评价人员；（b）如未遵守反洗钱与反恐怖融资要求，应按照建议35要求，实施有效、适当和劝诫性的处罚。

21. 金融情报中心（原建议26）

各国应当建立金融情报中心（FIU），作为全国性中心，负责接受和分析（a）可疑交易报告；（b）其他洗钱、相关上游犯罪和恐怖融资相关的信息，并负责分发分析结果。金融情报中心应当能够从报告实体获取额外信息，并能够及时获得其恰当履职所需要的金融、管理和执法信息。

22. 执法和调查部门职责（原建议27）

各国应当确保赋予指定的执法部门在国家反洗钱与反恐怖融资政策框架内调查洗钱和恐怖融资的职责。至少在所有主要涉及产生收益的犯罪案件中，这些被指定的执法部门应主动开展并行的金融调查，以追查洗钱、恐怖融资或上游犯罪。调查范围应当包括上游犯罪发生在执法部门所属司法辖区以外的案件。各国应当确保主管部门有责任立即识别、追踪并采取行动冻结和扣押应被没收资产，或可能属于没收范围的资产，或被怀疑为犯罪所得的资产。各国还应当在必要时利用专门从事金融或资产调查的常设或临时性多领域专家小组来开展调查。各国应当确保必要时能够与其他国家相应主管部门开展合作调查。

23. 执法和调查部门权力（原建议28）

在对洗钱、相关上游犯罪和恐怖融资调查的过程中，主管部门应当拥有为实施调查、起诉和相关行动获取所有必要文件和信息的权力。这些权力应包括采取强制措施从金融机构、特定非金融行业和职业、其他法人或自然人获取相关记录，搜查个人和场所，采集证人证言，以及搜集证据。各国应当确保主管部门有能力运用一系列适用于洗钱、相关上游犯罪和恐怖融资的调查方法。这些调查方法包括：卧底行动、通讯窃听、侵入计算机系统和控制下交付。此外，各国还应当建立有效机制，以及时确定是否是自然人或法人持有或控制账户。各国还应当建立相应机制，确保主管部门拥有在不预先告知所有人的情况下，对资产进行识别的程序。在针对洗钱、相关上游犯罪和恐怖融资开展调查时，主管部门应当能够要求金融情报中心提供所有相关信息。

24. 现金跨境运送（原特别建议Ⅸ）

各国应当采取措施，包括通过申报或披露制度，发现现金和不记名可转让金融工具的跨境携带活动。如果怀疑现金或不记名可转让金融工具与恐怖融资、洗钱或上游犯罪有关，或者查出属于虚假申报或披露，各国应当确保主管部门拥有阻止或限制这些现金或不记名可转让金融工具跨境携带的法定权力。各国应当确保能对虚假申报或披露的个人采取有效、适当和劝诫性的处罚措施。对查处的与恐怖融资、洗钱或上游犯罪有关的现金或不记名可转让金融工具,各国应当采取措施,包括建议4规定的法律措施,没收相关现金或不记名可转让金融工具。

25. 数据统计（原建议32）

各国应当保存与本国反洗钱与反恐怖融资体系有效性相关的全面数据。其中应包括接受与分发的可疑交易报告数据，洗钱与恐怖融资调查数据，起诉与判决数据，资产冻结、扣押和没收数据，以及双边司法协助或其他国际合作请求的数据。

26. 指引与反馈（原建议25）

主管部门、监管机构和行业自律组织应当制定指引并提供反馈，以帮助金融机构和特定非金融行业和职业落实国家有关打击洗钱和恐怖融资的措施，特别是发现和报告可疑交易。

27. 处罚（原建议17）

各国应当确保对建议6和建议8—23中涵盖的、未能遵守反洗钱与反恐怖融资要求的自然人和法人，实施一系列有效、适当和劝诫性的刑事、民事或行政处罚。处罚应不仅适用于金融机构和特定非金融行业和职业，也应适用于其董事和高级管理人员。

五、国际合作

1. 国际公约（原建议 35 和特别建议 II）

各国应当立即采取行动，加入并全面实施《维也纳公约》（1988），《巴勒莫公约》（2000），《联合国反腐败公约》（2003）和《反恐怖融资公约》（1999）。在适当情况下，鼓励各国批准并实施其他有关国际公约，比如《欧洲理事会打击网络犯罪公约》（2001），《泛美反恐公约》（2002），《欧洲理事会关于打击洗钱，调查、扣押和没收犯罪收益及打击恐怖融资公约》（2005）。

2. 双边司法协助（原建议 36、37 和特别建议 V）

在涉及洗钱、相关上游犯罪以及恐怖融资调查、起诉和有关诉讼过程中，各国应当迅速、有效并富有建设性地提供最大可能范围的司法协助。各国还应当具备充分的法律基础以提供协助，并在适当情况下，签订公约、协定或其他机制强化合作。各国尤其：（a）不应禁止提供司法协助、或者为提供司法协助设置不合理或过分的限制条件；（b）应当确保具有明确有效的程序，以及时优先考虑和处理双边司法协助请求，应当通过某一中央机关或现有其他官方机制有效传递和处理这些请求，应当建立一套案件管理系统，以跟踪请求处理的进展情况；（c）不应仅以犯罪涉及财政问题为由拒绝执行协助请求；（d）不应以法律要求金融机构对客户资料保密为由拒绝执行协助请求；（e）对收到的司法协助请求及其所包含的信息，应当按照本国法律基本原则的要求进行保密，以保护调查不受干扰。如果被请求国无法遵守保密要求，应当及时告知请求国。如果协助不涉及强制行动，即使不构成双重犯罪，各国也应当提供司法协助。各国应当考虑采取必要措施，在不构成双重犯罪时，尽可能提供广泛的协助。如果一国将双重犯罪作为提供协助的必要条件，则不论两国是否将此犯罪纳入同一类罪，或规定为同一罪名，只要两国均将该行为规定为犯罪，即可视为满足该条件。各国应当确保主管部门拥有建议 31 所要求的权力和调查手段，以及任何其他权力和调查手段：（a）所有向金融机构和其他个人获取、搜查和扣押信息、资料或证据（包括财务记录），以及与采取证人证言相关的权力和调查手段；（b）范围广泛的其他权力和调查手段；上述权力和调查手段同样适用于对双边司法协助请求的回应。并且，如不违背本国法律框架，上述权力和调查手段也可适用于外国司法或执法机关向本国对应部门的直接调查请求。如果被告面临被多国起诉，为避免管辖权的冲突，应当考虑设计和适用相应的机制，在不影响司法公正的情况下选择最佳起诉地点。各国在发起协助调查请求时，应当尽最大可能提供真实、完整、合法的信息，以帮助协查请求快速有效地处理。如有紧急需求，应当通过快捷方式发送请求。在发送请求前，各国应当尽最大努力了解对方的法律要求和正式手续。各国应当为负责协助调查的部门（例如中央机关）提供充足的财政、人力和技术支持，应当采取措施确保这些部门的工作人员在保密、诚信、廉洁、专业等方面具有较高的水准。

3. 双边司法协助

冻结和没收各国应当确保有权应外国请求采取迅速行动，对清洗的资产、洗钱、上游犯罪及恐怖融资收益、实施或计划用于实施犯罪的工具或同等价值的财产予以识别、冻结、扣押和没收。该权力应该包括接受不以刑事判决为基础的收益没收请求，和其他临时措施基础上作出的请求，除非这与被请求国国内法律基本原则不一致。各国还应当建立管理上述财产、工具或同等价值财产的有效机制；应当作出协调查封和没收资产的制度安排，其中应当包括分享没收资产的安排。

4. 引渡（原建议 39 以及特别建议 1 部分内容）

各国应当无不当延迟、有效和富有建设性地处理与洗钱和恐怖融资相关的引渡请求。各国还应当采取所有可能的措施，确保不为被指控参与恐怖融资、恐怖活动或恐怖组织的个人提供庇护所。各国尤其：（a）应当确保洗钱和恐怖融资是可引渡的犯罪行为；（b）应当确保拥有及时处理引渡请求的明确、有效程序，包括适当时候优先处理程序；应当设立一套案件管理系统，以跟踪请求的处理进展情况；（c）不应当对引渡请求设置不合理或过分严格的条件；（d）应当确保建立实施引渡的充分法律框架。各国应当允许引渡本国国民；如果仅出于国籍原因而拒绝引渡本国国民，则应当应请求国要求将案件无不当延迟地移交本国主管部门，以便对请求中阐明的罪行作出检控。有关当局应当根据本国法律规定的、与处理其他严重犯罪相同的方式作出决定和进行诉讼程序。相关国家应当互相合作，特别是应当在司法程序和证据方面互相配合，确保此类检控的效率。如果一国将双重犯罪作为引渡的必要条件，则不论两国是否将此犯罪纳入同一类罪，或规定为同一罪名，只要两国均将此行为规定为犯罪，即可视为满足该条件。在符合本国法律基本原则的情况下，各国应当制定简化的引渡机制，例如，允许在对口部门之间直接提交临时逮捕请求，仅凭逮捕或判决文书便可执行引渡，或在当事人自愿放弃正式引渡时执行简化引渡程序。各国应当为负责引渡的部门提供充分的财政、人力和技术支持。应当采取措施确保这些部门的工作人员在保密、诚信、廉洁、专业等方面具有较高水准。

5. 其他形式的国际合作（原建议 40）

各国应当确保其主管部门在洗钱、有关上游犯罪和恐怖融资方面能够迅速、有效和富有建设性地提供最广泛的国际合作，不管是自发地还是应别国请求，并且应当具备提供合作的法律基础。各国应当授权其主管部门通过最有效的方式开展合作。如果主管部门需签订谅解备忘录等双边或多边协议或约定，各国则应当及时与最广泛的国外对口部门协商并签订这些协议或约定。主管部门应当通过明确的渠道或机制有效传递并执行有关信息或其他方面的协助请求。应当制定明确有效的程序，优先并及时处理协助请求，以及保护所接收的信息。

第三节　FATF《九项特别建议》内容

一、联合国文书的批准和执行

各国需立即采取措施来批准和完全执行 1999 年联合国国际会议中的抑制恐怖融资的决定。各部也必须马上执行联合国决议中关于防止和制止资助恐怖融资行为的决定，尤其是联合国安理会第 1373 号决议。

二、将恐怖融资和与洗钱有关的确定为犯罪

各国需将恐怖融资、恐怖行为及恐怖组织定为违法行为。各国需将这些罪行制定为洗钱的上游犯罪。

三、冻结和没收恐怖资产

根据联合国关于防止和制止恐怖行为融资的决议，各国应采取措施立即冻结为恐怖主义和恐怖组织提供融资的恐怖分子的资产。

各国须采取和实施包括立法在内的措施，以增强主管部门截取和没收正在进行的、使用的、准备或分配用于恐怖融资、恐怖行为和恐怖组织的资产。

四、报告与恐怖主义相关的可疑交易

若金融机构或其他商业组织或实体负有打击反洗钱的义务，怀疑或有合理的理由怀疑资金与恐怖主义、恐怖行为有关联，或被用于恐怖主义或恐怖行为，或被恐怖组织利用，则需立即将可疑情况上报主管部门。

五、国际合作

根据有关条例、协议及其他司法互助或信息交流机制，各国须与其他国共享在刑事、民事执法和行政调查、查询及与恐怖主义、恐怖行为和恐怖融资有关的最大可能的援助措施。

各国也须采取一切可能的措施确保他们不会为受控于恐怖融资、恐怖行为或恐怖组织的个人提供避风港，同时，在可能的情况下，须有引渡这些人的程序。

六、替代性汇款

各国须采取措施确保为资金或价值转移（包括通过一个非正式的资金或价值转移系统或网络来转移）提供服务的自然人或实体（包括代理）获得牌照或已注册，并符合所有适用于银行和非银行金融机构的 FATF 建议

要求。

各国须确保非法开展这些服务的自然人或法人都将受到行政、民事或刑事制裁。

七、电汇

各国需采取措施要求金融机构（包括汇款人）提供关于资金转移、信息发送相关的准确及有意义的初始信息（姓名、地址和账号），并且该信息须在整个支付过程中与资金的转移或相关信息保持一致。

各国须采取措施确保金融机构（包括汇款人）对不含完整初始信息的可疑活动资金的转移加强审核和监控。

八、非营利组织

各国应审查涉及被恐怖融资滥用的相关实体的法律和法规的充足性。非营利组织特别脆弱，各国须确保它们不会被滥用于：

伪装成合法实体的恐怖组织；

利用合法实体作为恐怖融资的渠道，包括为逃避资产冻结所采取的措施；隐瞒或掩盖秘密转移的资金，以用于合法目的的恐怖组织。

九、现金运送

各国应采取适当的措施来监测货币的物理跨境运输以及无记名可转让票据，包括申报制度和其他信息披露义务。

各国须确保其主管部门有合法权利来阻止和抑制疑似与洗钱和恐怖融资相关的，或被虚假披露的货币和无记名可转让票据。

各国须确保采取有效的、适度的和劝阻性的制裁措施来处理作出虚假陈述或披露的个人。一旦货币或无记名可转让票据涉及恐怖融资或洗钱，各国也应采取包括与建议 3 和特别建议 3 相一致的立法措施，以没收该货币或票据。

第六章

中国反洗钱与反恐怖融资的现状和重点

第一节　国家反洗钱机制体系

一、国家反洗钱机制体系的国际标准

FATF《40 项建议》的第三章对国家反洗钱制度性措施提出了比较详细的要求。其内容主要包括金融情报机构、执法机构、监管机构在反洗钱领域的权力和职责，同时要求立法机构应该与上述机构相协调。当然，在很多情况下，在某国反洗钱机构体系内，有些机构是重合的，比如俄罗斯金融监管局这样的超级型金融情报机构，其不但具有金融情报的全部职责，也具有反洗钱日常的监管权，而且具有很多执法权，加上其上任局长祖布·科夫是前克格勃要员，后来直接升任俄总理，让人从金融监管局身上隐约看到克格勃的影子。以下分别介绍独立机构理想化模型。

（一）金融情报机构

FATF《40 项建议》第 26 条开篇明意地规定了国家机构体系的核心——金融情报机构："各国应该建立一个金融情报机构（FIU），作为接收（并可按授权索取）、分析和移送可疑交易报告和其他与潜在洗钱和恐怖融资有关信息的国家级中心。该金融情报机构应该有权以直接或者间接的方式，及时获得所需之金融、行政和执法方面的信息，使其能恰当地发挥职能，包括对可疑交易报告的分析。"而且要求："如果某国已经建立了金融情报机构，那么就应该争取申请成为埃格蒙特集团的成员。各国应重视《埃格蒙特集团宗旨声明》以及《金融情报机构关于洗钱案件情报的交换原则》。这两份文件在金融情报机构的任务和功能方面提供了重要的指导，并且规定了各国金融情报机构交换的机制。"

由此可见，在国际标准中，金融情报机构是国家反洗钱机构体系内最重要的组成部分。

（二）执法机构

执法机构（Law Enforcement Agency），一般认为是狭义的执法机构，仅指警察部门或者具有相应警察权的强力机构。FATF《40 条建议》第 27 条规定："各国应该确保指定的执法部门履行对洗钱和恐怖融资的调查职责。鼓励各国尽可能地支持和开发特殊的、适合于调查洗钱行为的调查技术，比如交收监控、秘密调查和其他相关技术。也鼓励各国应用其他的有效机制，比如组织专业的、常设性或者是临时性的资产调查组，以及同其他国家的相关主管部门合作进行调查。"FATF 也为此做了解释："为了识别参与洗钱人员的身份或是为了搜集证据，各国应该考虑：在国家层次上采取包括立法在内的措施，以使其调查洗钱的主管部门能够推迟或者取消逮捕犯罪嫌疑人员以及没收黑钱。没有这样的措施，则交收监控和秘密调查等措施将无法实施。"

此处的规定与联合国《反腐败公约》等公约的理念相同，即鼓励各国在处理洗钱这类犯罪时，赋予执法机构更强大的权力，可以适用特殊的调查技术。因为洗钱犯罪的特殊性，针对普通犯罪的调查取证和甄别措施明显已经落后。但特殊的调查方法有侵犯个人隐私和引诱性执法的特征，一般情况下不应采取，只有法律的特殊的授权才可以使用。这也是国内反洗钱立法必须注意的。

FATF《40 项建议》第 28 条对此做了进一步授权性规定："当对洗钱和潜在的上游犯罪进行调查时，主管部门应该能够获得在调查、起诉和相关行动过程中所需的文件和信息。这应该包括有权通过强制手段获取金融机构和其他主体所拥有的记录载体、搜查相关主体和场所以及扣押和获取证据。"

（三）监管部门

金融行业和特定的非金融行业的监管部门在反洗钱日常监管中肩负着重要职责，保证反洗钱日常工作的进行。在实践中，金融情报机构往往也肩负着反洗钱监管者的角色。此处单独规定监管者，是考虑到有些国家的金融情报机构职能有限，必须和监管者配合才能完成这项工作。

FATF《40 条建议》第 29 条规定："监管者应具有包括进行检查在内

的充分权力，以监督和确保金融机构遵守反洗钱和反恐融资的规定。监管者应被授予可以从金融机构强制性地获取与监督金融机构履行反洗钱和反恐融资义务情况相关的任何信息的权力，以及可对未能履行义务者进行适当行政处罚的权力。"

从上述规定可以看出，打击洗钱犯罪不仅需要不同部门的通力合作，也需要特殊的权力和资源，与此相对应，为防止这种权力被滥用，也要求职能机关和工作人员具有高度的自律性，并适时检测反洗钱机制的有效性。FATF《40条建议》在以下三个方面提出了要求：

1. 资源充足，严格自律。FATF《40条建议》第30条规定："各国应该为参与打击洗钱和恐怖融资工作的所有主管部门提供充足的财政、人力和技术资源。各国应建立适当的程序，确保这些部门工作人员的高度廉洁和正直。"

2. 通力合作，相互协调。FATF《40条建议》第31条规定："各国应该确保政策制定者、金融情报机构、执法部门和金融监管部门之间具有有效的、适当的合作机制，以使其在发展、执行反洗钱和反恐融资的国内政策的时候相互协调。"

3. 资料丰富，机制有效。FATF《40条建议》第32条规定："各国应确保主管部门能掌握关于该部门体系有效性和效率的综合统计资料，对打击洗钱和恐怖融资体系的有效性进行审查。这些统计资料包括：接收和移送的可疑交易报告；对洗钱和恐怖融资的调查、起诉和判决；对财产的冻结、扣押和没收；以及司法互助和其他的国际合作请求等情况。"

二、国际反洗钱主管机关的主要模式和特点

国家反洗钱机制体系是以反洗钱主管机关为主体，由立法、执法和司法机关以及其他相关行政机关配合工作构成的。因此，反洗钱机构体系的建设和完善主要依靠反洗钱主管机关职能的建设和完善。一般情况下，主管机关需要负责反洗钱的监管工作和金融情报系统和平台的运作，承担核心枢纽的职能，然后才能建立起反洗钱监管、情报、调查、处罚、执法和起诉等构成的反洗钱联动机制。因此，本部分主要研究反洗钱主管机关的

职能。根据不同国家的不同情况，主管机关有时合一，有时分设，各有利弊。我国的反洗钱体系宏观上由反洗钱部际联席会议制度构成，主管机关是人民银行，下设反洗局和反洗钱监测分析中心，分别执行反洗钱监管和反洗钱金融情报工作。人民银行是反洗钱部际联席会议的牵头部门，负责部际联席会议的协调。我国目前按该机制运行了6年，取得了一定成效，也存在一定问题。为了完善我国的反洗钱制度体系，有必要借鉴世界各国的反洗钱体系的成功经验。

虽然各国反洗钱制度逐渐趋同于FATF《40+9条建议》，但由于历史背景、法律传统和金融监管现状的不同，各国反洗钱监管体制仍存在明显的差异。

（一）主要模式

1. 主要模式介绍

有观点认为："从20世纪70年代以来，国际上主要形成两种相对的具有典型性和具有深远影响的反洗钱监管模式，一是以美国为代表的政府主导的美国模式，另一个是以瑞士为代表的行业自律主导的瑞士模式。这两种模式在反洗钱制度要素方面存在明显的差异，这主要是由于两国政府执政观念、法律传统和金融业务等方面的不同，同时其面临的主要洗钱风险也不在同一阶段。从理论上的洗钱过程阶段性分析，瑞士以其严格的银行保密传统和成熟的私人银行业务，成为洗钱分子转移犯罪收益的中转站，即处于洗钱过程的离析阶段。而美国有着完善的金融市场和广泛的投资机会，成为洗钱分子将其犯罪收益合法化的终点站，即处于洗钱过程的归并阶段。"[1]

2. 作者的观点

笔者认为上述分类方式和措辞值得商榷。在笔者看来，瑞士的"自律型"模式正在成为历史，是过渡形态而非国际趋势，更不可能是国际标准。

---

[1] 人民银行研究局编.中国人民银行研究重点课题获奖报告（2006）[M].反洗钱局课题研究组：《中外反洗钱监管比较研究》，北京：中国金融出版社，2007：147.

反洗钱工作主要是由国家主导，国家反洗钱主管机关在反洗钱机构体系中起绝对作用，而且有强大的国际机器为依托，具有法律赋予的全面监管、执法等权利。而行业自律机构仅仅是反洗钱机制体系的有效补充，充其量也只是辅助工作，这在瑞士也是一种趋势。瑞士所谓的"自律型"监管模式和严格的"为客户保密制度"在 20 世纪 80 年代后饱受国际反洗钱组织的苛责。在瑞士，曾经历过第二次世界大战洗礼的"严格银行保密制度"在"9·11"事件以后也不得不向反洗钱法律规定的"可疑交易报告制度"让步。国家反洗钱主管机构承担了重要职责，尤其是近几年，这一点可以从瑞士政府的金融情报机构查获"陈水扁洗钱案"得到有力证明。① 两种模式的对比，请参见表 6-1。

表 6-1　　　　　　　　　　美国与瑞典反洗钱监管模式对比

反洗钱监管模式	美国模式	瑞士模式
反洗钱理念	以压制性方法为主	以预防性方法为主
反洗钱法律体系	以多种烦琐的法律法规为主	以行业自律性的协议为基础的，后来也通过反洗钱法律
金融交易报告制度	大额现金交易报告和可疑交易报告的混合报告制度，以客观性的报告标准为特点	只报告可疑交易，以主观性的报告标准为特点
金融情报中心类型	行政类型	警察类型
监管模式特点	实行政府主导的严格监管。财政部为反洗钱主管部门，美国金融犯罪执行网络（FinCEN）为反洗钱监管部门，FinCEN 又将日常检查权授予其他联邦金融监管部门，但仍保留最终的处罚权	非常重视行业自律，政府正式监管部门通过行业自律组织进行间接监管，只对没有加入行业自律组织的金融机构才实行直接监管

　　资料来源：人民银行研究局编.中国人民银行研究重点课题获奖报告（2006）［M］.反洗钱局课题研究组：《中外反洗钱监管比较研究》，北京：中国金融出版社，2007：148.

---

① 据央视网等媒体报道，前台湾地区领导人陈水扁将赃款汇往瑞士藏匿。瑞士最高法院已判决确定，目前陈水扁不法所得资金 674 万美元（约合新台币 2 亿元）应返还台湾。

因此，瑞士的模式可以代表一种过渡期的产物。众所周知，传统上瑞士依靠严格的"为客户保密制度"受到洗钱分子青睐，在国家主权、司法独立和严格保密的庇护下，犯罪分子借此清洗黑钱、隐匿证据，逍遥法外。很多离岸金融中心、逃税港，比如开曼群岛、英属维尔京群岛都属于类似的洗钱天堂。在利益的驱使下，这些国家或地区的政府对此态度暧昧，不排除某些金融机构对于洗钱有间接故意的可能性，因为不明来源的钱只要在其本土流动或储蓄，都会给其带来收益，至于钱的来源，则无暇顾及。

这一状况在"9·11"事件等一系列恐怖袭击后出现了很大改观。受到美、英等国家的强大压力，瑞士不得不修改其坚守了近百年的银行保密规则，开始接受世界通行的反洗钱措施。这种改变是相对被动的，半推半就的，不能代表成功的反洗机制体系的构建和发展趋势。

（二）基本特点

目前，世界各国在国际标准的指引下，借鉴成功国家的经验，结合本土实际，建立了适合本国国情的反洗钱机制，每种机制都有其发展背景、历史和特点。

1. 按机构设置看，反洗钱机制体系可以分为三个类型

第一类，成立独立的金融情报机构作为主管部门，采用高级设置，作为反洗钱情报平台和牵头部门，主管反洗钱工作。这样的国家有俄罗斯、乌克兰、泰国、印度尼西亚等。

第二类，央行、财政部、司法或警察等部委作为主管部门，内设具有相对独立性的金融情报机构，与其他部门配合工作。例如，美国反洗钱主管部门为财政部，英国为警察部门，马来西亚为央行，白俄罗斯为国家监控委员会，金融情报机构为其内设部门。

第三类，财政或金融监管部门为主管部门，但金融情报机构设在其他司法或执法部门内，例如德国和卢森堡等。

这种分类方法的核心在于反洗钱体系核心——金融情报机构的设计及其与其他机构的协调。对此，本章下一节将单独论述。

2. 从历史成因和发展趋势的角度看，反洗钱机制体系的特点可以分为三个类型

第一类是"危机强力型"。例如美英受到恐怖袭击后，为了打击恐怖主义融资，在这个领域可以说是倾尽全力，其机制是比较强有力的。

第二类是"后发优势型"。瑞士、开曼群岛、马恩岛等原来的洗钱天堂是在国际反洗钱运动的影响和美英等发达国家的压力下被动发展的，但是也卓有成效。与此类似的俄罗斯、乌克兰等东欧国家，因为20世纪多年的政治和经济动荡，无暇顾及反洗钱机制构建，客观上给洗钱分子大开方便之门。但是在国际政治因素的影响下，结合本国利益，不遗余力开展反洗钱工作，大有后来居上之势。

第三类是"主动完善型"。这以新加坡和澳大利亚为代表的合作模式为典型。新加坡和澳大利亚受恐怖袭击威胁较小，属于发达国家行列，其反洗钱体系的建设具有主动性。在反洗钱实践上，新加坡和澳大利亚较少动用刑事处罚措施，以教育和指导式的监管为主，监管部门与反洗钱义务主体之间更多强调合作关系。

三、主要国家和地区的反洗钱机制体系

（一）美国反洗钱机制

美国的反洗钱监管法律体系是以1970年《银行保密法》、1986年《洗钱控制法》和2001年《爱国者法》为基础，并把金融领域作为反洗钱的重点。财政部作为反洗钱主管部门，根据法律授权又制定了一系列详细又繁重的反洗钱规则。在此法律框架下，不同政府部门按照各自职责分工，形成了职权清晰、配合密切、效能较高的有效的反洗钱监管体制。

财政部是法律授权负责全面执行和实施反洗钱法律的国家执法机关，主要负责反洗钱政策法规制定，金融情报收集、分析与共享，国际合作以及制裁计划的执行。财政部下设的金融犯罪执法局（FinCEN），作为美国的金融情报中心履行反洗钱情报收集、处理和分派等核心职能外，还是美国《银行保密法》的执行者，在反洗钱监管体系中发挥着枢纽作用。

FinCEN 通过签订备忘录的形式委托货币监理署（OCC）、联邦储备银行
（FRB）、联邦存款保险公司（FDIC）、国家信贷机构管理署（NCUA）、
储蓄机构监管署（OTS）和证监会（SEC）等联邦金融监管机构对金融机
构实施反洗钱监管，委托税务总署对特定非金融机构实施反洗钱检查，但
FinCEN 保留着反洗钱处罚的权利。

美国对反洗钱违规行为采取严厉的处罚措施。在洗钱犯罪的刑事处罚
中，把洗钱列为联邦级重罪，洗钱罪名一旦成立，会受到严厉的刑事处罚。
在对洗钱犯罪的民事处罚上，则对犯罪界定实行宽泛的司法解释。近年来，
美国对违反反洗钱规定的金融机构的处罚形式主要是巨额罚款，一般银行
罚款的数额与违规的严重度及银行规模都有关系，违规越严重，罚款越多；
金融机构越大，罚款越多。

FinCEN 和金融监管部门不会主动核实每一个金融交易报告的真实性
和准确性，而是通过不定期的现场检查或者定期的抽样检查，事后监督金
融机构。如美国联邦储备银行、FinCEN、外国资产控制办公室（OFAC）
和纽约州银行厅等监管部门在 2005 年 12 月对荷兰银行开出一张 8000 万
美元的巨额罚单，罪名是该银行违反美国反洗钱法，并私自与伊朗和利比
亚等被制裁国家有交易往来。这起处罚也是目前美国历史上最大的一宗银
行罚款案。①

（二）马恩岛反洗钱机制

马恩岛是典型的传统离岸金融中心，具有较大的洗钱风险，也是著名
的逃税天堂。为此，该政府建立了较完善的立法体系和监管实践应对洗钱
风险，而且当地政府正式声明要确保其离岸金融机构以及相关专业机构最
大程度上地抵制洗钱犯罪，并且有效开展国际合作调查犯罪收益。因此，
马恩岛反洗钱机制的发展模式与瑞士类似，受国际压力比较大，但后期成
果显著。2000 年 12 月，经济合作与发展组织（OECD）草拟了"不合作逃

---

① 人民银行研究局编 . 中国人民银行研究重点课题获奖报告（2006）［M］. 反洗钱局课题研
究组：《中外反洗钱监管比较研究》，北京：中国金融出版社，2007：148.

税天堂"的黑名单。马恩岛险些入围，最终通过一系列的磋商与协定得以避免。2002 年 4 月，经济合作与发展组织对所有黑名单上的 7 个逃税天堂实施了惩罚措施。

在反洗钱方面，马恩岛政府与反洗钱金融行动特别工作小组（FATF）保持紧密的信息沟通。1998 年，马恩岛实施了"反洗钱法令"和金融监管委员会的反洗钱指导性文件，并建立了反洗钱联盟。马恩岛反洗钱联盟的相关组成机构相应的反洗钱职责如下：

1. 金融犯罪情报中心（Financial Crime Unit，FCU）：设立于马恩岛警方内部，其实就是通常意义上的金融情报中心，其主要职责为处理和保存可疑交易线索，利用较为完备的数据库甄别分析出相关洗钱和恐怖融资线索并对其进行调查、起诉和定罪。

2. 海关缉私局（the Customs and Excise）：控制着出入港口和机场的海关事务，其主要反洗钱职责是调查毒品犯罪，与洗钱犯罪相关的加值税以及消费税诈骗。

3. 最高检察院（the Attorney General）：最高检察长由英联邦皇家任命，是马恩岛的最高检察机关，是调查严重欺诈犯罪、起诉洗钱犯罪的权力机关。

4. 金融监管委员会（the Financial Supervision Commission，FSC）、保险和养老金协会（the Insurance and Pension Authority，IPA）：是马恩岛议会于 1983 年和 1986 年分别设立的，主要负责开放和运作相关体制。

5. 金融监管委员会（FSC）：是独立地行使金融监管权力的机构，具体负责对岛上开展业务的银行的监管、行业服务牌照的发放，以及投资业务、集体投资计划、房屋建设互助会的监管工作。金融监管委员会（FSC）依据法律赋予的职责披露相关信息包括对其他国家的犯罪态势，协助他国金融监管机构执行相应的金融监管职能。

6. 保险和养老金协会（IPA）：是管理保险业和养老救助金的职能机构。它向保险公司发布反洗钱指引，并且法无明文规定禁止保险和养老金协会发布检查中获取的情报信息。

金融监管委员会（FSA）和保险及养老金协会（IPA）都已建立比较完

备的反洗钱反恐融资执行标准来审慎管理所辖企业。这些企业包括银行、保险公司以及投资公司。两个监管机构都已发布详细指引来规范所辖企业并与之建立良好的合作关系。它们对所辖企业都执行监管，并对绝大多数企业进行实地调研，监管者从被监管者那里获取实际操作经验以及监管理念，可以说已经实现了积极主动监管。保险和养老金协会（IPA）的成员不是全职从事反洗钱以及反恐怖融资事务的，但有两名固定的专员处理反洗钱以及反恐怖融资事务，有能力帮助其他本协会的成员处理此类事务，以此可使所有的监管人员都会具有处理反洗钱以及反恐怖融资的相关工作能力。保险和养老金协会（IPA）定期对全部的所辖保险公司进行实地调研，至少每两年一次，如果需要会更多。

自 1998 年始，马恩岛已建立起以官方机构为主、民间自律组织为辅的反洗钱联盟。官方反洗钱联盟包括上述提及的相关机构。这个联盟经常召开会议研讨情报交换、规划方案、合作政策以及培训事宜。在 2005 年 10 月又召开了反洗钱研讨会，吸取了来自不同方面的代表的广泛意见。另外，反洗钱民间自律组织为行业自律组织。作为联盟中的一个团体，它的组成成员为来自各个行业的代表，专业公司，执法机关以及监管机构。通常这个团体每季度召开一次会议，对反洗钱规章制度甚至是新出台的法律进行讨论。会议召集方为内政部、金融监管委员会以及保险和养老救助协会的行政主管轮值。

（三）新加坡的反洗钱机制 [①]

新加坡的许多部门参与到反洗钱工作中，但是其中最为关键的是新加坡警察部队（Singapore Police Force，SPF）内设的可疑交易报告办公室（Suspicious Transaction Reporting Office，STRO）、财政部内设的新加坡货币机构（Monetary Authority of Singapore，MAS）以及贪污调查局和中央肃毒局的相关部门。可疑交易报告办公室是新加坡的金融情报机构（FIU），

---

① 欧阳卫民主编.金融情报机构［M］.北京：中国金融出版社，2005：202.作者是该书的执行编委，参与了相关章节的编写。

负责接收和分析可疑交易报告，为侦查洗钱、恐怖融资以及其他犯罪提供金融情报。新加坡货币机构设在财政部，是新加坡的中央银行，监管新加坡的金融机构。它负责颁布规则指引，用于指导金融机构的反洗钱工作，负责对金融机构进行反洗钱培训，组织金融机构反洗钱抽查并制定一些惩罚措施。贪污调查局和中央肃毒局的相关部门负责配合可疑交易报告办公室的反洗钱和反恐融资工作。当可疑交易报告办公室收到可疑交易报告时，它会将原文的复印件转给贪污调查局和中央肃毒局。这两个局的相关部门查询自身系统数据后，发现有匹配信息，则会迅速把有关信息反馈给可疑交易报告办公室。

这些部门的相互合作有力地推动了新加坡反洗钱和反恐融资工作的不断发展，取得了很大的成就。综合起来看，成功的关键因素在于：较为完善的立法、严格的执法、调整性的监管、与商业机构的密切合作、相互合作（包括国内的和国际的）见图6-1。

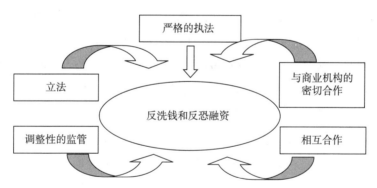

资料来源：欧阳卫民主编．金融情报机构［M］．北京：中国金融出版社，2005：203．作者是该书的执行编委，参与了相关章节的编写。

图6-1　新加坡的反洗钱机制

1. 新加坡可疑交易报告办公室基本情况

新加坡可疑交易报告办公室成立于2000年1月10日，设于新加坡警察部队金融事务部（Commercial Affairs Department，CAD）中的金融调查组（Financial Investigation Division，FID），详见图6-2。

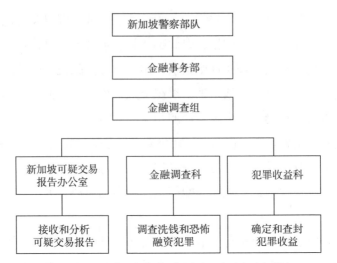

资料来源：欧阳卫民主编.金融情报机构［M］.北京：中国金融出版社，2005：204.

图6-2 新加坡可疑交易报告办公室的级别定位

金融事务部在新加坡警察部队中专门负责调查白领犯罪，内设7个组，金融调查组是其中负责反洗钱和反恐融资的一个小组。金融调查组又分为可疑交易报告办公室、金融调查科（Financial Investigation Branch，FIB）以及犯罪收益科（Proceeds of Crime Unit，PCU）三个部门。可疑交易报告办公室负责接收和分析可疑交易报告，为侦查洗钱、恐怖融资以及其他犯罪提供金融情报信息；金融调查科负责调查《贪污、毒品交易和其他严重犯罪（没收犯罪收益）法》（Corruption，Drug Trafficking and Other Serious Crime，Confiscation of Benefits，ACT，CDSA）和《打击恐怖融资法》（Terrorism，Suppression of Financing，ACT，TSFA）所规定的洗钱以及其他犯罪；犯罪收益科负责确定和查封犯罪收益，并依据《贪污、毒品交易和其他严重犯罪（没收犯罪收益）法》在这些收益被返回或没收前负责管理它们。

2. 新加坡可疑交易报告办公室职能定位

作为新加坡的金融情报机构，可疑交易报告办公室有着五项最主要的职能，它们是：（1）接收和分析可疑交易报告；（2）鼓励金融机构报送可疑交易报告；（3）提供可疑交易报告的填报培训；（4）与国外金融情报机构签订谅解备忘录，交换金融情报信息；（5）参与埃格蒙特集团，以及提供技术援助等。

四、我国反洗钱机制体系现状与未来

（一）中国反洗钱机制体系概况

我国的反洗钱机制以反洗钱工作部际联席会议制度为主体。2002 年 5 月，公安部长提议并经国务院批准建立了反洗钱工作部际联席会议，领导中国的反洗钱及反恐融资工作。从 2003 年 5 月起，国务院任命中国人民银行行长主持反洗钱工作部际联席会议。所有参加反洗钱及反恐融资工作的部门加入了此会议，现在共有 23 个部委参加。中国人民银行反洗钱局成立了总办公室，组织和维护反洗钱工作部际联席会议的工作。会议的各个成员单位都任命了一名总办公室联系官员。会议每年召开一次或两次，总结和分析反洗钱工作，指出需要改进的地方，并规划下一年的工作计划。同时，必要时召开一个联系人会议，讨论重要的反洗钱问题，交流重要的反洗钱信息和形成重要的反洗钱文件。但是，部际联席会议并不是一个正式的决策机构。

部际联席会议被授权，定期对反洗钱工作体系的有效性进行审查。对参与部际联席会议的各个部门的工作情况进行审查后，由中国人民银行编制年度报告。这种审查包括立法改革、法规完善、反洗钱合规性监督、可疑交易报告、调查、洗钱诉讼、国际合作和培训等。过去几年内，中国人民银行公布了中国年度反洗钱报告，总结了上一年的反洗钱工作进展情况，确认了不足之处和未来计划。中国人民银行使用其监管活动的成果作为其自身检查的依据。对于反恐融资措施，外交部定期检查联合国安理会决议的执行情况，并向联合国安理会汇报。

（二）中国反洗钱机制体系的运作状况

1. 金融体系的反洗钱合作机制

2004 年 4 月，中国人民银行作为反洗钱主管机关，联合银监会、证监会、保监会、国家外汇管理局等单位成立了反洗钱合作机制，以协调、管理和分配在金融业的反洗钱职责。2007 年，根据国务院通过的新的《反洗

钱工作部际联席会议制度》，作为反洗钱主战区的金融领域的机构合作机制发生了微调，主要是为了加强人民银行和行业监管部门之间的合作，提高合作效率，协调沟通机制。① 人民银行牵头，其他监管机构配合的格局没有改变，而且得到了加强，其他监管部门的职责更侧重于配合人民银行的工作，并发挥自己的主动性，加强本行业内的反洗钱监管，并主动与公安和检察部门配合。②

2. 执法部门的反洗钱合作机制

人民银行与公安部的合作是目前反洗钱工作成果凸现的部分。2005 年 3 月 18 日，公安部与中国人民银行颁布《关于可疑交易线索核查工作的合作规定》（以下简称《合作规定》）。这份部门之间的备忘录建立了核查交流和合作机制，包括定期协调会议和紧急情况时的临时会议（称为情报会商）。另外，双方还建立了每月情报会商制度。自 2005 年 3 月以来，

---

① 根据反洗钱部际联席会议制度，中国人民银行的反洗钱职责调整为：组织、协调全国的反洗钱工作；负责反洗钱的资金监测；指导、部署金融业的反洗钱工作，制定或者会同国务院金融监督管理部门制定金融机构反洗钱规章，监督、检查金融机构履行反洗钱义务的情况；会同国务院有关部门指导、部署非金融高风险行业的反洗钱工作，研究、制定非金融高风险行业反洗钱规章；在职责范围内调查可疑交易活动；会同国务院有关部门、机构和司法机关建立反洗钱信息沟通机制；依法加强对现金、银行账户、黄金（资讯、行情）交易以及支付清算组织的管理，采取有效措施防范洗钱风险；根据国务院授权，代表中国政府与外国政府和有关国际组织开展反洗钱国际合作，依法与境外反洗钱机构交换与反洗钱有关的信息和资料，协调、管理金融业反洗钱工作的对外合作与交流项目。

② 根据反洗钱部际联席会议制度，银监会、证监会、保监会的反洗钱工作职责修改为：配合中国人民银行研究制定相关行业反洗钱工作的政策、规划，研究解决行业内反洗钱工作重大和疑难问题，及时向中国人民银行通报金融机构与反洗钱工作相关的监管信息；参与制定行业内金融机构反洗钱有关规章，对金融机构提出建立健全反洗钱内控制度的要求，明确和贯彻金融机构在市场准入和人员任职方面的反洗钱要求；配合中国人民银行对行业内金融机构实施反洗钱监管；及时向侦查机关报告涉嫌洗钱犯罪的交易活动，协助司法部门调查处理涉嫌洗钱犯罪案件；会同中国人民银行指导行业自律性组织制定反洗钱工作指引，开展反洗钱宣传和培训；研究国际和国内相关行业反洗钱的重大问题并提出政策建议。新的《反洗钱工作部际联席会议制度》根据《反洗钱法》建立非营利性组织反洗钱监管制度的要求，新增民政部为反洗钱工作部际联席会议成员单位，其职责为加强社会团体、基金会、民办非企业单位等非营利性组织的监督和管理，配合中国人民银行制定非营利性组织的反洗钱规章，落实对非营利性组织反洗钱方面的监管要求。2007 年，中国国家邮政体制改革后，中国国家邮政局原邮政储蓄业务被剥离，不再履行邮政储蓄的行政管理职责，因此，中国国家邮政局不再作为反洗钱工作部际联席会议成员单位。

公安部侦查局、人民银行反洗钱局、反洗钱监测分析中心每月召开一次会议，共同对可疑交易线索进行审查分析，并视情邀请相关行政主管部门派员参加会商。会商的目的是确定从大额交易和可疑交易报告中得出的信息是否应该转交给侦查局进行犯罪调查。2005 年 11 月，侦查局在反洗钱局设立了一个常设联系组。

公安部和金融情报中心在操作层面的协调合作非常良好，主要有三种合作：（1）根据大额和可疑报告 LVT/STR，金融情报中心向公安部传递信息和情报；（2）公安部向金融情报中心提供经济犯罪的最新趋势和技巧；（3）必要时，公安部要求金融情报中心提供案件的其他情报。特别是，公安部和金融情报中心合作机制在 STR 报告方面高效运转。向公安部传递情报之后，两个机构在调查期间保持着相互联系。例如，公安部如果没有发现新的犯罪嫌疑犯，就会要求金融情报中心提供后续情报或文件。这种协调合作主要是在北京完成，但是也可以在各个地区进行。

公安部还与金融业的监管部门紧密合作。2002 年 4 月，公安部在证监会的基础上成立了证券和期货犯罪调查局，负责证券和期货业中的犯罪行为。证监会在监管证券部门期间发现任何可疑犯罪行为（包括洗钱和恐怖融资）时，这个机制及时将相关文件和材料报告给公安部。另外，银监会和公安部正在研究和制定打击非法集资行为的法规。目前看，公安部门的工作是行之有效的。对修订的《反洗钱工作部际联席会议制度》，公安部指责其修改不大，仅在预防洗钱、调查可疑线索、破案和身份证系统查询领域做了强调。①

3. 海关的反洗钱合作机制

海关总署走私犯罪侦查局（调查边境走私活动）与其他国内主管部门签订了 23 个谅解备忘录，以加强在反走私调查（包括与现金走私有关的调查）中的合作。另外，国家走私综合治理办公室与 28 个部委的 30 个部

---

① 根据反洗钱部际联席会议制度，公安部组织、协调、指挥地方公安机关做好洗钱犯罪的防范工作，以及涉嫌犯罪的可疑资金交易信息的调查、破案工作，研究建立向金融业和非金融高风险行业提供查询、核实公民身份信息制度。

门通过打击走私联系系统建立了联系和交流渠道。这30个部门包括公安部及其经济犯罪侦查局、中国人民银行、最高人民检察院、最高人民法院、国家工商行政管理总局、国家外汇管理局和财政部。根据新的《反洗钱工作部际联席会议制度》的规定，海关的反洗钱职能得到了很大加强，强调海关在打击虚假贸易洗钱和走私洗钱方面的职责。根据FATF《40+9条建议》的规定，海关反洗钱机制的重要环节，尤其是恐怖分子为躲避金融系统，如前文分析的《九条特别建议》那样，常用"现金走私"的方式，进行恐怖主义融资。这就要求海关既要加强出入关"申报"制度，也要及时向反洗钱金融情报机构报告相关信息，以协助金融情报机构与自己的数据库进行匹配，发现可疑线索和犯罪嫌疑人。①

这些举措在政策和操作层面有效地将《反洗钱法》内包含的提高协调合作的可能性并入反洗钱及反恐融资联席工作框架内，具有很大的现实意义。

4. 反恐融资工作的反洗钱合作机制

上述反洗钱工作机制同样适用于反恐融资工作。在此基础上，针对打击恐怖主义，公安部经济犯罪侦查局设立了一个部门，专门负责反恐工作，包括反恐融资。这个单位与经济犯罪侦查局签订了情报共享协议，它们之间的合作关系良好。例如，2003年公安部向全国发布了4个恐怖组织和11个恐怖分子名单。公安部将这份名单共享给中国人民银行。另外，国家安全部与包括公安部的国内机构在洗钱及恐怖融资案件中的情报提供和支持方面有非常良好的合作。但目前还没有官方公布的恐怖融资案件。这一

---

① 根据反洗钱部际联席会议制度，海关总署研究建立在进出境环节打击跨境洗钱行为的监管和查处体系，加强对进出口贸易过程中货物和运输工具的查验，加强报关单据的审核和管理，防止犯罪分子利用虚假进出口贸易进行洗钱活动；打击和防范犯罪分子在实施走私和违反海关监管行为等违法犯罪活动同时进行的洗钱活动；密切与相关部门的合作，制订信息沟通和合作的工作方案，加强对进出口贸易的监测工作；加强对现金、无记名有价证券、金银及其制品的进出境监管和查验，向中国人民银行通报有关工作信息。依法登记各类企业，加强企业分类监管；配合有关部门对洗钱活动频发领域进行监控。

点也受到国际社会的质疑。[①]

5. 其他相关部门的反洗钱职责

如前文所述，根据 FATF《40+9 条建议》的精神，反洗钱机构主要包括政策制定者、金融情报机构、监管部门和执法机构。但其他行政部门的协调配合也是非常重要的，这主要体现在，各行政部门都有自己独立的数据系统、行政职能和资源，对本部门所辖行业更加熟悉，更能发现所辖行业或业务的洗钱风险环节，进行研究，制定对策。

新的《反洗钱工作部际联席会议制度》对外交部、司法部、财政部、建设部、商务部、海关总署、工商总局等成员单位的反洗钱职责进行适当修订，增加了人员引渡、公民身份信息核实、企业工商登记基本信息提供、特定非金融行业反洗钱监管、现金出入境信息通报等内容，丰富了反洗钱工作的内涵。[②] 其目的就是要突出，反洗钱工作不仅仅是人民银行、金融监管部门和执法机关的工作，其他重要相关部委也需要对其给予积极关注和必要支持，这样才能充分发挥部际联系制度的功能，形成反洗钱的合力。

---

① 参见《FATF 对中国评估报告》，资料译自：http：//www.fatf-gafi.org/pages/0，2987，en_32250 379_32235720_1_1_1_1_1，00.html。

② 外交部负责研究反洗钱国际合作有关政策，研究并协助开展我国加入国际或区域反洗钱组织、各国政府间的反洗钱合作及履行有关国际公约的义务等事项，协调反洗钱领域人员引渡事宜。司法部要加强律师、公证、基层法律服务机构反洗钱制度建设，会同中国人民银行制定律师、公证、基层法律服务机构的反洗钱规章，对律师、公证、基层法律服务机构进行反洗钱方面的监督和管理；研究反洗钱司法协助，并根据有关条约和公约，协调开展反洗钱领域的司法协助，特别是协调追讨流至境外的资金。财政部要落实应由政府承担的反洗钱工作所需经费；进一步加强对财政资金与账户的管理，研究加强彩票管理工作，加强对金融类与行政事业性国有资产的监管，防范上述领域存在的洗钱风险；研究建立洗钱所涉资金的追缴入库制度；研究会计师事务所、评估机构等中介机构以及注册会计师、评估师等执业人员介入反洗钱工作问题，会同中国人民银行制定上述领域的反洗钱规章；利用国际双边、多边合作机制以及相关的国际论坛，配合中国人民银行开展反洗钱国际合作。建设部要加强房地产权属机构和房地产经纪、估价等中介服务机构反洗钱制度建设，参与研究房地产领域反洗钱工作的政策措施，会同中国人民银行制定房地产领域的反洗钱规章。商务部负责参与加强对洗钱活动频发领域和区域的管理；研究对外商投资和内资企业对外直接投资的反洗钱监管问题，提出相关政策建议；参与加强对进出口贸易的监管，防止境内外不法分子勾结、利用虚假进出口贸易进行洗钱；与中国人民银行共同制定珠宝、贵重金属交易、典当、拍卖等领域的反洗钱规章。工商总局的反洗钱监管工作主要包括，与中国人民银行、公安、安全、税务、海关等相关部门建立反洗钱信息互通机制。

（三）中国反洗钱机制体系的发展趋势[1]

根据《中国2008—2012年反洗钱战略》（以下简称《战略》）的精神，人民银行要强化反洗钱工作的主导作用，主要工作在于加强合作机制的有效性。《战略》提出了指导思想[2]、总体目标[3]、实施原则[4]和实施步骤[5]，具体到机制体系建设方面，主要体现在以下方面：（1）加强部门合作，形成顺畅合作渠道。加大反洗钱行政主管部门与公安、海关、税务、民政等执法部门，银行业、证券期货业、保险业等金融监管机构和外汇管理部门在政策制定、信息共享和案件查处方面的合作力度，逐步建立情报会商、联合办案和案件通报制度。[6]（2）人民银行下设的中国反洗钱监测分析中心将发挥更大的作用，成为反洗钱机制体系的核心枢纽，发挥金融情报在反洗钱调查、司法和监管中的支持作用。《战略》要求：积极推动反洗钱监测分析工作，加强反洗钱信息化建设，开展洗钱案例及相关分析模型的研究，提高金融情

---

① 参见《中国2008—2012年反洗钱战略》。

② 《战略》的指导思想是，分析国际国内反洗钱形势和挑战，总结实践经验，继续完善现有反洗钱体系；从中国国情出发，以国内风险评估为基础，注重中国实践和创新，检验国际标准适用于中国的合理性；制定覆盖全社会的、统一的国家反洗钱发展战略，明确反洗钱工作的总体目标、实施原则和实施步骤，努力探索创建具有中国特色的、有效的反洗钱模式；在制定和实施我国反洗钱战略中，坚持针对性、均衡性和有效性并重的原则，统筹兼顾，分阶段、有步骤地实施，重点完善核心制度，稳步推进体系构建，发挥工作机制效率，全面提升反洗钱制度的有效性。

③ 《战略》的总体目标是，2012年前，构建符合国际标准和中国国情的反洗钱工作体制；建立完善的反洗钱和反恐怖融资法律法规体系；建立覆盖金融业和特定非金融行业的可疑资金交易监测网，创建具有中国特色的"以防为主、打防结合、密切协作、高效务实"的反洗钱机制，有效防范、打击洗钱等犯罪活动，维护正常的金融管理秩序和社会秩序，保障国家利益和经济安全。

④ 《战略》制定和实施的原则是，兼顾针对性、有效性和均衡性。针对性是指在风险评估基础上，合理调配资源，明确目标，集中资源防范和打击与特定严重犯罪有关的洗钱活动。有效性是指有效预防、打击和惩治洗钱行为，设计指标体系，量化衡量反洗钱措施对反洗钱目标的实现效果。均衡性是指适当考虑金融业和特定非金融行业的反洗钱成本和对客户隐私、商业秘密的保护，在防范和打击洗钱犯罪活动与增加资源投入、保护合法权益之间保持平衡。

⑤ 各反洗钱职能部门将在反洗钱工作部际联席会议框架下协商讨论，促进共识，加强洗钱类型研究，开展洗钱风险评估，共同制定和执行《战略》，以预防洗钱行为，打击洗钱犯罪。落实《战略》应区分轻重缓急，着力完善核心制度，注重执行效果。定期评估反洗钱工作进展，确定下一步工作重点。在执行过程中，中国人民银行将会同反洗钱工作部际联席会议成员单位制定具体的时间进度安排和任务分工。

⑥ 参见《中国2008—2012年反洗钱战略》，第7页。

报数据智能化分析和挖掘水平，为实际办案提供有价值的数据支持。加强国家反洗钱数据库建设，积极推进与相关部门的信息共享机制建议，加强与公安身份信息、贸易进出口信息、税收征管信息、工商注册信息、民政注册信息系统的联系，提高反洗钱情报信息的准确性和有效性。扩大和规范金融情报的使用。进一步完善有关反洗钱情报运用的法律制度，在法律框架或签署部门合作协定的基础上，扩大和规范金融情报的使用范围，规范对反洗钱信息的查询，形成合法有效、切实可行的信息查询、情报会商、反洗钱调查模式。[①]（3）研究建立关于跨境汇款的金融监管和反洗钱监管[②]制度，打击非法跨境转移资金行为。加强现金跨境携带申报制度，研究建立无记名可转让票据跨境携带申报制度，建立中国人民银行与海关之间的反洗钱信息沟通机制。严厉打击洗钱犯罪活动。充分利用反洗钱机制，加大对大案要案的调查破获力度，不断提高打击洗钱及相关犯罪活动的有效性。总体上看，我国反洗钱机构体系将加强人民银行的主导作用。

而在人民银行内部，又分设反洗钱局和中国反洗钱监测分析中心（以下简称"中心"）。从 FATF 对中国的评估报告来看，反洗钱局承担监管和政策制定工作，"中心"承担金融情报，即大额和可疑交易报告的接收、分析和移送工作。"中心"是独立的法人机构，反洗钱局是人民银行的内设机构，不具有独立的法人资格。若按照传统的金融情报机构分类，这两个机构加起来才是标准的金融情报机构，分开设立并不完全符合国际标准。此次《战略》反复重点强调了"中心"的作用和职责。可以看出，我国的反洗钱工作机制与国际标准越来越贴近，并且在"中心"的建设规划方面提出了更高要求，比如：除商业机构的报送以外，"中心"还要获得公安身份信息、贸易进出口信息、税收征管信息、工商注册信息、民政注册信息系统的支持。同时，中心形成的分析结果要及时移送到执法、监管和其他行政执法部门，发挥中心的实际价值，正如前文所述，中心的数据库目前已经成为世界上最大的反洗钱交易报告数据库，若深挖其潜力，必将为国

---

① 参见《中国2008—2012年反洗钱战略》，第8页。

② 同①。

家安全、社会稳定、打击犯罪发挥更大的作用。

第二节　反洗钱机制体系的核心——金融情报机构

一、国际标准

从上述分析不难看出，金融情报机构是反洗机构的核心枢纽机构。反洗钱工作的特点是"情报导侦"，"由钱及人"，通过金融情报机构的情报指引，为执法机关的侦查、取证、起诉提供方向。

在 FATF 规定的国际标准中，也将金融情报机构作为国家反洗钱机制体系的最重要部门，在"反洗钱和反恐融资体系中的制度性措施和其他必要措施"部分首先做了规定："各国应该建立一个金融情报机构（FIU），作为接收（并可按授权索取）、分析和移送可疑交易报告和其他与潜在洗钱和恐怖融资有关信息的国家级中心。该金融情报机构应该有权以直接或者间接的方式，及时获得所需之金融、行政和执法方面的信息，使其能恰当地发挥职能，包括对可疑交易报告的分析。"

很多国家的反洗钱法律主体就是《金融情报机构法》，比如加拿大、俄罗斯等。即使没有单独为金融情报机构立法的国家，《反洗钱法》一般也要专章规定金融情报机构的权力和义务，[①] 或者在《金融交易报告法》中专门规定，比如澳大利亚等。

（一）制度沿革

金融情报机构的创设时间并不是很长，而且刚开始的此类机构多是财政部门或执法部门下设的一个小机构，并不能承担反洗钱机构体系核心枢纽的职责。"从 20 世纪 70 年代以来，随着洗钱等相关犯罪日渐猖獗，犯

---

① 我国在《反洗钱法》制定过程中，前二稿都设专门一章规定了金融情报机构的权力职责，因为当时中国反洗钱监测分析中心的定位还没有达成共识，并没有在《反洗钱法》中单列一章规定，只是规定了一条，但是在《金融机构反洗钱规定》中做了全面的规定。

罪分子借助《银行保密法》的庇护，利用金融系统清洗犯罪所得而逍遥法外，传统的旨在保护个人隐私的银行保密法体系弊端日见端倪。社会现实亟待制度创新，以甄别异常交易，遏制滥用金融体系的恶行。教条的隐私法律制度开始向保护社会公益的经济管理法律制度让步，各国（地区）政府当局审时度势，纷纷建立了接收和处理金融交易报告的管理机构，以监督金融交易，为执法和国家安全机关提供犯罪线索。"① 比如美国的金融犯罪执法局和澳大利亚交易报告分析中心是比较早的金融情报机构，后来世界各主要国家和地区陆陆续续建立起来的金融情报机构都是以这两个机构为楷模，但是当时没有金融情报机构的统一概念，各国发展的金融情报机构各有特色，标准不一，职能差别也比较大。

　　至于金融情报机构的概念形成是伴随着反洗钱国际交流的不断深入而达成共识的。因为要在这个极其敏感的领域开展国际合作，统一的标准很重要，只有标准统一才能保证合作方能更好地达成共识，更好地交流和使用情报，避免泄密和情报滥用（比如，情报不能作为证据使用），减少误解和由此带来的国际法责任。1995 年，埃格蒙特集团的会员单位达成了共识，给出了一个概念："金融情报机构是一个负责接收（若经允许，也可索取）、分析并向职能部门移送被披露的金融信息的全国性核心机构。上述金融信息包括（1）关于涉嫌犯罪所得的信息；（2）为打击洗钱行为，由国家法律或法规规定的信息。"② 后来这个概念得到修正，即与"洗钱"并列增加了"恐怖主义融资"的内容，其他基本表述方式不变。按此逻辑推理，参考前文关于国际政治层面的分析，将来也有可能把"核扩散融资"或"大规模杀伤性武器扩散融资"的内容加入其中。

　　从当前国际政治的角度看，反洗钱工作的政治性越来越强，FIU 的职能有迅速扩张的趋势。美国"9·11"事件等系列恐怖袭击之后，FIU 都被赋予了反恐融资的职责。随着 2003 年《联合国反腐公约》的出台，FIU 又

---

① 欧阳卫民主编.金融情报机构［M］.北京：中国金融出版社，2005：4.作者是该书的执行编委，参与了相关章节的编写。

②资料译自：http://www.egmontgroup.org，埃格蒙特集团关于金融情报机构的定义。

承担起反腐败的职能。2008 年以来，FATF 又呼吁运用 FIU 机制"打击核扩散融资"。2009 年，根据 FATF 最新的工作年报，上述概念扩大到"打击大规模杀伤性武器融资"。FIU 的职能扩充是金融信息深化利用的结果、是情报机构和金融机构有机结合、与时俱进的产物，也是国际政治和区域政治因素影响的结果。[①]

（二）金融情报机构的功能与特点

1. 核心功能

按照 FATF 建议和《联合国反腐败公约》等国家法的规定，FIU 的功能在于接收、分析并向相关机构移送有关潜在洗钱和恐怖融资活动的信息。

（1）接收信息

"接收"反洗钱交易报告的来源从传统的银行、保险和证券行业扩展到房地产、贵重金属、博彩、律师、会计师等非金融行业。后来根据时局的发展以及国家反洗钱机制体系的不断完善，各国政府逐渐意识到，商业机构的信息量是远远不够的，要形成反洗钱的合力，必须将其他国家机关的信息也纳入反洗钱信息平台。于是，各国纷纷赋予金融情报机构与警察、海关、税务、监管机构、重要行政机关信息共享的权力。因此，其他国家机关的匹配信息也成为重要的信息来源，其中最重要的是警察机构的身份信息。顺应国际趋势，如前文《战略》所述，我国在这方面也要建立更广阔的情报共享机制。

（2）分析信息

在"分析"环节，金融情报机构的分析人员会结合以下几个方面的信息进行综合分析：金融情报中心自己的数据；公众信息源；政府拥有的数据库；从最初的上报机构和其他机构得到的补充信息；其他金融情报中心的情报交流信息。信息的分析包括主动性分析，也包括响应性分析。前者主要指金融情报机构根据收集的数据通过数据挖掘、分类、筛选，发现洗钱线索。后者主要是指执法机构提出协助分析请求，就执法机构已经掌握

---

① 欧阳卫民. 反腐败、反洗钱与金融情报机构建设［M］. 北京：法律出版社，2006：135.

一定线索的案件做详细分析。

在分析流程上，一般情况下是由智能计算机分析系统，按照系统设定的指标和模型进行初步筛选，然后再由分析师进行人工分析。因此，金融情报机构必须依靠强大的信息系统，所以，大部分国家的金融情报机构都把计算机系统的开发和维护作为主要工作，技术人员在人力资源结构中占相当大的比重。

（3）移送信息

移送信息主要是指将分析结果移送给执法、国家安全、监管机构，用来进行反洗钱调查和监管。这也是金融情报机构工作成绩凸现的阶段。随着信息系统的发展，这项工作逐渐通过不同部门之间的信息交互平台实现。比如：其他反洗钱部门在法律授权或者签署协议后，建立共享机制，通过政府间网络直接登录金融情报机构数据库查询或者请求其就某些线索提供更进一步的分析报告。

随着国际金融情报交流的开展，"接收"和"移送"信息的范围已经扩展到其他 FIU 和国际组织。尤其是埃格蒙特集团成员之间通过埃格蒙特集团的安全网络形成了高速便捷的情报通道，成为间接沟通国内外执法机构的捷径。①

在金融机构职能演变期间，曾有观点认为，金融情报机构的情报分析可以"为宏观经济决策机构的政策制定提供基础信息支持"，也可以移送给"宏观经济决策部门"。②

---

① 欧阳卫民著.反腐败、反洗钱与金融情报机构建设［M］.北京：法律出版社，2006：41.

② "分析信息的目的也不仅仅限于发现犯罪线索。FIU 的分析包括宏观分析和微观分析。通过宏观经济分析发现资金的总体流向和趋势，为宏观经济决策机构的政策制定提供基础信息支持"；通过类型分析，发现犯罪的趋势、手段和应对方法，一方面为 FIU 本身计算机系统设置预警模型，另一方面也为立法机关和政府部门制定和修订法律法规奠定实证基础。微观分析已不局限于发现犯罪线索，也为社会中的交易主体绘制了一组动态行为素描，为税务、海关、社会保障、其他监管机构等提供重要行政参考。"移送"的对象和手段也有了创新。最初的"移送"特指向警察等执法部门移送。由于金融情报的深化利用，立法、执法、行政和宏观经济决策部门都需要 FIU 的情报和分析成果，因此，FIU 已经成为社会上不可或缺的金融信息平台，为相关部门的有效运作提供了有力支持（参见欧阳卫民主编.金融情报机构［M］.北京：中国金融出版社，2005：3.作者是该书的执行编委，参与了相关章节的编写）。

但从目前各国反洗钱实践来看,金融情报机构的分析还是主要为了打击洗钱及其上游犯罪。执法机关对其的使用也仅限于这个方面,因此,不宜将金融情报机构的分析职能泛化。我国《反洗钱法》第五条就明确规定:"依法履行反洗钱职责或者义务获得的客户身份资料和交易信息,应当予以保密;非依法律规定,不得向任何单位和个人提供。"

反洗钱行政主管部门和其他依法负有反洗钱监督管理职责的部门、机构履行反洗钱职责获得的客户身份资料和交易信息,只能用于反洗钱行政调查。

司法机关依照本法获得的客户身份资料和交易信息,只能用于反洗钱刑事诉讼。这是对公民隐私保护的必然要求。

2. 扩展功能

为保障核心功能实现,并伴随着金融情报的不断被深化利用,金融情报机构往往也具有监管、处罚、国际合作的职能。需要特别指出的是,在大多数国家和地区,为了保证金融情报机构的有效运作,这些功能被整合在金融情报机构内,其典型者为美国和俄罗斯金融情报机构。但少数国家由于历史和机构特点的原因,需要另外的监管机构才能完成这些工作,例如德国、卢森堡的金融情报机构。

(1)合规监管

合规监管具体包括检查报告质量、核查相关必要信息、对行业和个体进行风险评估、现场检查合规状况等。广义的监管职能还包括执行行政强制措施或者处罚。FIU通过检验报告质量、数量和及时性,考察报告主体的即时合规状况,适时纠正报送中的错误。对于未合规的情况,向报送主体询问不合规的缘由,或者提出警告,或者进入强制程序。经过对不同行业及同一行业不同机构报告情况和趋势的分析和归纳,可以进行风险评估,以确定重点监管行业或个体。FIU也可以进行必要的现场合规检查,具体指导报告主体的合规工作。[1]

---

[1] 欧阳卫民著.反腐败、反洗钱与金融情报机构建设[M].北京:法律出版社,2006:41.

（2）行政处罚

对于重大可疑交易和严重的不合规状况，FIU 要依情节采取行政强制措施或者行使行政处罚权，以保证合规体系的健全和国家机构的威信。FIU 职能中的行政强制措施主要包括暂时停止交易和冻结账户。[①] 对于严重不合规的报告主体，FIU 应该运用处罚权对其进行制裁，最常用的手段是警告和罚款。若经过司法机关判定某机构或者个人参与了洗钱活动，已经构成刑事犯罪，需要移送司法机关对其进行刑事制裁。[②]

二、典型国家和地区的金融情报机构

如前所述，金融情报机构分为四种类型，行政型、执法型、司法型和混合型，以下各举一例。[③] 鉴于中国反洗钱监测中心属于行政型金融情报机构，此处重点介绍行政型，以资我国参考。

（一）AUSTRAC 的基本情况介绍

澳大利亚交易报告和分析中心（AUSTRAC），是澳大利亚政府于 1989 年根据 1988 年实行的《金融交易报告法》（Financial Transaction Report Act）成立的，由澳大利亚财政部全额拨款的政府机构。AUSTRAC 隶属于联邦总检察长（Attorney-General's Portfolio）机构序列，对司法和海关部部长（Minister for Justice and Customs）负责。

---

① 高度发达的信息网络和名目繁多的金融产品给洗钱分子创造了可乘之机，洗钱交易往往悄无声息地发生，黑钱有可能转瞬间跨境移转。若 FIU 发现犯罪线索，却不能通过紧急处置的手段控制洗钱行为的进行，而只能通知相关机构采取措施，黑钱有可能已经移转，损失已经无法挽回。当然，这种行政强制措施并非行政处罚，不代表公权力对于个体的评判，仅仅是一种防范手段，因此这些措施通常时限较短且没有处罚的效力，主要是为执法机关争取时间。在采取措施后，若经核实没有洗钱行为，则须立即解除措施；若有洗钱嫌疑，将通过移送，由警察或检察部门启动调查或者起诉程序。

② 欧阳卫民主编.金融情报机构［M］.北京：中国金融出版社，2005：4.作者是该书的执行编委，参与了相关章节的编写。

③ 关于金融情报机构的类型，可参见 J.F.Thony1996，《欧洲犯罪、犯罪法和犯罪司法杂志》（布鲁塞尔）上第 257—282 页发布的"处理洗钱事件的金融情报，金融情报机构"一文；B.Verhelst，2002，《金融情报机构的国际考虑》，可以向埃格蒙特集团索取；P.A.Schott，2003，《反洗钱和打击恐怖融资的参考指南》（华盛顿：世界银行和国际货币基金组织）第 7 章。

AUSTRAC 是典型的行政型金融情报机构，也是最早的金融情报机构，代表了世界金融情报机构的主流。对于中国金融情报机构的建设有非常重要的借鉴意义。

AUSTRAC 的主要职能：（1）接收和分析交易报告；（2）对报送机构进行规范和监测；（3）向国内、国际相关机构提供金融情报，以便于更好地打击洗钱、逃税和恐怖融资等金融犯罪。现在 AUSTRAC 约有 130 名员工，分布在 9 个部门，主要机构位于悉尼，同时在墨尔本、珀斯、阿德莱得、布里斯班和堪培拉都设有办公室，实现了全国监测分析的网络，具体请见图 6-3。

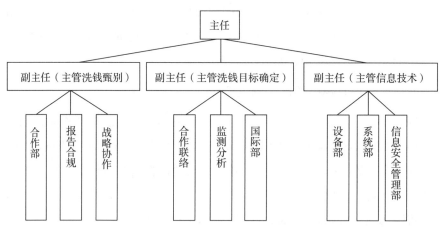

资料来源：欧阳卫民主编.金融情报机构［M］.北京：中国金融出版社，2005：159.

图 6-3 AUSTRAC 的机构设置图

1. 报送机构与报告类型

目前 AUSTRAC 的报送机构主要包括：金融机构、保险公司、证券公司、信托公司、期货交易商、兑换商、旅行社、珠宝商、博彩业、彩票业、现金携带者和诉讼律师等。

根据 1988 年《金融交易报告法》的规定 AUSTRAC 收集四种交易报告：

（1）大额现金交易报告（Significant Cash Transaction Report，SCTR）。等于或高于 10000 澳币的交易，本币现金交易在交易发生后的 15 天之内，外币现金交易则应在交易发生后的 24 小时之内由现金交易商向 AUSTRAC

报送。

（2）国际资金转移指令（International Funds Transfer Instructions，IFTI）。任何跨境资金交付，无论汇入或汇出澳大利亚，也无论金额大小都必须在交易发生后14天内由现金交易商向AUSTRAC报送。

（3）可疑交易报告（Suspect Transaction Report，SUSTR）。当某笔交易涉嫌逃税、恐怖融资、洗钱或其他犯罪时，报送机构有责任向AUSTRAC报告。如现金交易商认为与某笔可疑交易相关的人员及其资金往来值得关注时，也应当同时向AUSTRAC报告。可疑交易报告没有起始金额限制，也没有具体的条款规定什么样的为可疑交易。

（4）国际货币转移报告（International Currency Transfer Report，ICTR）。任何人携带、邮寄10000澳元或10000澳元以上现金进出澳大利亚都要填写《国际货币转移报告》交给海关，再由海关转送给AUSTRAC。

2005—2006年，AUSTRAC每日的数据采集量为：大额现金交易报告8679份，国际资金转移报告36940份，可疑交易报告55份，国际现金转移报告104份。并且经过10年的采集，目前AUSTRAC共掌握数据量为68046299份。

2. 报告的处理

AUSTRAC对于通过系统采集到的这信息由报告合规部门（Reporting and Compliance）进行处理：

首先，报告合规部对报告进行质量检查。对于那些缺少报送要素和电子表格格式不符合要求的报告，系统会自动退回。而对于那些文字内容有错误的报告，系统是无法识别的，只能依靠工作人员检查处理。

其次，对于报送机构上报的交易报告，按照AUSTRAC的要求，涉及外汇资金的交易报告要在交易发生的24小时内报送，涉及澳元的交易报告要在交易发生的14天内报送。所有的报告要求以及相关的法律法规的规定AUSTRAC都会定期主动给予或应报送机构的要求提供一定的培训。教育的内容包括一般性反洗钱合规义务以及如何完成和提交报告，最重要的是培训报告机构人员如何识别可疑交易，利用他们的工作对于可疑交易进行第一轮筛选，为AUSTRAC的进一步分析奠定基础。

最后，AUSTRAC 的报告合规部会定期对每一个报送机构的报告情况给予反馈，如果报送机构在一定时期出现了报送锐减或激增的情况，AUSTRAC 通常会逐步采取以下途径与报送机构逐步协商解决：（1）电话通知报送机构询问原因；（2）正式致函以示警告；（3）正式与报告机构的首席执行官联系，告知最后改正期限；（4）向联邦法院提起公诉。在以下三种情况下，AUSTRAC 可以直接进入第三步程序。报告主体（1）故意违反合规义务，提供虚假、误导性和不完整的信息。（2）曾经有过违反《金融交易报告法》的不良记录或者曾因相关行为被定罪。（3）拒绝采取任何措施改正违规行为。

除了上述措施以外，AUSTRAC 还可以依据《金融交易报告法》第 32 章的规定，向法院申请禁令或者依据《司法法案》（Judiciary Act）对违规机构进行罚款（最高 50000 澳元）。

随着澳大利亚新的反洗钱法的起草，AUSTRAC 正力争获取授权通过澳大利亚联邦政府律师（Australian Government Solicitor）向公诉机关反映，直接对屡教不改违反规定的报送机构提起公诉。

3. AUSTRAC 的国内合作

AUSTRAC 成功运作的重要因素之一就是其广泛、深入和良好的合作关系。这些合作关系主要包括：与其他政府机构合作关系；经授权代表联邦政府与其他国家和地区、FIUs 和国际组织的合作关系。

作为国家反洗钱的核心枢纽机构和金融监管机构，AUSTRAC 是其他政府机构的信息平台和专业咨询机构，为立法、执法、行政和司法机构提供了宝贵的信息资源和技术支持。

AUSTRAC 属于澳大利亚的联邦级机构，但是它与联邦和州一级的政府部门都在法律和谅解备忘录的框架下有着紧密的联系。这些机构包括：

（1）联邦机构：澳大利亚犯罪委员会，澳大利亚海关，澳大利亚联邦警察，澳大利亚安全情报部，澳大利亚证券与投资委员会，澳大利亚税务局，社会保障部门（Centre Link），儿童保障局。

（2）州立机构17个州警察局，28 个州及特区的税务机构，新南威尔士犯罪委员会，昆士兰州犯罪与不当行为委员会，新南威尔士独立反腐败委员会，新南威尔士警察廉政委员会，西澳大利亚腐败与犯罪委员会。

值得注意的是，AUSTRAC 不仅仅为警察部门提供了反洗钱和打击相关违法行为的情报，更主要的是为税务和社会保障部门提供了信息。28 个合作机构共计 2500 个用户，平均每年的在线查询量为 950000 人次。在过去的 5 年中，5000 多次执法机关的调查使用了 AUSTRAC 的信息，其中约 3050 个重大案情。很多调查是由 AUSTRAC 提供的初始线索。税务部门是最大的受益部门，AUSTRAC 的信息支持在过去的 5 年间直接为税务部门挽回税收 3 亿澳元。

4. 国际合作

AUSTRAC 作为成功运作的 FIU，在埃格蒙特集团和 APG（Asia/Pacific Group）中扮演着不可替代的角色，也在 FATF 的评估中承担举足轻重的职责。AUSTRAC 的工作重点在于埃格蒙特集团和 APG，而总检察长办公室主要负责 FATF 事宜。

（1）在埃格蒙特集团中的作用和国际情报交流

虽然埃格蒙特集团没有类似于地区性 FATF 组织的独立地区性机构，由于埃格蒙特是拥有 106 个成员的国际性组织，该集团内部也设有地区组织，并设有核心协调机构。AUSTRAC 凭借其长期成功运作的经验、显赫的国际地位和广泛的技术援助带来的良好声誉成为大洋洲地区的核心协调机构。AUSTRAC 的主任兼任埃格蒙特委员会的联合副主席和大洋洲地区组织的领导。

AUSTRAC 是拓展工作组、法律工作组和执行工作组的成员，为其运转作出了卓越贡献，也成功推荐了马来西亚和印度尼西亚的 FIU 成为埃格蒙特成员。

埃格蒙特集团每年有 3 次大型会议，主要讨论洗钱类型的研究，洗钱的趋势、应对策略、体制和立法改进等相关问题。每年有一次年会，讨论重大问题。2003 年的第 11 次年会由 AUSTRAC 主办，在悉尼举行。值得注意的是，AUSTRAC 也代表埃格蒙特集团参加 APG 的会议。

AUSTRAC 作为 FIU 代表澳大利亚对外进行金融情报和相关信息的交流。此项工作的前提和基础是国际性的谅解备忘录（MOU）或者其他类似文件，例如换文（CEOL）。截至 2006 年，AUSTRAC 已经与 36 个 FIU 签署了 MOU，与荷兰签署了 EOL，上述 FIU 全都是埃格蒙特成员。同时，AUSTRAC 的情报交流主要通过埃格蒙特安全网络进行。

（2）在 APG 中的作用

APG 的秘书处长期设在澳大利亚的悉尼，因此与 AUSTRAC 的关系非常密切，人员沟通交流频繁。AUSTRAC 的技术援助和评估是 APG 各项工作的重要组成部分。作为埃格蒙特集团的代表，在 APG 会议中，AUSTRAC 与其他国际组织建立了良好的工作协调关系。

（3）履行 FATF 框架下的职责

FATF 和 APG 的性质相似，都是政府间的国际组织，因此，他们的成员都是法域而不是 FIU。AUSTRAC 不是澳大利亚参加 FATF 的代表，它主要协助总检察长办公室完成 FATF 的相关评估工作。AUSTRAC 已经有 20 年的历史，因此，FATF 对于澳大利亚评估的 FIU 部分都给予 AUSTRAC 很高评价。目前，澳大利亚对于完成 FATF 标准的工作重点在于对非金融行业的合规监管，例如房地产、会计师、律师等。

（二）英国金融情报机构概况

英国金融情报机构（UKFIU）是英国打击有组织犯罪局（SOCA）的一个内设机构，UKFIU 是新成立的部门，前身为原来的国家犯罪情报局（National Crime Intelligence Service，NCIS），传统上属执法型金融情报机构，其地位并不是很独立，对外交流的工作要依托 SOCA 来完成。

下面从 SOCA、UKFIU 的职能及可疑报告的接收和使用等方面对英国金融情报机构的相关情况进行介绍。

1. SOCA 的主要职能

SOCA 成立于 2006 年，是一个接受英国内政部指导、独立运作的执法部门。SOCA 奉行"以情导侦"的工作理念，其工作目标旨在降低有组织犯罪对社会造成的危害。英国内政部负责设定 SOCA 的工作重点并对其工作结果作出评估，具体工作任务由 SOCA 自主决定。

SOCA 管理层确定的主要工作任务包括五个方面：研究有组织犯罪行

为、有组织犯罪行为的危害以及打击此类行为的手段；提高犯罪收益的罚没金额，提高对有组织犯罪案件中犯罪收益得以追索的案件占比；采取已有的或新的手段提高英国境内有组织犯罪成本；与国内和国际同行联手，共同减小有组织犯罪造成的危害；向 SOCA 的执法伙伴提供高质量的支持，同时获得他们对 SOCA 工作的帮助。SOCA 的主要工作领域及各领域的资源分配关系请见表 6-2。

表 6-2　　　　SOCA 的主要工作领域及各领域的资源分配关系

贩毒	40%
非法移民	25%
个人或私人部门的诈骗	10%
其他有组织犯罪	15%
对执法伙伴提供支持	10%

资料翻译自：SOCA 官方网站 http：//www.soca.gov.uk/。

2. UKFIU 主要职能

UKFIU 是 SOCA 的一个组成部分。UKFIU 负责接收、分析涉及犯罪收益和恐怖融资的可疑行为报告（简称 SARs），为执法部门的进一步行动提供情报支持，其组织架构请见图 6-4。

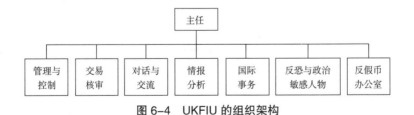

图 6-4　UKFIU 的组织架构

UKFIU 各部门主要职责分工如下：（1）管理与控制：数据接收、分析和分发系统的维护，其他日常事务管理；（2）交易审核：待审核可疑报告的处理，包括核对和分发等；（3）对话与交流：为 UKFIU 与相关主体之间提供沟通平台，这些主体包括报告机构、监管者和 SARs 的最终使用者；（4）情报分析：从宏观和微观的角度对 SARs 进行主动分析，保证英国反洗钱制度的有效运行以符合国内和国际的相关要求；（5）国际事务：对 Egmont 成员及其他的协查请求提供情报支持；（6）反恐融资和政治敏感人物：主动分析 SARs 中涉及的恐怖融资线索；（7）反假币：英国全国的反假币工作协调办公室。

3. 数据接收概况

（1）报告类型

UKFIU 只接收可疑行为报告（SARs）。标准报告的表现形式为二维表格，包括报告机构信息、报告内容概要、主要主体信息、相关主体信息、主要主体交易信息（包括账户信息、交易信息）和怀疑理由等部分。

（2）报告机构类型与报告量

英国可疑报告的报告主体类型广泛，包括会计师事务所、资产管理公司、拍卖行、银行、律师事务所、赛马下注机构、住房贷款抵押机构、货币兑换所、投资银行、慈善机构、支票开立商、清算机构、公司注册代理、消费信贷机构、信用卡公司、互助性融资机构、教育、电子支付机构、汇款机构、房地产代理、赌场、政府部门、贵重物品交易商、财务顾问、保险公司、交易所、电脑公司、生产性企业、养老金公司、监管机构、零售中介、股票经纪人、税务顾问等。

2008 年度（从 2007 年 10 月到 2008 年 9 月，下同），UKFIU 接收可疑报告 210524 份，各类报告机构的报告量分布概要情况见表 6-3。[①]

表 6-3　　　　　　各类报告机构的报告量分布概要情况

机构类型	报告量（份）	报告量占比（%）
会计师事务所	7354	3
银行	145905	69
赛马下注机构	9546	5
住房贷款抵押机构	11372	5
货币兑换所	3553	2

① 资料翻译自：SOCA 官方网站 http://www.soca.gov.uk/。

续表

机构类型	报告量（份）	报告量占比（%）
支票开立商	6736	3
汇款机构	7299	3
律师事务所	6460	3
其他	13759	6
合计	211984	99

4. 报告分析机制

（1）报告处理的一般流程

可疑报告的处理流程可以分为向相关执法机构分发和 UKFIU 主动分析两类。

①根据报告中主体居住地、可疑行为涉嫌的犯罪类型等内容向与 UKFIU 有合作关系的执法部门分发所接收的可疑报告。各执法部门根据自己的工作需要和相关情报，进行关键字查询，与 UKFIU 有合作关系的执法部门包括：英国各地区的警察局（如英格兰及威尔士地区的 42 个地方警察局）及相关执法机构（如税务与海关总署、打击严重欺诈行为办公室、资产罚没机构等）。

②主动分析。UKFIU 对收集数据也进行主动分析，主动分析的方式包括：数据匹配，基于可疑报告，整合其他信息来源，形成更加深入的情报后提供给执法机构；SOCA 警示性信息，基于可疑报告，对报告机构的业务开展中应注意防范的风险提出建议；反恐融资和政治敏感人物，主动分析 SARs 中涉及的恐怖融资线索和政治敏感性人物。

（2）待审核报告的处理流程

根据英国现行法律，报告机构对十分可疑、尚未执行的交易可向 UKFIU 申请核准。这种制度被认为有以下作用：保护报告机构免于受到法律起诉，为执法机构及时采取行动提供时机。

在收到待审核的可疑报告后，UKFIU 的处理流程与一般的可疑报告类似，即他们可以选择将报告分发给执法机构，由执法机构作出是否核准的决定，也可以选择自行决定。法律规定，无论由谁作出决定，审核时间不得超过 7 天，2008 年实际审核时间平均为 2.7 天。

2008 年度，UKFIU 总计收到待审核报告 13223 份，月均约为 1100 件。在 SOCA 的 2008 年度可疑报告年报中，发布了基于不予核准的可疑报告采取的干预行动。2008 年度可以报告年报的概要情况，请见表 6-4。

表 6-4   2008 年度可疑报告年报

冻结金额	16974684（英镑）
没收金额	473869（英镑）
其他干预行动	3839000（英镑）
其中：	
冻结指令	50000（英镑）
抵押贷款欺诈	1200000（英镑）
税务欺诈	2589000（英镑）
总计	21287553（英镑）
逮捕	56
不予核准的报告占申请核准报告的比例	13%

资料翻译自：SOCA 官方网站 http：//www.soca.gov.uk/。

5. 与报告机构和执法机构的沟通

（1）与报告机构的沟通

UKFIU 与报告机构沟通的重点在于：指出反洗钱工作中的薄弱环节。在报告机构范围如此广泛、数量如此庞大的情形之下，这一点尤为重要；逐步建立一套多层次的沟通体系，以便传递日常信息，提高情报有效性。

目前，主要的沟通渠道是：UKFIU 与单一机构间的双边会谈，行业性的研讨会，跨行业研讨会。跨行业研讨会主要针对中小型机构，目的在于将 UKFIU 的意旨更广泛地传递给那些小型报告者。

除此之外，沟通的有效性还有赖于行业监管机构的支持。UKFIU 与相关监管机构已经或正在谋求签订合作协议，通过 UKFIU 主持的监管机构论坛形式建立与监管机构的对话机制。

（2）与执法机构的沟通

与执法机构的沟通（SARs 的最终使用者）主要通过一年两次的问卷调查，问卷调查的内容是向执法机构讯问，他们如何使用可疑报告，以及可疑报告对他们的执法工作起到了怎样的作用。

根据 2008 年度执法机构的反馈结果（包括基于待核准 SARs 的使用）：冻结金额超过 1.92 亿英镑，没收金额 0.26 亿英镑，没收财产 1.1 亿英镑。

英国的 UKFIU 则负责为执法机构收集与遴选出洗钱犯罪信息及未来犯罪的发展趋势，对洗钱犯罪对国家社会造成的威胁与损失进行评估，定期出版关于洗钱与恐怖组织活动的类型分析报告，同时有目的地增加了近两年来对英国国内洗钱犯罪的评估工作。而英国的反洗钱监管部门主要运用监管评估准则（RIA）进行打击洗钱犯罪的成本与收益的分析，以此作为鉴别洗钱犯罪风险程度与优先进行重点打击的依据。这些对于反洗钱机构鉴别洗钱犯罪等级、对社会的危害程度有重要作用。

（三）卢森堡金融情报机构——Lux-FIU

卢森堡金融情报机构（FIU）是典型的司法型 FIU，有 6 名专职工作人员，与其他司法机构分工合作。这种类型的金融情报机构建立在国家的司法系统内，并且通常具有检察部门的权力。选择这种设置的通常是大陆法系国家。根据国际货币基金组织（IMF）的统计，完全意义上的司法型 FIU 目前只有卢森堡和塞浦路斯的 FIU，非常独特，其成功经验对我国有借鉴价值。

卢森堡 FIU 作为司法体系一部分，除了具有接收、分析、移送情报以及国际交流等通行职能以外，还具有一定的司法权力。FIU 如果在其监管权力下进行的首次调查就证实了该活动的可疑性，则可以公开进行调查工作，也可以及时进行查封资产、冻结账户、审问、拘留疑犯和搜查等工作。司法和诉讼型的 FIU 之所以能在卢森堡这种银行保密法执行较为严格的国家里运作良好，主要是因为 FIU 直接与其他司法或诉讼机关联系，能确保金融机构的合作；而且，司法的独立能激发金融界的信任。

这种类型 FIU 的特点可以总结为以下几个方面：（1）通常具有高度

独立性，不受政治干预；（2）披露的信息直接交给授权机构去进行调查或诉讼；（3）允许立即施行司法权力（如查封资产、冻结账户、进行审问、拘留和搜查）；（4）往往倾向于关注调查而不是预防措施；（5）司法机构与金融机构的对话不自然，双方必须花费时间建立互信，同时，司法机构可能会缺乏进行这样对话所需要的金融专家；（6）这种类型的FIU通常不接收大额货币交易报告;（7）要获得金融机构的数据(那些未报告交易)通常要通过正式的调查程序；（8）如果报告机构得知他们向司法机构提供的信息将用在犯罪调查方面（不仅仅是洗钱和恐怖融资），也许会不太情愿提供信息；（9）与非司法型或非诉讼型金融情报机构交换信息可能会存在困难。

在国际交流方面，卢森堡FIU的工作模式比较开放。首先，该FIU进行国际情报交流不需要签署任何文件，仅依据对等原则就可以开展工作。情报交流的内容、方式和情报使用范围都依据对等原则处理。当然，若合作方需要签署MOU或者其他文件，该FIU也有权签署。其次，该FIU是埃格蒙特集团（Egmont Group）成员，可以利用埃格蒙特安全网络进行情报交流，进一步增加了情报交流的保密性、便捷性和有效性。

卢森堡FIU的设计具有独特性，其优点可以概括为独立性高、情报利用效率高和司法权限大三个方面。当然，它也存在一些不足，比如注重调查功能，预防职能欠缺；信息接收量小、以可疑交易报告为主；不易取得补充信息；与合规机构沟通有障碍；与非司法型的FIU情报交流存在问题。

但是，客观上看，无论是行政型、执法型、司法型还是混合型的FIU的职能都不是完美的，各有利弊。选择特定类型的FIU与国家法律体系和行政建制有很大关系，即使是相同类型的FIU，在不同国家的职能也不尽相同。因此，我们有必要取长补短，见贤思齐，才能建设出国际一流、适应本国国情的FIU。

（四）俄罗斯联邦金融监控局

俄罗斯联邦金融监控局（Federation Financial Monitoring），是根据俄联邦总统令在原俄联邦金融监控委员会的基础上改组而成的，传统上曾被认为是行政型金融情报机构,但是,随着该机构的权力越来越大,具有监管、执法、调查、查封、扣押、冻结等比较全面的功能,其业务活动以及人事、财政和预算均独立。

笔者倾向于认为该机构已经发展成混合型金融情报机构。另外,其原局长祖布·科夫曾在克格勃工作,与普京有多年共事关系,并且后来直接升任俄罗斯总理,引起世界的关注,由此也可反映出该机构的重要性和职权的强大。

金监局将俄 89 个联邦主体划分为西北联邦区、乌拉尔联邦区、伏尔加河沿岸联邦区、远东联邦区、西伯利亚联邦区、中央联邦区、南方联邦区等 7 个大区,设立相应的分局进行辖管。其中,中央机构人员编制为250 人,地区分局为 155 人。

1. 基本职责及组织结构

俄联邦政府赋予俄金监局的主要职能是:(1)对法人和自然人履行《俄罗斯联邦反犯罪收益合法化(洗钱)和恐怖融资法》的要求实施监管,将违法者绳之以法;(2)收集、整理和分析根据俄联邦法应予监督的资金交易信息;(3)根据《俄罗斯联邦反犯罪收益合法化(洗钱)和恐怖融资法》,对所获取的资金交易信息进行检查,包括就报送信息获得必要解释;(4)查明涉嫌犯罪收益合法化(洗钱)和恐怖融资的资金交易线索;(5)根据《俄罗斯联邦反犯罪收益合法化(洗钱)和恐怖融资法》,对资金交易实施监控;(6)从联邦国家政权机构、俄罗斯联邦主体政权机构、地方自治机构和俄罗斯联邦中央银行获得与本局职权相关问题的信息(公民隐私除外),包括查询;(7)对在本局行动中获取的公务、银行、税务、商业秘密、通信秘密或其他机密情报提供相应的保管和保护制度;(8)在打击犯罪收益合法化(洗钱)和恐怖融资领域建立统一的情报系统;(9)在打击犯罪收益合法化(洗钱)和恐怖融资领域建立和使用联邦数据库,并保障各信息系统标准统一,功能一致;(10)拟定涉嫌参与极端主义活动的组织和自然人名单并报备俄罗斯联邦财政部;(11)根据联邦法律,在掌握证明交易涉嫌犯罪收益合法化(洗钱)和恐怖融资的足够证据时,应向司法机关移交报告,并就司法机关的咨询提供相关信息;(12)对从事资金交易，且在其活动领域无监管组织的机构行使核查权力；（13）根据联邦法律，宣布中止资金交易的决定；（14）在反犯罪收益合法化（洗钱）和恐怖融资领域制定并采取行动预防违法行为；（15）在反犯罪收益合法化（洗钱）和恐怖融资领域协调联邦执行权力机构的活动；（16）在反犯罪收益合法化（洗钱）和恐怖融资领域与俄罗斯联邦中央银行进行协作；（17）根据相关规定会同其他联邦执行权力机构建立跨部门机构，处理反犯罪收益合法化（洗钱）和恐怖融资事务；（18）在职权范围内成立科学咨询与专家委员会；（19）就通过打击犯罪收益合法化（洗钱）和恐怖融资跨部门计划和纲要提出议案，并就所采取的措施起草报告；（20）在反犯罪收益合法化（洗钱）和恐怖融资的国际组织中代表俄罗斯联邦，根据规定参加反犯罪收益合法化（洗钱）和恐怖融资领域国际组织的活动；（21）根据有关规定和在职权范围内，在俄罗斯联邦境内外，与外国国家政权机构、组织、官员及公民进行协作；（22）根据俄罗斯联邦签订的国际条约，与在反犯罪收益合法化（洗钱）和恐怖融资领域里的国外职能机关开展协作和实现情报交流；（23）拟定在反犯罪收益合法化（洗钱）和恐怖融资领域不参与国际合作国家（地域）名单，并报备俄罗斯联邦财政部；（24）参加制订和实施国际合作计划，起草和签署包括跨部门性质的，有关反犯罪收益合法化（洗钱）和恐怖融资的俄罗斯联邦国际条约；（25）研究反犯罪收益合法化（洗钱）和恐怖融资的国际经验和实践；（26）将在反犯罪收益合法化（洗钱）和恐怖融资领域里运用俄罗斯联邦法律的实践进行概括总结，提出完善建议并提交俄罗斯联邦财政部；（27）根据俄罗斯联邦法律通过决定，确定俄罗斯境内不受欢迎的外国公民或无国籍人士；（28）包括以签立合同方式，聘请学术研究机构或其他组织乃至专家参加技术认定，制定培训大纲、教材编写、软件及信息保障方式，在确保遵守国家或其他受法律保护秘密的条件下，建立金融信息监控系统。①

从以上职责可以看出，俄金监局具有独立性强、功能强大、可谓超级

---

① 参见 FATF 对俄罗斯评估报告第 61—75 页。http://www.fatf-gafi.org/pages/0, 2987, en_322 50379_32235720_1_1_1_1_1, 00.html.

型金融情报机构，这在世界上也是独一无二的。

俄金监局的组织结构如图 6-5 所示。根据俄财政部 2004 年 12 月 30 日发布的第 127 号令，金监局设立了七个分局（IRD），这些分局对金监局的工作发挥了重要作用。总部与分局的合作比较顺畅。高级信息技术系统能够确保分支机构分析可疑交易报告、使用国家反洗钱数据库、向总部提交准备移送的分析结果。分局的主要职责为：本地区反洗钱与反恐怖融资领域相关机构的整体管理；与本地区执法机关合作；监督联邦法律相关规定的执行情况，采取措施应对任何阻止报送机构上报程序的不法企图；在授权范围内负责接收、处理和分析数据；为总部提供本地区的相关信息。

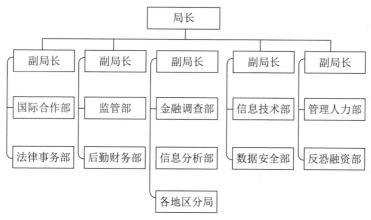

图 6-5　俄金监局部门构成

2. 主要活动

（1）改善执法环境

俄罗斯于 2000 年 6 月被金融行动特别工作组（FATF）列入 NCCTS 名单事件引起俄当局高度重视，在普京总统的干预下，俄加快反洗钱立法工作，金监委（金监局前身）作为职能机构起草了《联邦反犯罪收入合法化（洗钱）和恐怖融资法》基本稿，2001 年 8 月该法获得通过。2002 年 10 月，FATF 将俄罗斯从 NCCTS 名单中删除。2003 年 2 月，俄罗斯成为 FATF 观察员，6 月正式加入 FATF 组织。2003 年 1 月，俄立法增加了反恐怖融资条款，金监局获得对涉嫌恐怖主义活动相关人员的交易进行监控的补充权力。特别是按照国际标准要求，有权在 7 天内终止恐怖分子的账户资金流动。在 FATF 于 2003 年 6 月重新修改和通过《40 条建议》后，俄对刑法第 174 条和第 174 条第 1 款做了相应修改。俄金监局就联邦《反犯罪收益合法化（洗钱）和反恐怖融资法》《行政法》的修改补充提出了议案。此外，俄还根据已批准的《欧盟追究腐败刑事责任公约》《打击恐怖主义、分离主义和极端主义上海公约》《联合国打击跨国有组织犯罪公约》及其他国际条约，起草制定了一系列配套政令法规。

为采纳 FATF 及其他反洗钱和反恐怖领域中的国际组织的建议，根据 2002—2003 年跨部门计划，金监局成立了跨部门工作组，审议完善俄反洗钱体系、制定切断恐怖融资渠道国际合作战略等各类问题。根据俄总统指示，成立了制定打击犯罪收益合法化和恐怖融资国家战略构想工作组，并于当年底举行了第一次会议，建立了专家委员会，参考了一些已对俄司法体制有所了解的国外专家的意见。金监局在总统批准构想后，还将制定实施细则。该构想将使俄联邦能够更加集中精力开展下一步工作，完善反洗钱体系，尽快完全符合 FATF 的《40+9 条建议》的标准。

另外，为保障打击洗钱和恐怖融资体系的安全运作，保证从业人员的人身安全，俄罗斯还于 2002 年 12 月 11 日通过对《国家对法官、高级官员、护法和监管机构保护法》的补充修改，将该局列为国家应提供安全和社会保障措施予以保护的机构。

（2）争取实际成效

俄罗斯在努力摆脱其所背负的国际上"不合作"名声，加快改善法律环境的同时，在当时国家经济处于较困难的时期，花重金购置了用于对资金交易进行监测分析的先进技术设备，建立强大的国家监控系统。2004 年对 3260 笔交易进行了核查，向执法机构移交了 1720 份材料，是 2003 年的 2.5 倍。其中，101 份交易涉嫌洗钱或恐怖融资，总金额达 1700 亿卢布，62 份被正式立案，其他处于司法调查阶段。司法机构在 540 件立案中使用了金监局的移送报告。这一数字也比 2003 年有所增加。

俄金监局从 2002 年开始行使职能，2004 年开始见效，当年送上法庭的洗钱案总共有 85 件，根据金监局提供的材料，有 6 人因洗钱定罪，如俄"存款银行"和伏尔加沿岸联邦区道路基金会。在第一个案例中,通过运用系统进行分析,成功地确定了资金流向,发现了交易组织者,该行行长因此被判 4 年监禁。

金监局对自己的主要任务定位是,与执法和司法机构共同努力,减少俄经济的灰色成分,在灰色经济的所有领域开展工作,摧毁洗钱网。2004年俄最高法院举行例会,总结洗钱案类型,对于今后审理洗钱案产生重要影响。以往立案必须首先提供上游犯罪证据,然后才涉及洗钱事实。现在俄高法明确,可以同时证明基本犯罪事实,如诈骗和将诈骗收益合法化等。这一权威诠释下达到每个侦察员、法官,成为判例,俄反洗钱工作又向前推进一步。[①]

(3)俄国内反洗钱体系及合作

①反洗钱体系

反洗钱和反恐怖融资统一信息系统经过一个时期的磨合,俄金监局与报送机构和各监管机构的协作关系理顺。在采取了加密手段,实现对获取情报真伪甄别和报送方身份认证的情况下,报送数据基本实现电子化发送,纸质和其他方式仅占 3%。2003 年俄罗斯以立法的形式修改金融机构数据报送规定和在反洗钱领域不参加国际合作的国家和地区被具名公布,以登记、居住地或所在地为上述国家人员名义进行交易的名单扩大后,报送机构数量增加,覆盖扩大,平均每天报送量逐年提高。经过金融机构的内控系统过滤,情报价值大大提高。为便于就制定和报送电子报告问题进行咨询,金监局开设了工作"热线"。

金监局有权从报告机构及政府部门获取相关信息。它与执法机关、交通部、博彩业发展联合会、测检局、中央银行等部门分别签署了合作协议,获权使用俄国内 20 多家机构和部门的信息资源。

金监局的 IT 系统设计可以保证处理海量的可疑交易报告及其他报告,同时采用内控系统来阻止未经授权的登录(见图 6-6)。

---

① 欧阳卫民主编.金融情报机构[M].北京:中国金融出版社,2005:177.

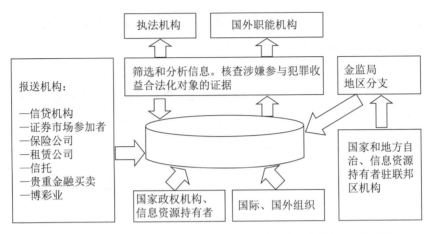

资料来源：欧阳卫民主编．金融情报机构［M］．北京：中国金融出版社，2005：183．

图 6-6　金融局的 IT 系统

② 国内合作

俄罗斯国内反洗钱体系的协调工作由打击犯罪收益合法化及恐怖融资跨机构委员会负责。该委员会根据 2005 年 10 月 25 日发布的财政部 122 号令成立，由来自 12 个联邦行政部门以及俄罗斯银行的代表组成。

委员会的工作重心为：研究并提出俄反洗钱 / 反恐怖融资体系改进建议，研究该领域国际合作问题，促进委员会各成员单位的合作，执行俄总统签署的国家反洗钱及反恐怖融资战略实施方案。

③ 国际合作

金监局作为俄罗斯反洗钱及反恐怖融资体系的核心，代表俄进行反洗钱国际交流，参加反洗钱金融行动特别工作组（FATF）、欧洲理事会评估反洗钱措施特设专家委员会（Moneyval）、埃格蒙特集团（Egmont Group）等国际组织的活动。

金监局 2002 年 6 月成为埃格蒙特集团的成员，与 41 个国家的 FIU 建立了情报交流。双边信息交流合作伙伴达到 90 个。与之信息交流最频繁的国家包括比利时、保加利亚、塞浦路斯、德国、匈牙利、芬兰、拉脱维亚、英国、乌克兰以及美国。

金监局为 Moneyval 的成员国。该组织于 1995 年成立，在委员会领导下工作，为欧盟非 FATF 成员国家的反洗钱国际组织。俄罗斯是该组织中三个同时具备 FATF 与 Moneyval 成员资格的国家。2006 年 1 月起，俄金监局代表当选 Moneyval 副主席。

俄金监局定期参加"八国集团"罗马反恐集团和里昂打击跨国有组织犯罪集团，以及联合国安理会反对恐怖主义行动组织举行的活动，协调了与联合国、国际货币基金组织、世界银行、经济合作与发展组织、上海合作组织的工作关系，向俄联邦总统提交了《制定与美国共同合作切断恐怖主义融资渠道战略》报告，这一合作包括在 FATF 框架下进行。

俄成为 FATF 成员后，发起成立 FATF 模式反洗钱区域性组织——欧亚反洗钱与反恐融资工作组（EAG），并于 2004 年 10 月召开了成立大会。EAG 每年召开两次全会。[①]

三、中国反洗钱监测分析中心

中国反洗钱监测分析中心（China Anti-money Laundering Monitoring and Analysis Center， CAMLMAC），是中国政府为落实联合国有关公约义务，依据金融行动特别工作组（FATF）制定的国际反洗钱工作标准，结合中国反洗钱工作实际建立的，从事反洗钱金融情报收集、分析、监测和移送工作的金融情报机构（FIU）。

（一）中国反洗钱监测分析中心概况

1. 中国反洗钱监测分析中心成立的背景

为与国际社会共同应对反洗钱这一全球性问题，促进反洗钱国际合作，中国签署了联合国《禁止非法贩运麻醉药品和精神药物公约》（《维也纳公约》）《打击跨国有组织犯罪公约》《制止向恐怖主义提供资助的国际公约》和《反腐败公约》等反洗钱类国际公约。为落实公约义务，2004 年 2 月，中国人民银行行长周小川代表中国政府致函国际反洗钱组织——金融行动特别工作组（FATF）主席，表示中国承诺支持 FATF《40+9 条建议》，

---

① 参见中国反洗监测分析中心网站（www.camlmac.com）关于俄罗斯金融监管局介绍。

并将按照这些标准推动和改善我国反洗钱工作，按照《40条建议》第26条规定，建立金融情报中心报告。

正是在此背景并在党和国家高层领导的关注下，2004年4月7日中央机构编制委员会正式批准建立中国FIU——中国反洗钱监测分析中心。中国反洗钱监测分析中心的建立是我国政府为认真落实联合国公约的规定，并按照FATF所制定的全球反洗钱工作标准开展国家反洗钱工作而采取的一项重要的实质性措施，也是建立健全与社会主义市场经济体制相适应的教育、制度、监督并重的惩治和预防腐败体系的一项重要举措。

2. 中国反洗钱监测分析中心组建的过程

2003年9月中编办批复中国人民银行"三定"方案明确规定，中国人民银行"组织协调国家反洗钱工作，指导、部署金融业反洗钱工作，承担反洗钱的资金监测职责"。2003年12月重新修订的《中国人民银行法》规定由中国人民银行"指导、部署金融业反洗钱工作，负责反洗钱的资金监测"；2004年4月7日中央机构编制委员会批准了中国人民银行关于建立中国反洗钱监测分析中心的请示，9月中心开始正式运作。

3. 中国反洗钱监测分析中心的职责范围

中国反洗钱监测分析中心（简称"中心"）是中国的金融情报机构，这一点在FATF报告中既有正面评价也有质疑的看法。有的评估员认为，人民银行的反洗钱局和"中心"加起来才是金融情报机构。因为反洗钱局具有监管、处罚和政策制定权。"中心"具有接收、分析和移送金融情报的权力。两个机构都有涉外交流的权力。但总体上看，"中心"具有金融情报机构的核心职能，尤其是对外进行金融情报交流的时候，还是"中心"承担缔结情报交流协议和日常交流情报的工作。

根据《金融机构反洗钱规定》第六条："中国人民银行设立中国反洗钱监测分析中心，依法履行下列职责：（一）接收并分析人民币、外币大额交易和可疑交易报告；（二）建立国家反洗钱数据库，妥善保存金融机构提交的大额交易和可疑交易报告信息；（三）按照规定向中国人民银行报告分析结果；（四）要求金融机构及时补正人民币、外币大额交易和可疑交易报告；（五）经中国人民银行批准，与境外有关机构交换信息、资料；

（六）中国人民银行规定的其他职责。"[①]

4. 中国反洗钱监测分析中心内部机构设置[②]

中国反洗钱监测分析中心目前内设 13 个部门[③]。同时中国反洗钱监测分析中心还将在上海、深圳两地设立分中心，以便更好地在全国范围内开展收集、监测分析洗钱等金融犯罪情报的工作。中国反洗钱监测分析中心内部结构设置请见图 6-7。

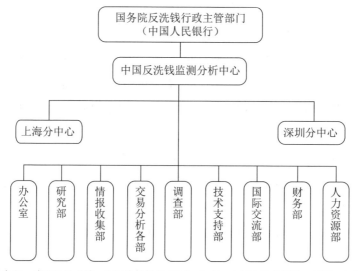

资料来源：欧阳卫民主编.金融情报机构［M］.北京：中国金融出版社，2005：219.

图 6-7　中国反洗钱监测分析中心内部结构设置

---

① 根据《金融机构反洗钱规定》第六条以及中国人民银行总行的"三定"方案，中国反洗钱监测分析中心目前的主要工作职责是：会同有关部门研究、制定大额和可疑资金交易信息报告标准；收集、整理、保存大额和可疑资金交易信息报告；研究、分析大额和可疑资金交易信息报告，配合有关行政执法部门进行调查；对涉嫌犯罪的可疑交易报告，负责移送有关分析结果；进行反洗钱等金融犯罪相关问题的研究，为反洗钱政策的制定提供依据；负责大额可疑交易信息报告系统的开发、运行和维护；根据授权承担与国外有关金融情报中心的交流与合作，配合有关部门进行相关领域的对外交往事宜等。

② 欧阳卫民主编.金融情报机构［M］.北京：中国金融出版社，2005：217.笔者参与了相关章节的编写。

③ 办公室、研究部、情报收集部、交易分析一部、交易分析二部、交易分析三部、交易分析四部、交易分析五部、调查部、技术支持部、国际交流部、财务部、人力资源部。

（二）中国反洗钱监测分析中心业务流程

根据《反洗钱法》《金融机构反洗钱规定》《金融机构大额交易和可疑交易报告管理办法》（即新一、二号令）《金融机构报告涉嫌恐怖融资的可疑交易管理办法》，并联合各金融监管机构发布了《金融机构客户身份识别和客户身份资料及交易记录保存管理办法》。目前，中国反洗钱监测分析中心的反洗钱监测分析工作主要分为信息收集、监测分析和移交三个步骤。

1. 大额和可疑交易报告的收集

中国反洗钱监测分析中心从 2004 年 10 月开始接收银行业金融机构报送的数据，到 2006 年底全国已经有 94% 的银行类报送机构向中心报送数据，形成了覆盖全国银行业的监测网络。2007 年 11 月中心开始正式接收银行类报送机构按照新标准报送的数据，并同时开始接收证券期货业和保险业报告机构的大额、可疑交易报告。信托公司等六类金融机构的报送工作也从 2008 年 12 月开始。中心对金融机构提供了多层次、全方位的报送工作指导。目前我国反洗钱资金监测领域已覆盖整个金融业。① 中国反洗钱监测分析中心已成为世界上接收和储存数据量最大的 FIU 之一。

2. 监测分析

2006 年之前，我国本外币大额、可疑交易报告的接收和分析处于分割状态，由人民银行和国家外汇管理局分别承担。2005 年中国人民银行确定反洗钱本外币统一管理原则，2006 年 4 月正式启动这项工作，当年 7 月中国反洗钱监测分析中心正式开始集中接收和分析本外币大额、可疑交易数据。本外币资金交易的集中统一监测的实现，为提高反洗钱监测分析能力创造了重要条件。

信息可以有以下几个来源：一是报送机构上报的大额交易信息和可疑交易报告，经人工分析判别或系统模型自动抓取而生成的案例信息；二是

---

① 参见《2005—2008 年中国反洗钱报告》。

群众举报的信息；三是相关部委的协查请求或来自国际领域的信息，例如，联合国制裁名单或其他金融情报机构提供的信息。信息分析人员的分析流程请见图6-8。

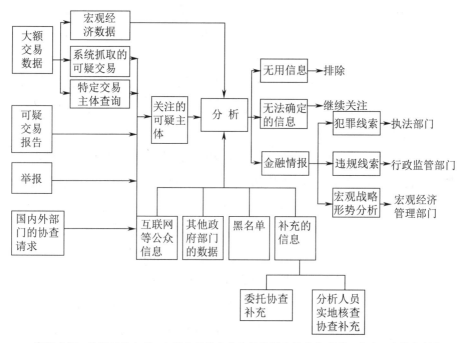

资料来源：欧阳卫民主编.大额和可疑交易分析监测分析实务［M］.北京：法律出版社，2006：84.作者参与了该书相关章节的撰写。

图 6-8 分析流程图

分析人员在评估案例信息的质量及其可信程度后，首先在本地历史交易数据库中搜寻相关的信息。在获取了中国反洗钱监测分析中心本地的历史交易数据之后，分析人员对相关案例线索进行信息匹配工作。匹配信息包括以下来源：一是分析人员在互联网等公众信息领域内搜寻与案例相关的信息。尤其是互联网，给了分析人员大量有用信息。二是分析人员在其他政府部门的数据库中查询相关信息。目前分析人员能查核的政府信息仅有公安部公民身份证信息，尽管如此，它们也给了分析人员极大的帮助。在身份证信息查询中，分析人员常用的是"身份证查询"和"姓名查询"两种，前者是已知交易主体身份证号码的前提下进行关联查询，有时可以得到服务处所、职业、家庭人员等重要信息，其准确性难以得到100%的保证；后者是已知交易主体姓名和一些其他信息（如出生年月、籍贯等，当姓名极为普通时这些信息尤为重要）时进行结合查询，从而锁定交易主体的身份证号码，以进行下一步查核（如身份信息关联查询、交易查询）。三是分析人员查询相关的名单数据库。名单数据库对线索生成的各种名单（白名单、黑名单和关注名单）进行管理。其中，黑名单和关注名单直接跳入移送名单范畴内。四是对部分通过上述信息匹配方法但是依然信息缺失的交易，则通过报送主体沟通和补充调查的信息核查方式补充缺失的信息。信息查核方法主要由信息来源决定。

获得充分的信息后，分析人员将案例的交易情况整理出内在的逻辑关系，获得初步分析结果，将无用信息排除，对暂时无法确定的信息进行继续关注，将具有价值的金融情报移送给相关部门。这些相关部门包括：第一，将犯罪线索移送执法部门；第二，将违规线索移送行政、监管部门；第三，将宏观数据的战略形势分析结果提交公关经济管理部门。

对于确定移送的金融情报，分析人员根据获取的信息进一步进行个案分析，同时根据导出的逻辑关系，将交易情况、交易主体之间的关系等进行图示，最终生成案例报告，这个报告中包括案情表述、分析结果以及图表，最后将分析完毕并认为可疑的案例报告提交移送。①

3. 线索移送和协查

通过分析筛选，分析部门将判定为可疑的报告移交给中国人民银行反洗钱局。经反洗钱局调查，对一般违规案件，由人民银行进行处理；对确实涉嫌犯罪的案件，由反洗钱局移交执法部门处理，同时将处理结果反馈到中国反洗钱监测分析中心的调查部门。因此，对外的线索移送和调查工作需以人民银行的名义进行。②

2008年，人民银行对发现和接收的大量可疑交易线索进行分析筛选，

---

① 欧阳卫民主编.大额和可疑交易分析监测分析实务［M］.北京：法律出版社，2006：85.作者参与了该书相关章节的撰写。

② 参见《2006年中国反洗钱报告》，第35页。

发现 1392 个具备高度洗钱嫌疑的重点可疑交易线索，其地域分布主要集中在广东、浙江、山东、上海、辽宁、福建和江苏等地。人民银行依法对这些重点可疑交易线索开展反洗钱调查 4113 次，具体请见图 6–9。

中国人民银行
调查线索个数

52	到 281	（7）
32	到 52	（7）
21	到 32	（8）
0	到 21	（8）

资料来源：参见《2008 年中国反洗钱报告》，第 53 页。

图 6–9　人民银行调查重点可疑交易线索地区分布

（1）线索移送和报案

2008 年，人民银行向侦查机关移送线索和报案共 752 起，比上年增加 35.7%。移送线索和报案数占全部调查线索的 54.0%，比上年增加 18 个百分点，具体请见图 6–10。

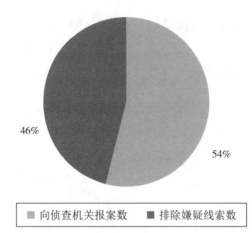

资料来源：参见《2008年中国反洗钱报告》，第54页。

图6-10　人民银行移送线索和报案数占全部调查线索的百分比

从地域分布看，移送线索和报案主要集中在广东、山东、江苏、浙江、上海、辽宁、新疆、福建和广西等地。

（2）侦查机关立案情况

2008年，各地侦查机关根据人民银行的报案线索共立案侦查215起，占报案线索数的28.6%（见图6-11），比上年提高11个百分点，表明反洗钱调查的有效性不断提高。

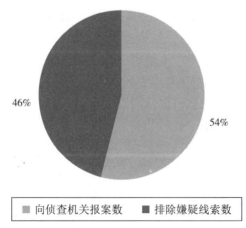

资料来源：参见《2008年中国反洗钱报告》，第55页。

图6-11　侦查机关立案侦查数占报案数的百分比

从地域分布看，广东、山东、江苏、深圳等地向侦查机关报案较多，分别占全国报案总数的 8.6%、7.7%、6.5%、4.9%。2008 年拉萨 "3·14" 打砸抢烧严重暴力犯罪事件发生后，西藏地区的侦查机关加大了侦查力度，对当地人民银行的报案线索进行立案侦查的数量显著增长，达到 5.6%。

（3）侦查和破获情况

2008 年，人民银行协助侦查机关调查涉嫌洗钱案件 899 起，是上年协查案件数的 2.7 倍，涉及金额折合人民币 2513 亿元。涉嫌洗钱案件主要集中在广东、四川、云南、浙江、上海、山东、辽宁和河南等地。人民银行对上述 899 起涉嫌洗钱案件共协助调查 3071 次。

从协查涉嫌洗钱案件涉及的上游犯罪类型进行分析，涉及破坏金融管理秩序犯罪的案件最多，占总数的 16.9%；其次是涉及金融诈骗犯罪和恐怖活动犯罪的案件，占总数的 9.4% 和 9.1%；涉及非《刑法》191 条规定上游犯罪的案件占 40.8%，见图 6-12。①

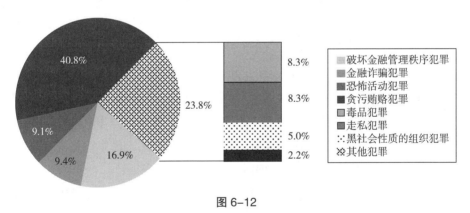

图 6-12

2008 年，人民银行协助侦查机关破获了云南杨某、刘某涉毒洗钱案、重庆傅某腐败洗钱案、四川杨某诈骗洗钱案等一批涉嫌洗钱案件总计 203 起，是上年破获案件数的 2.3 倍，涉案金额折合人民币 1884 亿元，已破获的涉嫌洗钱案件主要分布在广东、四川、浙江、上海、辽宁、山东、福建和云南等地。

---

① 参见《2008 年中国反洗钱报告》，第 56 页。

从破获洗钱案件涉及的上游犯罪类型进行分析，涉及破坏金融管理秩序犯罪的案件最多，占总数的24.2%；其次是涉及金融诈骗犯罪的案件，占总数的20.2%；再次是涉及毒品犯罪的案件，约占总数的8.4%；而涉及非《刑法》规定上游犯罪的案件占总数的30.9%，见图6-13。[①]

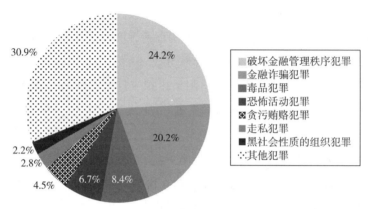

图6-13　人民银行协助破获案件涉嫌上游犯罪类型分布

（三）金融情报国际合作与交流不断扩大和深化

洗钱和恐怖融资活动所具有的跨国（境）特点要求各国（地区）反洗钱和反恐怖融资部门间加强协调与合作。金融情报国际交流是合作的重要内容，也是各国金融情报机构的核心职责之一。新发布的《金融机构反洗钱规定》明确赋予中国反洗钱监测分析中心"经中国人民银行批准，与境外有关机构交换信息、资料"的职责。

到目前为止，我国已先后与俄罗斯、法国、乌克兰、中国香港、中国澳门、韩国、格鲁吉亚、白俄罗斯、马来西亚、印尼、墨西哥、吉尔吉斯斯坦、泰国、蒙古、比利时和秘鲁等16个国家（地区）签署金融情报交流合作谅解备忘录（合作协议）。中国反洗钱监测分析中心在依法受理境外相关机构协查请求的同时，从2008年起已主动对外发出协查请求，拓展了监测分析的信息来源渠道。中心还积极探索与境外金融情报机构深入

---

① 参见《2008年中国反洗钱报告》，第57页。

开展合作与交流的其他有效形式。

反洗钱中心在中国加入 FATF 和 EAG 的过程中发挥了重要作用，在国际评估中得分很高。现在正在准备加入埃格蒙特集团。

我国反洗钱监测分析事业的发展得到中央领导同志的高度重视。2007年6月1日中共中央书记处书记、中央纪委副书记何勇同志视察了中国反洗钱监测分析中心。2009年3月23日，在中国反洗钱监测分析中心创建五周年前夕，中共中央政治局常委、中央纪委书记贺国强同志在中共中央书记处书记、中央纪委副书记何勇同志陪同下亲临中心视察，对中心创建五年来取得的成绩给予充分肯定。

（四）发展展望

按照国际标准和我国反洗钱战略，结合反洗钱中心的运行状况，按照《中国 2008—2012 年反洗钱战略》的要求，我国的金融情报机构在以下几个方面加强工作：

1. 加快分析系统的开发建设，增强技术手段，提高对大额与可疑交易信息的分析能力，征求最高人民法院、公安部、国家监察部、海关总署、税务总局等反洗钱部际联席会议成员单位的业务需求意见，以保证新系统的开发更好地满足国内反洗钱相关部门的需要，将金融情报机构的信息平台发展成为反洗钱体系的核心枢纽。

2. 加强涉恐资金监测，建立全国性预防恐怖融资网络。研究跟踪恐怖组织和恐怖分子的活动特点，提升对涉嫌恐怖融资可疑交易报告的监测分析水平，逐步形成符合中国国情的反恐怖融资监测指标和分析模型。加强对金融机构、非营利性组织有关跨境恐怖融资的监督检查，提高金融机构及全社会对反恐怖融资的认识，遏制和截断恐怖组织和恐怖分子的融资渠道。[①]

3. 积极推动反洗钱监测分析工作，加强反洗钱信息化建设，开展洗钱案例及相关分析模型的研究，提高金融情报数据智能化分析和挖掘水平，

---

① 《中国 2008—2012 年反洗钱战略》，第 10 页。

为实际办案提供有价值的数据支持。加强国家反洗钱数据库建设，完善与相关部门的信息共享机制，加强与公安身份信息、贸易进出口信息、税收征管信息、工商注册信息民政注册信息系统的联系，提高反洗钱情报信息的准确性和有效性。扩大和规范金融情报的使用。进一步完善有关反洗钱情报运用的法律制度，在法律框架或签署部门合作协定的基础上，扩大和规范金融情报的使用范围，规范对反洗钱信息的查询，形成合法有效、切实可行的信息查询、情报会商、反洗钱调查模式。[①]

4.继续推进开展国际交流合作工作。配合我国国际政治导向，结合国际反洗钱工作的实际需要，积极参与 FATF、EAG 中的工作，协助我国恢复在 APG 中的合法地位，积极加入埃格蒙特集团，尽快与美国、英国、日本、加拿大等重要国家或地区签署《反洗钱与反恐怖融资金融情报交流合作谅解备忘录》或类似协议。

---

① 《中国 2008—2012 年反洗钱战略》，第 13 页。

第七章

利用反洗钱和反逃税机制打击新型非法集资

据悉，自 2011 年 P2P 网贷平台上线以来，截至今年 3 月，国内累计成立的 P2P 理财平台达 3984 家，已有 1523 家公司倒闭或者跑路，其中涉及上百万人，超过千亿的资金，人均损失 10 万元。跑路、暴雷、被查、无法兑付、人去楼空等已经不仅是金融问题，如果不规范可能影响到社会的稳定。①

2015 年 7 月，经党中央、国务院同意，中国人民银行、工业和信息化部、公安部、财政部、国家工商总局、国务院法制办、中国银行业监督管理委员会、中国证券监督管理委员会、中国保险监督管理委员会、国家互联网信息办公室联合印发了《关于促进互联网金融健康发展的指导意见》（银发〔2015〕221 号，以下简称《指导意见》）；今年年初，各地纷纷叫停 P2P 新平台注册；2016 年 4 月，国务院开展互联网金融整治……关于互联网金融和新型金融犯罪等议题吸引了社会各界的广泛关注讨论。其中，新型非法集资犯罪问题因其自身的传染性、案件的多发性、巨大的社会危害性显得尤为突出。

本书列出互联网金融"庞氏骗局"＋金融传销；信用卡连环盗刷套现；以表面实体店掩饰非法资金池洗钱；零售业、直销行业的金融传销和非法集资；以代理投资黄金、白银等贵重金属或者期货的名义进行集资；利用香港的境外保险及其他理财产品品牌在内地进行传销和诈骗等六种非法集资的表现类型，归纳了这些犯罪手法的新特点，分析了这些新型非法集资活动对正常的社会经济秩序和国内金融稳定可能产生的影响，并针对如何防范非法集资产生的风险，提出了相应的对策建议。

第一节　新型非法集资类型

非法集资是指单位或者个人未依照法定程序经有关部门批准，以发行

---

① admin. 上百万人被卷入，中央终于出手［EB/OL］.http：//www.zhaoyingjielawyer.com/index. php？m=wap&siteid=1&a=show&catid=15&typeid=6&id=142&from=singlemessage&isappinstalled=0, 2016–04–21.

股票、债券、彩票、投资基金证券或者其他债权凭证的方式向社会公众筹集资金，并承诺在一定期限内以货币、实物以及其他方式向出资人还本付息或给予回报的行为。从以投资矿产能源、农、林、牧业等传统领域非法集资向投资理财、私募股权等新型领域转变，空间也从实体向网络逐步发展。① 我们将近期出现的新型非法集资犯罪概括为以下六种表现形式。

一、互联网金融"庞氏骗局" + 金融传销

近年来，互联网技术、信息通信技术不断取得突破，推动互联网与金融快速融合，促进了金融创新，提高了金融资源配置效率，传统金融机构与互联网企业利用互联网技术和信息通信技术实现资金融通、支付、投资和信息中介服务的新型的互联网金融业务模式。技术进步的同时也带来了一些问题和风险隐患，例如近期出现了多起互联网金融"庞氏骗局"和互联网金融传销等犯罪。

2014 年 2 月，钰诚集团收购了"钰诚系"下属的金易融（北京）网络科技有限公司，并对其运营的网络平台进行改造。2014 年 7 月，钰诚集团将改造后的平台命名为"e 租宝"，打着"网络金融"的旗号上线运营。他们不断向企业购买信息并填入准备好的合同或协议，制作虚假的项目在"e 租宝"平台上线，并且以更改企业注册金的方式对项目进行包装，提高投资人对项目的信心，降低投资人的戒备和疑虑。"e 租宝"长期通过广告宣传对其从事的融资租赁项目进行虚设，将出借资金存入自身的账户或打入关联账户中，最终达到对资金的自贷自用效果。通过假借 P2P 网络借贷平台进行非法集资，"e 租宝"在一年半的时间里成功吸引到 90.95 万实际投资人和 745.68 亿元人民币的交易量。② 其实，"e 租宝"就是在"空手套白狼"，用新的投资人的钱向老的投资人支付利息和短期回报，以制

① 包卫兵. 重拳打击非法集资［EB/OL］.http：//www.banyuetan.org/chcontent/zc/ms/2015430/133277.html，2015-05-01.

② 白阳陈寂."e 租宝"非法集资案真相调查［EB/OL］.http：//news.xinhuanet.com/fortune/2016-01/31/c_1117948306.htm，2016-01-31.

造赚钱的假象，骗取更多的投资，是一个彻头彻尾的庞氏骗局（所谓庞氏骗局指的是一种金融欺诈行为，根据美国证监会的定义，其将新加投资者的投资作为对现有投资者的投资回报，[①] 其核心就是并不存在真正的资金项目，且惯于利用后入方的资金偿付前入的收益）。

2016 年 4 月 4 日，上海市公安局经侦总队根据群众举报在浦东、黄浦、静安等地对涉嫌非法吸收公众存款和非法集资诈骗犯罪的国太控股（集团）有限公司、中晋股权投资基金管理（上海）有限公司、上海中晋一期股权投资基金有限公司等"中晋系"相关联的公司进行了查处，实际控制人徐勤等人在准备出境时被公安人员当场在机场截获，其余 20 余名核心组织成员在 4 月 5 日也被全部抓获。据悉，截至 2016 年 2 月 10 日，中晋合伙人投资总额已突破 340 亿元，及总人次超过 13 万，仅超过 60 岁以上的老年人投资中晋项目的就有 2 万人。自 2012 年 7 月起，以徐勤为实际控制人的"中晋系"公司先后在上海市及外省市投资注册 50 余家子公司，并控制 100 余家有限合伙企业，旗下分支机构租用遍布上海的黄浦、静安、陆家嘴高档写字楼物业，并雇用大量业务员，通过网上宣传、线下推广等方式，利用虚假业务、关联交易、虚增业绩等手段骗取投资人信任，以"中晋合伙人计划"的名义，变相承诺高额年化收益，向不特定公众大肆非法吸收资金。其表面发行的产品投资利率虽然不高，最高也就 10% 左右，但中晋资产通过给客户经理奖励、客户经理再返给投资人，实际使部分参与短期冲量的投资人资金年化收益率已破 20%。因资金链告急，中晋资产高管想通过"香股"弥补资金缺口，但所投公司沦为"仙股"导致股价大跌，加速了其资金链崩塌。[②] 中晋集团除了利用"庞氏骗局"进行金融欺诈行为外，还采取了类似传销的方式发展下线，形成多层级、广范围的非法集资犯罪网络，非法吸收了大量的资金。

央行发布的《指导意见》就是为了对应我国互联网金融迅速发展带来

---

① 徐晓东，众筹的法律风险与监管研究［D］．上海：上海交通大学，2014：6.

② 永沃财富．起底中晋：原来他们是这样骗走你手中的钱［EB/OL］．http：//yongwocaifu.haijia.baidu.com/article/397928，2016-04-16.

的上述问题和风险隐患，避免再次出现"e租宝"类互联网金融犯罪。《指导意见》中对此类网络借贷行为进行了明确的规范，指出"个体网络借贷要坚持平台功能，为投资方和融资方提供信息交互、撮合、资信评估等中介服务。个体网络借贷机构要明确信息中介性质，主要为借贷双方的直接借贷提供信息服务，不得提供增信服务，不得非法集资"①，并且确定网络借贷业务由银监会负责监管。这将会有效降低互联网金融"庞氏"骗局和集资诈骗的风险。

二、信用卡连环盗刷套现

据网络案例，有很多诈骗犯，以许诺高息为诱饵从持卡人手中骗取大量消费额度在50万元以上的大额信用卡，或者冒用他人身份申领信用卡。由于一线城市的消费水平和收入水平较高，大额信用卡持有人数较多，所以诈骗者经常选择在北上广深等大城市进行信用卡的诈骗活动。在骗取信用卡后，犯罪分子为了掩人耳目，往往需要到资金流动量较大的刷卡店利用POS机等工具进行套现，很多诈骗分子选择到中小城市的汽车4S店，集中几十张大额信用卡进行连环盗刷套现。他们的作案手法通常如下：先利用数十张大额信用卡进行第一批虚假消费，套现人民币约500万元；在这批套现的信用卡到期之前，再使用第二批大额信用卡套现500万元用以归还第一批信用卡的欠款……以此类推，套现所取出的人民币一般被他们用于自身高额消费和发放民间贷款或用于流通经营。

他们的这种犯罪行为具有很大的社会危害性，一旦某个环节出现问题，整个资金链就会断裂，首先这将直接导致原持卡人背负巨额信用卡债务，一旦原持卡人无法还款，还会给他们带来信用损失，降低其信用评级，影响他们以后从银行借贷。原持卡人甚至还有可能成为信用卡诈骗的共犯。

其次，发卡银行则必须承担相应的催收费用、恶意透支的诉讼费用，以及坏账损失的核销费用等。特别是当信用卡套现泛滥、大量的套现资金

---

① 人民银行等十部门发布《关于促进互联网金融健康发展的指导意见》［EB/OL］.http：//www.gov.cn/xinwen/2015–07/18/content_2899360.htm，2015–07–18.

累积到一定规模后，发卡银行将会背上巨大的风险包袱。而且，由于可以获得无风险的收益，信用卡盗刷套现活动的猖獗助长了不法经营之风，可能诱使更多特约商户从事信用卡套现业务，进一步对社会信用环境造成破坏。①

另外，这种犯罪行为也扰乱了正常的金融秩序，变相增加了信贷投放，可能会削弱宏观调控的效果，给金融安全带来威胁。诈骗犯利用虚拟的刷卡消费套现，将取得的款项用于经营活动或其他用途，这会导致全社会信贷投放变相增加，造成消费信贷转变为生产流通经营信贷、短期信贷资金长期化使用、资金流动性进一步增加的局面。这部分资金游离了银行正常的信贷管理渠道，相关部门难以对套现资金进行有效的鉴别与跟踪，宏观调控的效果也会被削弱。②

三、以表面实体店掩饰非法资金池洗钱

从 2012 年开始，全国出现大量非法经营的担保公司、小额贷款公司、资金中介公司、理财公司和投资公司，它们虽然名目繁多，但实质上都是从事非法集资活动。经过地方金融机构和公安机关的联合治理和宣传教育，普通投资人的防范意识不断增强，单纯地利用非法经营行为进行非法集资的方式已经不能有效地吸收公众存款，狡猾的犯罪分子于是开始尝试给非法集资套上"马甲"，比如近年来就出现了利用实体店躯壳当"马甲"来迷惑投资者的犯罪行为。犯罪分子利用资金雄厚、营业状况良好的实体经济项目（例如正常运营销售的汽车 4S 店、装修豪华的工程投资公司、大型超市和农业投资公司等）做伪装，吸引投资者进行投资。犯罪分子在前期会定期给投资者分红，使投资者误以为前期的投资在实体店经营过程中产生了利润，从而吸引大量后续资金。但犯罪分子事实上是把资金全部投入自己能全权处置的资金账户中，进行非法洗钱的活动。

---

① 信用卡套现：违法生意为什么红火？［EB/OL］.http：//news.163.com/14/0325/12/9O6DJJLU000
14Q4P.html，2014-03-25.

② 大额信用卡套现为何屡禁不止［EB/OL］.http：//credit.cngold.org/huati/c2476626.html.

2014 年 8 月，河南省焦作市爆出涉案金额高达 20 多亿元的廉金枝集资诈骗案。从 2007 年在河南焦作成立一家咨询公司开始，廉金枝构筑起一个"中宏昌盛系"：在中国拥有 17 家控股公司，旗下拥有 40 多家公司或子公司，参股 3 家典当行、合作银行，仅在 2013 年就新设立公司 20 多家。中宏昌盛虽然看似涵盖资产管理、融资服务、旅游文化、农业合作社等诸多领域，但是这些全都是"套路"，是廉金枝给非法集资业务套上的一层"马甲"①。其业务模型核心是拉存款并放贷给企业——纯正的"民间银行"业务：一方面高息放贷给中小企业等，放贷利息不低于 3 分；另一方面则是不断吸资。前期以按时还款甚至提前还款获得口碑，以此获得的信任变现为更多的资金投入。强大的商业外表，外加隐蔽的集资手段，使非法集资的雪球越滚越大，最终导致资金链断裂。②

此类集资诈骗行为因其拥有实体经营店，资金流动量大，表面上具有巨大的欺骗性，是一种变形后的"庞氏骗局"。投资者一旦上当，其资金就会流入组织者的资金池，使组织者短期暴富，投资者财富快速蒸发。其隐蔽性和突发性，很可能导致地方经济的不稳定，带来严重的金融风险。同时政府也需要对此开展非常困难的善后工作。

四、零售业、直销行业的金融传销和非法集资

近年来，直销行业越来越频繁地出现在我们的日常生活中。直销是指直销企业招募直销员以面对面且非定点的方式，直接绕过传统批发商或零售通路向最终消费者推销产品的经销方式。③直销行业是零售行业的一个分支，合法的直销需要符合《直销管理条例》（国务院令第 443 号）的规定，

---

① 这 9 种非法集资骗局你要当心［EB/OL］.http：//mp.weixin.qq.com/s？__biz=MjM5MjE5ODU0MA==&mid=207485213&idx=1&sn=f1cd430dfd8ebc92321ba89189fb8669&scene=7，2015-09-20.

② 刘永.民间担保之忧：难以监管的"越位"［EB/OL］.http：//mp.weixin.qq.com/s？__biz=MzA4MjE2NDEwMw==&mid=203263988&idx=2&sn=342d50fde71f12d386643b440c288eba&scene=7#wechat_redirect，2015.01.26.

③ http：//baike.baidu.com/link？url=x0gckEoYk9ns2CAmCA7kR9hV8A4gB_3Kh3nYcy2DCnNom5Sl Hp3tSRN_RwKtF6k6uJTW1S5uDldO8Kkt3gii5a.

例如现在的安利公司。但许多犯罪分子为牟取不正当利益，打着直销的口号行传销之实，实际上就是在打法律的擦边球。尤其是在国家大力推广倡导"互联网+"的概念和互联网创业以后①，许多犯罪分子便利用媒体资源和网络平台，打着"互联网+"创业的旗号，创立非法经营的公司并大肆宣传。他们模仿安利的营销模式，以推销商品、提供服务等经营活动为名，要求参加者以缴纳会费或者购买商品、服务等方式获得加入资格，并按照一定顺序组成层级，如经理、高级经理、部门主管等职位，缴纳的入会费越高则在利益层级中获得的职位也越高。他们经营的产品多种多样，小到零食、化妆品、牙膏牙刷、海外保健品等日常消费品，大到家用空调、饮水机、电冰箱等家用电器，品目繁多。并且他们还建立有自己的网站，编造"政府支持"等谎言吸引更多人投资。他们直接或者间接以发展人员的数量作为计酬或者返利依据，以此引诱、胁迫参加者继续发展他人参加②，老会员拉新会员入会，虽然有人拿到提成，但大部分资金最终都会流入非法集资者的资金池，等到募集大量资金，集资者就会抽逃跑路，造成投资者实质损失，这就是金融传销的骗局。

金融传销是一种新型的传销模式，由传统的以产品传销模式为主，向以"资本运作"诈骗方式为主进行转变。金融传销组织性、专业性、技术性更强，有的打着当地经济开发的幌子，以政府支持为借口；有的营造新的投资模式，讲述新的商业概念；有的利用互联网，在虚拟网络中实现传销欺诈。他们以编造"特许加盟经营""自愿连锁经营""网络资本运作""市场营销""连锁销售""纯资本运作""民间互助理财""人际网络""原始股基金"等名义进行诈骗，营造出的商业氛围，足以蒙蔽一般投资者的

---

① 2014 年 11 月，李克强总理出席首届世界互联网大会时指出，互联网是大众创业、万众创新的新工具。

2015 年 3 月 5 日上午十二届全国人大三次会议上，李克强总理在政府工作报告中首次提出"互联网+"行动计划。

2015 年 7 月 4 日，经李克强总理签批，国务院印发《关于积极推进"互联网+"行动的指导意见》。

② http://zhidao.baidu.com/link？url=pJX7XEDqNKvSQo5PGqZ3rc43oSkbCp3PPXHCEAJk0z0cf Yead XEYYwBnnTUe89F8sCBB3mOGsAhGwniPvdPL6q.

双眼。[①]利用金融传销手段进行非法集资，不光会使投资者遭受损失，还会极大地扰乱我国的经济秩序和社会秩序。

五、以代理投资黄金、白银等贵重金属或者期货的名义进行集资

2015 年股市连续出现异常波动，有人称之为股灾，同时人民币也出现大规模贬值，造成许多投资者出现恐慌心理。于是有一些非法集资者利用投资者的恐慌心理和信息不对称等弱势，向投资者散布如下信息：人民币贬值，股市动荡，实体经济也不景气，不如将投资款用于购买黄金白银期货等保值产品。他们制作假账、假合同、设置虚假的贵金属交易平台，向投资者证明他们的公司是和上海黄金期货交易所有关联的代理投资公司。事实上这些犯罪分子所成立的公司很多都是只有黄金投资咨询资格，没有实体经营，也并非金融机构，更不可能经央行批准成为贵金属投资代理公司。他们以投资贵金属为名，骗取被害人投资款进行集资诈骗。为了使投资者上钩，他们承诺代理黄金投资、理财年收益 8%~30% 的高额利息；有的白银交易平台声称提供高达 50 倍的杠杆……以巨大的利益诱惑心智不坚定的投资人。同时通过内部员工派发传单、电话约谈及媒体宣传等方式，吹捧黄金的升值潜力、市场投资前景及公司实力，极力诱骗客户与公司签订相关协议书，开展代理黄金投资、理财和投资入股等业务。他们采取多种形式向社会非法吸收存款，刚开始会给予一定回报，支付投资者高息、业务人员业绩提成、各店面统一装修等，到后期集资者资金池中骗取的资金到达一定数目，他们就会关门跑路。[②]他们的行为会给投资者造成巨大的财产损失，造成社会威胁，同时还会扰乱贵金属交易市场，影响金融稳定。

---

① 财米网编辑 . 五大金融传销现形记［EB/OL］.http：//www.icaimi.cn/2013/08/%E4%BA%94%E5%A4%A7%E9%87%91%E8%9E%8D%E4%BC%A0%E9%94%80%E7%8E%B0%E5%BD%A2%E8%AE%B0/，2013-08-15.

② 金升银市 . 广州大块金公司非法代理黄金白银投资骗 987 人吸金 1.47 亿［EB/OL］.http：//blog.sina.com.cn/s/blog_aee66342010159js.html，2012-12-21.

六、利用香港的境外保险及其他理财产品品牌在内地进行传销和诈骗

截至 2015 年 12 月 31 日，香港保险市场共有 157 家获授权保险公司和 2493 家保险经纪公司（香港俗称 Broker），主要以英国保诚集团（香港分公司）（Prudential）、友邦保险（AIA）、法国安盛保险（AXA）、加拿大宏利保险（Manulife）、英国英杰华集团（AVIVA）、富卫保险（FWD）、美国万通（Mass Mutual）、大都会人寿（Met Life）、英国友诚（Friends Provident）、全美人寿（Transamerica）等企业为首。这些境外保险公司将香港保险市场瓜分完全后开始把眼光投向中国内地。为了吸引内地投资人的资金，钻内地保险市场的空子，他们推出了主要是储蓄功能、回报率达 3%~7% 的高收益理财型保险，也叫作"万能保险"。根据中国人民银行和中国外汇管理局的规定，内地居民购买香港境外保险公司的"万能保险"是违法的。这些保险公司便放弃广告宣传，派出美女业务员到内地进行宣传，他们采用和前述骗局相似的方式，通过朋友圈口口相传，告诉内地投资人保险公司在金融机构里的信用度仅次于银行，以低风险、高利润为诱饵吸引投资，业务谈下后，他们会将内地投资者骗到香港境内签署保单。2015 年内地还允许资金电汇香港，所以投资者大多采取这种方式，但现在当局已经不允许这种电汇的方式，于是保险公司便帮助投资人利用大额信用卡的境外套现、现金走私、借用其他公民外汇限额（5 万美金）、地下钱庄等方式购买香港的保险和其他理财产品。

与存款不同，保险公司的回报率不都是可以保证的，保险资金大部分用于股票、PE、债券等的投资，高回报也只是从统计意义上"有可能"提供更高的回报，而保险合同上的各种条款，保证了保险公司在自身投资回报不达标的情况，可以调低给客户的回报。大部分客户在购买产品时并没有注意到这个细节，所以就导致风险存在。[1] 而且香港保险遵循属地原则，

---

① X 教授. 香港大额保险的前世今生［EB/OL］.http：//mp.weixin.qq.com/s？__biz=MzA3MDU 2NzI5OQ==&mid=403044650&idx=1&sn=1aab421ddcbfc36c210fc1c926cf362c&scene=23&srcid=0420d HyuaiaAQo qolNQ76MA8#rd，2016–03–15.

内地客户签下的"地下保单"，一方面难以得到香港法律的保护，另一方面又违反内地法律，这就导致投资人在纠纷发生时难以维权投诉无门，具有很大的法律风险。

2005 年，中国内地居民前往香港购买保险，仅有 18 万份，保额仅到 366 亿港元，内地保费占香港保险的 2%，到了 2014 年，中国内地居民前往香港购买保险有 244 万份，保额 1136 亿港元，内地保费占香港保险的 21.4%，无论是数量、保费，还是规模，都实现了飞跃式的 10 倍增长。[①]据口头供述，2015 年一年到达境外的保险类理财资金高达 270 亿元人民币，而且现在这种方式还大量存在，由于推销人员在一线城市的市场已经不大，他们便开始向二线、三线、四线城市进行扩张。境外金融集团通过这种披着保险"马甲"的集资方式，利用地下钱庄、洗钱等犯罪手段，将内地财富向香港和境外不断转移，资本外流的趋势愈发明显，央行的货币政策不能发生有效的传导机制，给内地经济稳定和金融安全带来了巨大的威胁。

第二节　新型非法集资的特点

一、从诈骗个人储蓄现金演变到骗取金融机构的资金

据央视网报道，近年我国受理的非法集资、非法诈骗案件中，大多数受害者是老年人。犯罪分子针对老年人辨识能力较弱等特点，骗取老年人的信任，并以高额回报为诱饵，骗取老年人的闲散资金。[②]更有些犯罪分子通过诈骗手段，利用投资人或实体经营的"马甲"骗取银行贷款，将金

---

① 佳爷 . 香港保险全揭秘［EB/OL］.http：//mp.weixin.qq.com/s？__biz=MzIwNDEyMTA2Ng==&mid=2650156934&idx=1&sn=73542e19773b3b53480d11d005983ca8&scene=23&srcid=0420ig7oZg9X8hQh5wPE 3LLl#rd，2016-04-15.

② 掌上耒阳 .【关注】高额回报做饵四成非法集资案专门骗老年人［EB/OL］.http：//mp.weixin.qq.com/s__biz=MzA4NzcxMjgxNg==&mid=2650374907&idx=2&sn=3ab8cd3f5a4d9bf081133d7cef08ba4a&s cene=23&srcid=0420gLJsdqdOF5Zz7lcV4PQP#rd，2016-04-10.

融机构的资金转移到他们集资诈骗的资金池。这不光侵犯了普通百姓的财产权，犯罪分子使用各种手段骗取金融机构资金的行为，还会直接影响银行的资金安全性，这可能会导致央行货币政策的传导机制发生扭曲，给国家金融稳定带来巨大风险。

二、由境内发展到境外

随着非法集资诈骗的犯罪种类越来越多，其犯罪行为已经不止局限于中国内地。比如在前述"e租宝"案和中晋集团集资诈骗案中，犯罪分子把骗取的资金放入非法集资资金池中，并且以洗钱的方式将大量资金转移到境外；又如多起在港非法投保案中，境外保险公司不光利用大额保单使境内资产外流，而且还同时引发了大额信用卡的境外套现、现金走私、地下钱庄、洗钱等经济犯罪。这类犯罪行为在境外的集资诈骗行为触犯了我国《刑法》、扰乱了我国的社会主义经济秩序、侵害了我国公民的财产安全，具有严重的社会危害性。同时大量境内资金外流会造成中国境内的整体财富损失，并且对于人民银行的货币政策、汇率政策及其传导机制有扭曲危害，影响国家宏观调控，会极大地扰乱金融稳定。

三、"马甲"花样翻新

随着普通民众对非法集资了解增多，防范意识不断加强，公安机关和地方金融机构也在不断对非法集资进行打击。犯罪分子开始不断翻新花样，利用各种"马甲"进行伪装，迷惑投资者。例如前述案例中，假借P2P名义进行非法集资，利用表面实体店作为"马甲"进行集资诈骗，以直销名义行金融传销之实的集资诈骗，用贵金属期货投资骗取投资人存款等。犯罪分子不断翻新"马甲"花样、技术性和专业性不断增强，加大了非法集资的表面欺骗性，使投资者防不胜防，不断掉入骗局。

四、"互联网＋犯罪"

国家近两年大力推广"互联网＋"政策，鼓励互联网金融平台、产品和服务创新，支持各类金融机构与互联网企业开展合作，很多地方政府和主流媒体都在对此进行宣传热炒。一些狡猾的犯罪分子从中看到犯罪契机，给非法集资套上"马甲"，欺骗消费者。他们利用普通民众对于人民币汇率下跌的心理恐慌和信息的不对称等弱势，假借"互联网＋"名义，打着国家支持的旗号，利用P2P等网络平台和工具，诱骗投资者并吸收他们的闲散资金和存款。由于成本低、隐蔽性强、可以迅速暴富等特点，这类集资诈骗犯罪迅速扩张，犯罪类型不断翻新，数量都在急速增加，社会影响极其恶劣，并且会使巨额民间资本流向不明，诱发金融风险。如果不严加监管，"互联网＋传统经济"的金融模式就有可能变成"互联网＋犯罪"的新型犯罪模式。

第三节　对金融稳定的影响

一、对金融稳定的整体影响

如上文所述的几类新型非法集资，犯罪分子套取银行资金，骗取外汇额度同时又进行跨境洗钱，其犯罪过程通常是几种犯罪行为交织，并且最终会导致资本外逃。这对国家金融监管、外汇监管和资金跨境流动的监管有巨大的威胁；大量套取银行资金会影响银行的坏账率，进而引起银行局部的系统性风险；最为关键的是，资金的跨境流动，对人民币的非正常波动也起到了推波助澜的作用，会严重损害中国外汇储备及汇率体系。

二、对于实体经济的影响

在集资诈骗的过程中，本来可以应用到实体经济的大量民间资本被不法分子卷跑，引起实体经济的缺席；同时由于许多集资诈骗披着实体经济的"马甲"，商业银行被骗取资金后往往会对相关的实体经济行业采取更为严苛的贷款标准以防再次受骗，这就导致实体经济不光难以获得民间资本，更难申请到银行贷款，造成实体经济的空心化，非常不利于地方经济发展。

三、对股市的影响

一方面，由于股市连续出现异常波动，很多股民产生了恐慌心理，集资诈骗者很容易以高息诱惑股民从股市抽走资金投入非法集资，大量资金从股市流走会扰乱股市的良性发展；另一方面，一些非法集资的公司涉案金额动辄上百亿，他们吸收的资金有一部分会投入股市，引发股市出现大规模资金注入，如果案发警方追查必然累及股市，如果出现危机犯罪分子则会不顾一切抛股兑现，不论哪种情况都会导致股市的大动荡。[1] 这也会影响证监会交易政策的制定以及对股市的监管。

四、对黄金白银期货市场的影响

非法集资者将投资者的资金骗走，间接使得投资者减少对贵金属的投资，会导致黄金白银期货市场资金流动量减少，影响有关部门的监管；同时，还有些利用"炒黄金""炒白银"等手段进行集资诈骗的犯罪分子，他们设置虚假的贵金属交易平台，制作假账、假合同，制作虚假交易，骗取投资人钱款，扰乱黄金、白银期货市场的正常秩序，影响经济稳定。

五、对汇率及人民币资金跨境流动的影响

我们知道非法集资会引发民间资本游离有关部门正常监管、金融机构资金被大量套取、大量境内资本外逃、人民币洗钱等问题，这些问题的产生会导致货币供需、资金流动、信贷结构等方面的金融信息失真，从而影响国家金融货币政策的制定。境内资本的不规则流动会对国内货币供应量产生直接影响和继发性影响，从而可能加大本国和国际金融市场波动的振幅，进而加大货币政策执行的难度；资本输出还可能影响本国的货币传导机制，减少实际流通中的货币供应量，影响国家货币政策的制定和执行，

---

[1] 非法集资导致股市震荡［EB/OL］.http://sc.stock.cnfol.com/shichangceping/20160409/22543059.shtml，2016-04-09.

削弱国家宏观调控效果。[①]

六、对征信系统和社会信用体系的影响

在前文中我们提到有些犯罪分子通过各种手段从银行骗取资金，导致银行的不良贷款增多，银行的信用风险加大；而且部分投资人在银行的个人信誉受到影响，不良的贷款记录可能导致他们无法再进行银行贷款；那些利用实体经济骗取银行贷款的诈骗行为，则会使银行对企业产生不信任，提高放贷标准。个人信用受损、企业贷款减少、银行信用风险增加，长此以往，可能会对整个社会信用体系产生巨大危害。

第四节　对策建议

一、积极采用刑事法律手段进行打击

集资诈骗犯在犯罪行为被揭发后，非但不低调做人，反而摇身变成地方"老赖"，声称"要钱没有，要命一条""谁来找我要钱我就咬谁""要是抓我就一分钱也别想拿"他们称自己"欠钱的才是大爷"。很多地方政府为了保护本地受害者的财产安全，便和"老赖"谈判，对他们减轻处罚，允许他们进行一定的社会活动，但要尽可能地弥补受害者的财产损失，但这种做法并没有实质性的作用，只会让"老赖"钻法律的空子。地方对"老赖"的打击不力，造成他们越来越猖狂，有的"老赖"甚至有恃无恐地对抗执法机关和司法机关的强制措施，在少数案件中居然出现了"老赖"又给别人挖坑下套的情况。比如有的地方案例显示，有的"老赖"还不了钱，就告诉某些有一定社会资源的受害者"如果你能帮我贷笔款，我就用贷款的钱还你的钱"，有时这些受害者会进一步地上当受骗，又给"老赖"带

---

① 杨波.跨境人民币资金流动对宏观经济的影响：渠道、机理及其检验［J］.金融监管研究，2014，06：57—70.

来了钱，但这些"老赖"非但不还钱，反而举报债权人帮自己贷款骗取银行资金。

之所以出现这种令人匪夷所思的案例，是由于现在非法集资者的违法成本太低，必须利用严刑峻法，打击他们的嚣张气焰。各审判机关要严厉惩处各类从事诈骗犯罪活动和违法经营活动，尤其是涉及受害人数多、涉案数额巨大的非法集资活动，最大限度地减少诱发和滋生各类涉众型经济犯罪因素。要注重提升打击新型涉众型经济犯罪的水平，不断适应惩治涉众型经济犯罪工作的需要，加强对投资者法律权益的司法保护，及时做好受害群众的安抚工作和维稳工作，积极为受害群众维护自身权益提供便利，依法保障其合法正当诉求。审判机关要定期分析研究此类犯罪的特点和规律，除了要收集犯罪嫌疑人罪有罪无的证据，还要做好是否挥霍与转移赃款、是否逃匿、是否将募集资金用于与经营活动无关的开支等方面证据收集工作。人民法院在审理非法吸收公众存款和集资诈骗犯罪案件时，要坚持惩办与教育相结合，严格贯彻宽严相济刑事政策，依法准确定罪量刑，突出刑罚的经济制裁功能，剥夺犯罪分子的再犯能力。①

二、加强监管和打击

公检法部门、中央金融监管部门、"一行三会"（中国人民银行、中国银行业监督管理委员会、中国证券监督管理委员会和中国保险监督管理委员会）、互联网金融行业协会、地方政府金融办、工商、税务等各部门要依照"依法监管、适度监管、分类监管、协同监管、创新监管"的原则，遵循"鼓励创新、防范风险、趋利避害、健康发展"的总体要求，加大市场监管和打击力度，从企业的注册、征税、资金流动等环节全面监督，更要加强对小额贷款担保公司等社会资本市场及中介机构的管理，整顿金融秩序、净化资本市场、防范金融风险。

---

① 浅议当前非法集资案件高发的原因和法律对策［EB/OL］.http：//mp.weixin.qq.com/s？__biz=MzA3OTE5NDEwNA==&mid=201266749&idx=5&sn=d3f640d02b6f2d503a0e2de816d59dc3&scene=23&srcid=04 22nbnagds3lhKVos8y3GPj#rd，2014-12-05.

就现阶段而言，对于非法集资行为处置的部门较多，涉及农业、林业、水利、证券和保险等众多领域，长期以来并未形成完善而统一的非法集资体制，因此，在进行非法集资的监管工作过程中，需要对相关的行政资源进行优化整合，在进行非法集资的监管工作时，需要通过各个行业领域的多方配合，实现非法集资行为的综合性治理。

就如《指导意见》中所要求的：中国互联网金融协会要按业务类型，制定经营管理规则和行业标准，明确自律惩戒机制，提高行业规则和标准的约束力；强化守法、诚信、自律意识，树立从业机构服务经济社会发展的正面形象，营造诚信规范发展的良好氛围。人民银行与各有关部门一道，加强组织领导和分工协作，抓紧制定配套监管规则，确保各项政策措施落实到位。工商行政管理部门要支持互联网企业依法办理工商注册登记。电信主管部门、国家互联网信息管理部门要积极支持互联网金融业务，电信主管部门对互联网金融业务涉及的电信业务进行监管，国家互联网信息管理部门负责对金融信息服务、互联网信息内容等业务进行监管。人民银行会同有关部门，负责建立和完善互联网金融数据统计监测体系，相关部门按照监管职责分工负责相关互联网金融数据统计和监测工作，并实现统计数据和信息共享。各监管部门要相互协作、形成合力，充分发挥金融监管协调部际联席会议制度的作用。人民银行、银监会、证监会、保监会应当密切关注互联网金融业务发展及相关风险，对监管政策进行跟踪评估，适时提出调整建议，不断总结监管经验。财政部负责互联网金融从业机构财务监管政策。

三、完善立法

在互联网经济快速发展的背景下，由此滋生的经济犯罪形式不断衍化，而互联网金融行业协会才刚成立，各方面的规范和立法都不完善，立法、司法和行政部门要加强对实践发展的关注，加强法律和行政法规的有效衔接，积极行动，协作配合，从经济发展和经济犯罪侦防的实际需求出发，健全完善相关法律体系，做到细化立法和前瞻立法，从立法层面提高打击非法集资犯罪的效能。制定有关刑事财产部分执行的规范性法律文件和相应的案件定性量刑标准，着力将未履行信息披露的集资行为进行入罪化处理，弥补相关的法律缺位。

四、加强金融消费者权利保护教育

非法集资案件高发的主要原因就是我国群众重储蓄轻消费，但群众手中的资金没有很好的保值增值渠道，银行利息太低还赶不上物价上涨水平，中国资本市场不健全，中小投资者往往血本无归。加之中小企业融资困难，许多群众愿意将自有资金投入中小企业，可以收到很好的回报，也有利于企业的发展，对地方经济贡献也很大。但是部分违法犯罪分子正是利用地方政府、中小企业和群众风险防控意识薄弱，导致集资诈骗和非法集资案件频发，"多米诺骨牌"效应发生。

人民银行金融消费者权利保护局和地方金融机构要努力健全金融消费权益保护工作体系，不断完善金融消费权益保护工作体制机制，健全金融消费者咨询投诉受理处理机制，加强法治宣传，弘扬诚信文化。实践中，既要向群众广泛宣传国家金融政策，又要宣传非法集资的危害性，让广大群众了解认识市场经济规则。同时还要向群众宣传弘扬诚信守法经营，铲除非法集资生存的土壤。地方上也要大力发展经济，拓宽民众投资渠道，加大源头防范力度。

第八章

证券犯罪及其衍生犯罪、洗钱与逃税问题研究

第一节　2015 年"股灾"基本情况

2014 —2015 年，中国股市先扬后抑，一分为二：前一阶段大涨，2014 年 7 月开始，中国股市出现了一轮快速上涨行情，11 月 24 日到 12 月 31 日，短短 28 个交易日，上证综指上涨 30.07%。经过两个月的调整，改革红利、"互联网 +"的预期经过部分媒体不断放大，推动大量资金涌入继续推高股指，预期获得"自我实现"，又带动更多资金跟进，"一致性"的牛市预期持续强化。2015 年 3 月 13 日至 6 月 12 日，股指再次急速上攻，上证综指、中小板指数、创业板指数分别上涨 54%、75%、93%，除银行、石油石化企业以外的上市公司平均市盈率 51 倍，创业板 142 倍，价格大幅偏离价值中枢。无论从上涨速度、幅度还是交易量、换手率、市盈率上看，市场显然出现了极其严重的泡沫，危机已在眼前，崩盘随时出现。后一阶段，股市出现显著回调，特别是在第三季度，市场突然掉头向下。从 2015 年 6 月开始，A 股进入三个月暴跌期，上证综指短短两个月就从 5178 点跌到了 2850 点，跌幅达 44.9%。2015 年 6 月 15 日至 7 月 8 日的 17 个交易日，上证综指下跌 32%。大量获利盘回吐，各类杠杆资金加速离场，公募基金遭遇巨额赎回，期现货市场交互下跌，市场频现千股跌停、千股停牌，流动性几近枯竭，股市运行的危急状况实属罕见。

从 2015 年 6 月起，证券监管部门雷厉风行地采取"紧两融、清配资、限期指"去杠杆措施，并在短短三个月内全部完成。从场外配资到融资融券再到伞形信托，诸多融资账户爆仓、私募产品清盘，证券市场风声鹤唳，投资者的信心严重受挫。

而进入 2016 年开年至今，熔断机制从 2016 年 1 月 1 日起正式实施，到 1 月 8 日起暂停，股市共经历四次熔断，频频下跌，1 月 26 日沪指重挫逾 6% 连续击穿 2900 点与 2800 点，创 13 月新低。截至收盘，沪指跌 6.42% 报 2749.79 点，深成指跌 6.96% 报 9483.55 点。盘面上，各版块全线下挫。

交通、券商、船舶、机械等板块跌逾 8%，领跌两市。两市逾 2500 股下挫，逾千股跌停，不足百股上涨。

第二节　股灾发生后有关机关调查情况

股市的非正常波动引起中央高度重视，公安部、中纪委先后派员对本次股灾背后的所涉及的违法犯罪情况进行调查。2015 年 7 月 9 日，公安部副部长孟庆丰带队至证监会，摸排恶意卖空股票与股指的线索，会同监管部门追查可能涉及的刑事犯罪。2015 年 10 月 31 日，中央第七巡视组组长刘卒带队进驻证监会，正式对证监会开展巡视工作。截至目前，累计有 20 余名证券业高管、官员被调查（失联），具体情况如下。

（一）证监会官员被调查情况

2015 年 6 月 20 日，证监会发行监管部处长李某 1 因配偶违规买卖股票，受到行政开除处分。同时，因其涉嫌职务犯罪，李某 1 被移送司法机关。2015 年 8 月 7 日，中国证监会投资者保护局原局长李某 2 因违反廉洁自律规定，收受礼金；利用职务上的便利为他人牟取利益，收受贿赂，被开除党籍、开除公职，其涉嫌犯罪问题已移送司法机关处理。2015 年 8 月 30 日，证监会发行处三处处长刘某因涉嫌内幕交易、伪造公文印章、受贿等犯罪，被依法采取刑事等强制措施。2015 年 9 月 16 日，中国证监会主席助理张某涉嫌严重违纪，被组织调查；2015 年 11 月 13 日，中国证券监督管理委员会党委委员、副主席姚某涉嫌严重违纪，接受组织调查。2015 年 12 月，国务院免去姚某的中国证券监督管理委员会副主席职务。

（二）证券业高管被调查情况

2015 年 8 月 25 日，中信证券徐某等 8 人涉嫌违法从事证券交易活动，被公安机关带走要求协助调查；2015 年 9 月 16 日，中信证券总经理程某、运营管理部负责人于某、信息技术中心副经理汪某等人因涉嫌内幕交易、泄露内幕信息被公安机关依法要求接受调查。2015 年 10 月 23 日中信金石总经理祁某被要求协助调查。2015年11月1日，泽熙投资公司法人徐某涉嫌以非法手段获取股市内幕信息，从事内幕交易、操纵股票交易价格，被警方控制。

另外，原国泰君安国际董事会主席、执行董事及行政总裁阎某协助调查，民族证券前董事长赵某"失联"。[①]

第三节　股灾中所涉证券犯罪分析

从上述情况，不难看出，本次股灾发展过程中，各类扰乱正常证券市场秩序的行为频发。而本次股灾影响之深，危害之大，证券行为主体的违法犯罪行为也确实起到了推波助澜的作用，但这些证券犯罪活动为我国《刑法》所明令禁止。现以本次股灾为切入点，对股灾过程中发生的证券犯罪进行发掘，并对我国证券犯罪的相关规定予以梳理。

（一）证券犯罪概述

关于证券类犯罪，主要是指证券市场主体实行有关证券行为时所触犯的《刑法》所规定的罪名，既包括《刑法》分则第三章破坏社会主义市场经济秩序罪中的部分罪名，又包括第八章、第九章渎职犯罪中的部分罪名。主要罪名有：第一百七十八条，伪造、变造国家有价证券罪，伪造、变造股票、公司、企业债券罪；第一百七十九条，擅自发行股票、公司、企业债券罪；第一百八十条，内幕交易、泄露内幕信息罪，利用未公开信息交易罪；第一百八十一条，编造并传播证券、期货交易虚假信息罪，诱骗投资者买卖证券、期货合约罪；第一百八十二条，操纵证券、期货市场罪等罪名。

除《刑法》及《刑法修正案》所列罪名外，有关证券类犯罪的相关法律规定还有，《证券法》《证券投资基金法》《上市公司信息披露管理办法》《证券公司监督管理条例》《中华人民共和国证券投资基金法》《最高法

院关于当前商事审判工作中的若干具体问题》《最高人民法院、最高人民检察院关于办理内幕交易、泄露内幕信息刑事案件具体应用法律若干问题的解释》《最高人民法院、最高人民检察院、公安部、中国证监会关于办理证券期货违法犯罪案件工作若干问题的意见》等。

（二）证券犯罪分类

根据不同的划分标准，证券犯罪也分为不同的类型。根据犯罪主体的不同，证券类犯罪可分为：证券监管者实施的犯罪，如滥用管理公司、证券职权罪；证券发行人实施的犯罪，如欺诈发行股票、债券罪；证券交易者实施的犯罪，如内幕交易罪、操纵证券、期货市场罪；证券中介组织实施的犯罪，如提供虚假证明文件罪。① 根据犯罪对象的不同，证券类犯罪可分为股票类犯罪、公司债券类犯罪、其他债券类犯罪。按照证券市场阶段进行分类，又可以分为证券发行阶段犯罪、证券交易市场犯罪。现按照证券市场的不同阶段，所涉及的犯罪主要可梳理为：

1. 证券发行阶段的典型犯罪

证券发行指证券发行主体，包括金融机构、工商企业等，经监管机关批准，以募集资金为目的向投资者出售代表一定权利的有价证券的活动。它分为公开发行和非公开发行两种类型。在证券发行阶段，涉及的犯罪可以分为发行主体不适格、监管行为不适格、发行行为不适格三种类型。具体到我国《刑法》规定而言，发行主体不适格所涉及犯罪主要为《刑法》第一百七十九条，擅自发行股票、公司、企业债券罪；监管不适格所涉及犯罪主要为《刑法》第四百零三条，滥用管理公司、证券职权罪；发行行为不适格所涉及犯罪主要为《刑法》第一百六十条，欺诈发行股票、债券罪、第一百七十八条，伪造、变造国家有价证券罪和伪造、变造股票、公司、企业债券罪。

2. 证券交易阶段的典型犯罪

证券交易指证券持有人按照市场规则，将持有的证券转让给其他投资

---

① 张爱莉. 试论证券犯罪的种类与特征" [D]. 山东大学硕士论文，19.

者的行为。在证券交易阶段，涉及犯罪可以分为交易主体不适格、交易行为不适格两种类型犯罪。主体不适格所涉及的犯罪主要规定于《刑法》第二百二十五条（非法经营罪）第三款"未经国家有关主管部门批准非法经营证券、期货、保险业务的"。而根据交易行为所指向的对象的不同，交易行为不适格类犯罪又可以分为信息类犯罪、资金类犯罪、市场类犯罪三种类型。其中，信息类犯罪主要规定于《刑法》第一百八十条（内幕交易、泄露内幕信息罪；利用未公开信息交易罪）、第一百八十一条（编造并传播证券、期货交易虚假信息罪；诱骗投资者买卖证券、期货合约罪），资金类犯罪主要规定于《刑法》第一百八十五条（挪用资金罪、挪用公款罪，背信运用受托财产罪，违法运用资金罪）、第一百八十七条（吸收客户资金不入账罪），市场类犯罪主要规定于《刑法》第一百八十二条（操纵证券、期货市场罪）。

3. 证券发行、交易阶段均可涉及的犯罪

除了证券发行、证券交易阶段典型犯罪之外，还有部分犯罪在证券发行和交易阶段均可能涉及，例如：洗钱罪。《刑法》第一百九十一条将洗钱罪规定为"明知是毒品犯罪、黑社会性质的组织犯罪、恐怖活动犯罪、走私犯罪、贪污贿赂犯罪、破坏金融管理秩序犯罪、金融诈骗犯罪的所得及其产生的收益，为掩饰、隐瞒其来源和性质，实施以下行为之一的：提供资金账户的；协助将财产转换为现金、金融票据、有价证券的；通过转账或者其他结算方式协助资金转移的；协助将资金汇往境外的"。而在证券发行、证券交易阶段的犯罪大部分属于破坏金融秩序犯罪，只要为掩饰、隐瞒此类犯罪所得及收益来源和性质，实施了《刑法》规定的行为方式之一的，即可构成洗钱犯罪。另外，还有受贿罪，《刑法》第三百八十五条、第三百八十八条规定受贿罪为"国家工作人员利用职务上的便利，索取他人财物的，或者非法收受他人财物，为他人谋取利益的，是受贿罪。国家工作人员在经济往来中，违反国家规定，收受各种名义的回扣、手续费，归个人所有的，以受贿论处。国家工作人员利用本人职权或者地位形成的便利条件，通过其他国家工作人员职务上的行为，为请托人谋取不正当利益，索取请托人财物或者收受请托人财物的，以受贿论处。"因此，凡是具有国家工作人员身份的人员在证券发行、交易过程中实施受贿行为，均可构成犯罪。除此之外，还有第一百六十一条（违规披露、不披露重要信息罪）、第一百六十三条（非国家工作人员受贿罪）、第一百六十四条（对非国家工作人员行贿罪）、第一百七十四条（擅自设立金融机构罪，伪造、变造、转让金融机构经营许可证、批准文件罪）、第一百八十四条（公司、企业人员受贿罪）、第二百二十九条（提供虚假证明文件罪，出具证明文件重大失实罪）、第三百八十二条（贪污罪）、第三百八十八条（受贿罪；利用影响力受贿罪）、第三百八十九条（行贿罪）、第三百九十七条（滥用职权罪，玩忽职守罪）、第三百九十八条（故意泄露国家秘密罪，过失泄露国家秘密罪）。

第四节　本次股灾成因与对策分析

（一）股灾成因分析

通过分析本次股灾，我们不难发现本次股灾发生和恶化的原因多种多样，既包括市场经济固有的缺陷、经济周期等客观因素，又包含了老鼠仓、恶意做空等诸多人为因素，而人为因素对本次股灾过程中所起到的推波助澜作用则更为人瞩目。在证券市场中，证券违法犯罪成本过低，许多市场主体愿意冒小风险赚大钱，这是本次股灾发生的重要原因。现笔者拟从犯罪成本角度对本次股灾成因予以分析。

所谓犯罪成本是指各类行为主体通过非法手段，对社会其他组织、个人实施犯罪行为所将要付出的承受法律制裁、进行经济赔偿等代价的总和。根据芝加哥大学教授贝克的理论，犯罪成本主要包括直接成本、机会成本、惩罚成本三部分。其中，惩罚成本最为核心。与证券犯罪预期惩罚成本和巨额收益相比，犯罪分子所承担的实际惩罚成本很低，这很大程度上导致证券市场中各种违法犯罪行为屡禁不止。

我国证券犯罪惩罚成本低主要表现在以下几个方面：

1. 刑罚严厉性不足，主要指从立法角度来看，法网不密，证券犯罪刑罚惩罚力度不足

第一，《刑法》有关条文对证券犯罪的自由刑"严而不厉"，难以达到震慑犯罪的效果。在所有证券典型犯罪中，仅《刑法》第一百七十八条规定最高刑为十年以上有期徒刑或无期徒刑，其他罪名最高刑均在十年以下，且大部分罪名最高刑为五年有期徒刑甚至不足五年。例如第一百六十一条违规披露、不披露重要信息罪，最高刑为三年以下有期徒刑或者拘役。第二，证券犯罪的罚金刑规定也显著畸轻。如《刑法》第一百六十条犯欺诈发行股票、债券罪的，并处或者单处非法募集资金金额百分之一以上百分之五以下罚金。该罚金刑的最高处罚比例远低于商业银行贷款利率，仅仅与人民银行规定的 2016 年贷款基准利率相当。这与犯罪分子造假所获的以几亿、几十亿计的巨额利益相比，此类刑罚处罚力度不可谓不低。即使面临监管机关的坚决查处，证券市场的不法分子也往往置之不理，很多证券犯罪依法根本就达不到"严厉打击"的效果。同时相比同等犯罪数额的其他种类犯罪，如盗窃罪、诈骗罪等，证券犯罪的刑罚力度显然也是明显畸轻的。第三，法网不密，《证券法》与《刑法》立法之间缺乏衔接。最明显的标志就是，《刑法》没有规定违规承销罪。《证券法》第一百九十条规定，证券公司承销或者代理买卖未经核准擅自公开发行的证券的，监管机关给予相关责任人员警告、罚款、没收违法所得、撤销任职或从业资格的处罚，而我国《刑法》没有专门的罪名与之相对应。因此，在行为人违规承销证券数额巨大或造成严重后果以至达到犯罪的情形下，犯罪分子也仅仅只受到行政处罚，难以得到应有的惩罚。

2. 刑罚确定性不足，主要指证券类犯罪行为被定罪处刑的概率低，难以做到有罪必罚

从行政执法、司法角度看，执法不严、以罚代刑等情况导致犯罪刑罚预期成本较低，导致刑罚难以发挥威慑力。在现阶段，对证券行为的监管主要还是使用行政手段。根据我国《证券法》，证监会所作出的行政处罚，主要是谴责、警告、终身禁入，或者极为有限的经济处罚。例如，ST 啤酒花因违规披露信息而使投资者所受损失高达 22 亿元，但证监会对其罚款

仅 60 万元。再如 2014 年，"创业板造假第一股"万福生科因欺诈发行股票募集 4.25 亿元巨额资金，其主要责任人员龚永福犯欺诈发行股票罪，被长沙市中级人民法院判处有期徒刑三年；犯违规披露重要信息罪，被判有期徒刑一年，并处罚金 10 万元，决定执行有期徒刑三年六个月，并处罚金 10 万元。其他四名责任人被判处一年至两年六个月不等的有期徒刑。① 还有 2005 年山东巨力欺诈发行股票一案中，涉案公司仅被罚款 160 万元，相关主要责任人员也均告缓刑。从以上几个案件来看，涉案犯罪分子受到的处罚都相当有限，根本谈不上对其进行犯罪严厉制裁。相比同等犯罪数额的其他种类犯罪，如盗窃罪、诈骗罪等，其处罚力度显著畸轻。这极大降低了刑罚的严厉程度，使证券犯罪刑罚威慑力骤减。

3. 刑罚及时性不足，主要指证券犯罪行为不能被及时发现、惩戒

证券犯罪从自身性质来讲就属于高智商犯罪。证券业务的开展本身就依赖于专业的知识和技能，同时证券市场具有复杂多变的特征，这就使得证券犯罪天生地具有"隐蔽性"。再加上高智商的犯罪分子利用其熟悉证券市场环节的专业条件，刻意掩盖犯罪痕迹，其犯罪行为就更难被监管机关发觉。另外，现阶段监管机关、公安机关技术手段不足，极大限制了证券犯罪的侦破速度与惩处力度，因为，证券犯罪"违法手段越来越复杂隐蔽，执法手段相对不足。随着金融产品创新步伐加快，混合型、交叉型产品越来越多。借助互联网，违法者可以轻易实现跨市场、跨边境作案。当事人反调查的意识越来越强，内幕交易开始向隐名化、集群化、跨界化、多层传递演化，市场操纵出现短线化、多点化、合谋化和跨市场化的趋势"。②

正是由于刑罚严厉性、及时性、确定性不足，一方面极大降低了证券罪犯的预期犯罪惩罚成本；另一方面又极大增加其犯罪收益预期，这就使得不法分子心存侥幸，证券犯罪行为更加猖獗。

---

① 证监会公布 IPO 造假处罚决定：万福生科移送司法，http: //finance.sina.com.cn/stock/newstock/zxdt/20131019/001117041684.shtml.

② 肖钢. 监管执法：资本市场健康发展的基石［J］. 求是，2013（15）.

（二）防范股灾对策

1. 要密织法网，切实做到有法可依

要严厉打击证券犯罪，就需要密织法网，为证券执法、司法工作提供可靠的法律依据。一是加强《证券法》与《刑法》立法之间有效衔接，厘清各自界限，增设"违规承销证券罪"等罪名；二是可借鉴美国、法国等证券立法经验，通过适当调整自由刑刑罚幅度、提高罚金刑处罚比例、增加资格刑等手段，提升《刑法》对证券市场不法分子的威慑力；三是应根据社会发展的具体情况，适时调整具体证券犯罪入罪标准及犯罪情节标准，提升追诉标准的科学性、合理性。

2. 严格执法、公正司法，提高打击证券犯罪的效率

如前所述，证券犯罪成本过低，是证券市场中犯罪猖獗和股灾发生的重要原因。因此，提高犯罪成本是打击证券犯罪的有效途径。这就要求：一是必须严格执法，坚决杜绝监管过程中，以罚代刑、降格处理甚至不予处理的现象发生；二是加大监管机关与司法机关的配合力度，进一步探索及时发现证券犯罪、及时调查取证的有效方法，建立起行之有效的证券违法犯罪信息交流机制；三是各个司法机关必须坚持"罪刑法定"的基本刑法原则，公正司法，对各类证券犯罪严厉打击，不疏不漏，不偏不倚；四是司法机关要正确认识证券犯罪的社会危害性，分工负责，侦查、起诉、审判各个阶段密切配合，相互监督，共同形成打击证券犯罪合力，通过严格的刑事执法，保障股市安全。

3. 多管齐下，拓宽犯罪发现路径

证券犯罪具有专业性强、隐蔽性高的特点，再加上监管机关和侦查机关力量有限、技术手段不足等限制，造成许多证券犯罪行为没有得到有效打击，极大危害正常的秩序。要破解这一难题，除了监管机关、侦查机关增强监管能力、侦查能力之外，还需要社会公众积极参与。通过证券普法宣传，提高证券市场主体对证券犯罪的认知能力，鼓励其对发现的证券违法犯罪线索积极向司法机关提供。新闻媒体要发挥舆论监督的特长，对证券市场的异常动向要密切关注，深入监督，与其他社会主体一同形成社会监督的合力。

第九章

亚太经合组织（APEC）跨境隐私执法合作协议

一、框架的目标

在 2004 年支持亚太经合组织隐私框架下，APEC 领导者们承认发展有效的隐私保护的重要性，避免信息流动的障碍和确保在 APEC 领域的持续交易和经济增长。跨境组织协议是实现这一目标的关键一步。

APEC 隐私框架第四部分，呼吁各经济成员考虑发展合作协议和规划促进跨境在隐私法执行方面的合作。APEC 隐私框架计划双边的或多边的协议包括：

（1）在跨境隐私调查和执法中，有效共享合作中所必需信息；

（2）在保护隐私的前提下协助调查；

（3）基于个人信息隐私违法侵权行为的严重程度，实际的或潜在的危害，以及其他相关因素，确定与政府当局合作的优先级；

（4）在合作协议交换下，进一步来维护保密级别。

另外，在 2007 年，APEC 经济体为 APEC 隐私框架的执行签署了一个《开创者协议》。跨境隐私执法合作协议是一个开创者的成果。开创者还为负责个人信息跨国界的流动寻求一个框架的促进发展，关注跨境隐私规则在商界的使用。为了执行信息隐私在跨境中的合作，开创者计划支持这种带框架的跨境隐私规则系统。

在 2007 年，经济合作与发展组织（OECD）为了促进成员国之间在法律保护执行中的合作采用了一个建议。

根据这个背景，这个合作协议的目标是为了：

（1）促进隐私执法机构在 APEC 经济体之间的信息共享；

（2）建立机制，促进有效的跨国合作隐私执法机构对隐私法的执行，包括通过转介事宜，并通过平行或联合调查或执法行动促进隐私执法机构在强制执行跨国隐私法方面的合作；

（3）鼓励在信息共享和隐私调查上的合作，并且执行与 APEC 框架外的隐私执法机构，包括确定这个合作协议可以与类似的协议无缝地工作，例如那些在 OECD 建议下的发达协议。①

二、合作协议的概要

这个合作协议为隐私执法机构向跨境隐私执法创建了一个实际的多边机制。它是在隐私执法机构下，在自愿的基础上，共享信息并且在某些方面渲染协助请求创建一个框架。

APEC 经济体的任何一个隐私执法机构都可能参与这个合作协议。

一个经济体可以有一个以上的隐私执法机构参与本协定，前提是该组织满足协议第 4.1 段对于隐私执法机构的定义。

这个合作协议如下：

合作协议的发端（第 3 段）；

定义和法律的局限性（第 4，6，7 段）；

行政官的角色（第 5 段）；

如何参与，或者不再参与合作协议（第 8 段）；

跨国合作（第 9 段）；

保密（第 10 段）；

信息共享（第 11 段）；

各种各样的问题（人员交换，纠纷，审查）（第 12 段到第 15 段）。

合作协议的附件：

请求协助表格（附件 A）；

联络点指定表格（附件 B）；

---

① APEC Privacy Framework，available at http：//www.apec.org/apec/apec_groups/committee_on_trade/electronic_commerce.MedialibDownload.v1.html？ url=/etc/medialib/apec_media_library/downloads/taskforce/ ecsg/pubs/2005.Par.0001.File.v1.1.

Part IV，APEC Privacy Framework，available at http：//www.apec.org/apec/apec_groups/committee_on_trade/electronic_commerce.MedialibDownload.v1.html？ url=/etc/medialib/apec_media_library/downloads/ taskforce/ecsg/pubs/2005.Par.0001.File.v1.1.

一个对参与者的做法、政策和活动进行总结性陈述的模板（附件 C）[①]。

三、发端

这个合作协议发起于在行政官指定的一个月以后（段落 5）或者被 ECSG 指定日后。

从发端日起，任何隐私执法机构都可以参与合作协议（详见第 8 章）。

四、定义

在这个合作协议中：

"行政官"指主体计划（段落 5）。

"合作协议"指 APEC 合作协议跨境隐私执法。

"跨境隐私条例"与 APEC 隐私框架在第 46 段和第 48 段有相同的意义。

"ECSG"指电子商务指导小组或者 APEC 委员会对 APEC 隐私框架的责任。

"参与者"指一个隐私执法机构从一个 APEC 组员参与这个合作协议。

"隐私执法机构"指任何公共机构团体负责实施隐私控告，并且有权利引导调查或从事执行诉讼。

"隐私法"是指亚太经合组织经济的法律和法规，其执行有与保护个人信息与亚太经合组织的隐私框架相一致的效果。

"接收机构"指一个参与者从另一个参与者那里接收到了"请求协助"。

"请求协助"包括但不限于：推荐的一个相关隐私法的执行问题，请求隐私法的执行合作，请求隐私法在调查涉嫌违法的合作，转让一个隐私投诉。

"请求机构"指一个参与者对另一个参与者做了一个请求支援。

---

① APEC Data Privacy Pathfinder（2007）available at http：//aimp.apec.org/Documents/2007/SOM/CSOM/07_csom_019.doc.

Organisation for Economic Cooperation and Development，（2007）Recommendation on Cross-Border Cooperation in the Enforcement of Laws Protecting Privacy，available at：www.oecd.org/dataoecd/43/28/38770483. pdf.

五、合作框架行政官的角色

（一）ECSG 的指定

ECSG 将会指定 APEC 秘书处，或一个隐私执法机构（其同意），或共同地 APEC 秘书处和一个隐私执法机构（其同意）去执行行政官的职责。

第5.1段中涉及的任命将包含时限条款，并可由 ECSG 随时取消或更改。当某一个隐私执法机构结束其行政官的任期（包括任职期满、任命取消、自行辞去职务或失去隐私执法机构的职能），APEC 秘书处将暂时发挥行政官的核心职能（并且可能执行额外的责任），直至出现新的任命。

（二）执行官将会执行以下核心责任

1. 接收：

（1）意图通知参与或者停止参与合作协议（8.1 段和 8.2 段）；

（2）确定信（段落 8.1）；

（3）经济体联络指定表格（段落 11.1）。

2. 接收类似段落 5.3 中的文件并证实那些参与机构是合作协议里定义的隐私执法机构。

3. 受段落 5.3（2）的结果管制，安排文件接收在段落 5.3（1）（a）和（c）可以通过 APEC 网站或其他适当的访问途径。

4. 维护和提供：

（1）一个当前用户的最新列表；

（2）一个经济联络编制。

5. 审查合作执法 3 年后的操作（段落 15 中规定）。

（三）行政官可能也会执行以下附加职责

1. 宣传与 APEC、经济成员和利益相关者结合的合作协议；

2. 发布一个任何有隐私保护角色的主体目录，不论隐私执法机构或参与者；

3. 通过督促倡议去支持参与者之间的合作，例如，电话会议、研讨会、员工交流和与其他执法网络合作；

4. 促进探索，共同执法记录和审查。

六、本文的特性

这个协议一向是和 APEC 隐私框架并阅的。

本合作协议的目的是：

1. 创建绑定义务，或影响现有国际的或国内法律所规定的义务，或创建义务的法律参与者的经济体。

2. 防止参与者向另一个参与者或另一个 APEC 成员经济体的非参与者执法机构依照其他协议、条约、安排或实践寻求帮助或提供协助。

3. 当基于合法基础上寻求信息时，该协议约束权力机关和其权力，包括隐私执法机构和未参与机构。执法事件中涉及寻求信息的，也包含在本协议中，但并不阻止任何向隐私执法机构或未参与机构自愿提供信息的行为。

4. 妨碍组织由法律授权的政府活动时采取保护安全、公共安全、统治权或其他 APEC 成员经济体的公共政策。

5. 创建将会超过一个参与者的权威和管辖范围合法义务和期望，为其他非参与政府机构创建义务和期望。

6. 当某机构使用信息时，依照共同法律互助条款（MLAT）或信息请求机构和接受请求机构之间可用的国际协议，对其权力进行约束。

七、协助的局限性

对于其唯一的自由裁量权，参与者可能在任何时候拒绝接受或继续请求协助，或限制其合作包括但不局限于下列情况：

1. 事件不符合国内法律或政策。

2. 事件不在参与者的权威或管辖范围内。

3. 事件不是一种行为或一种实践，请求机构和接收机构都是在它们的隐私法下被授权调查或执行违反。

4. 有资源约束。

5. 事件与其他优先级是不一致的。

6. 存在一个没有共同利益的问题。

7. 事件是在这个合作协议的范围之外的。

8. 另一个主体（包括符合段落 9.4 中的私营部门）更适合处理这件主题。

9. 其他情况下，它显示一个参与者无法合作。参与者可以以书面形式作为通知这些情况的依据。

八、参与合作协议

隐私执法机构可以向行政官递交书面申请以加入该合作协议。此申请应当由该机构所属经济体的 ECSG 或其他合适的政府机构代表通过书面形式进行批准。ECSG 的批准文书中应当证实，该隐私执法机构符合本协议段落 4.1 的定义。受段落 5.3（ii) 结果的影响，行政官正式接受该申请后，参与机构的身份生效。

参与者可能停止参与到这个合作协议，应在一个月内书面通知给行政官。

隐私执法机构尽可能合理可行地通知行政官后，应该对其他参与者参与或停止参与采取合理的步骤。这应该包括在参与合作协议期间或在停止参与的一个合理期间，在机构网页上发布信息。

若隐私执法机构计划停止已被接收或正在执行的合作协议，那么应考虑该隐私执法机构的停止要求是否满足合作协议的规定。对于停止协议所带来的影响，隐私执法机构应该尽最大努力去保护相关机构和个体的利益，并确保为他们提供相关建议、咨询，或采取必要的行动。

九、跨境合作

（一）关于隐私法实施的跨境合作

根据第 6 节及第 7 节，条约参与机构应在收到其他成员请求协助或者邀请参与调查和协助实施法律的信息时，提供相应协助，并且在隐私法的调查或后续实施中分享信息并保持合作。.

（二）跨境合作问题的优先权

由于跨境合作可能会非常复杂并且花费巨大，条约参与机构应在独立或者与他国合作的情况下，根据对个人隐私非法侵犯的严重性、所造成的实际及潜在损失以及其他相关信息，将跨国合作事务按照重要性进行排序。条约参与机构如果将某个需要请求协助的事项设定为高优先级，其应当在请求协助表中说明原因。

根据第 7.1 条及第 9.2 条，条约参与机构在根据该条约进行合作前，应承认 APEC 跨境隐私条款实施的有效性。

（三）与未参与条约的机构及组织的合作

条约参与机构应当在各自权限范围内，尽力与职责涉及解决个人隐私纠纷的私人组织、自律监管组织及未参与该条约的隐私保护官方部门展开合作。特别地，隐私保护官方部门应与涉及 APEC 跨境隐私条款实施的可信机构展开积极合作。

根据第 10 节，条约参与机构应当在各自权限范围内，尽力与其他政府部门，包括执法机关展开合作。

（四）请求协助前的步骤

当一个条约参与机构向另一个条约参与机构请求协助前，它应当：

1. 确认该请求与本条款及 APEC 隐私框架的目标相一致；

2. 在适当，并且服从隐私保护机构的任何要求、政策及实际操作的情况下，收集个人申诉中的一致性信息，并提供给另一个条约参与机构；

3. 检查其他条约参与机构的实际操作、政策及活动（见段落 11.2 和 11.3）；

4. 进行一个恰当并可行的初期调查，确认在其他经济体中有哪些是第 9.4 条及第 9.5 条所提及的机构有义务回应请求协助的信息；

5. 进行一个恰当的初期调查，通过与其他条约参与机构或其他经济体中的其他合适机构进行联系，并提供足够信息，以确认其他条约参与机构会对可能的请求协助事项拥有司法管辖权。

（五）请求协助

一个条约参与机构在向另一个条约参与机构请求协助时，应：

1. 使用 APEC 规定的"请求协助表"（见附件 A），从而提供事情的关键信息；

2. 为接收机构提供足够的补充信息（如有）以便于其采取行动，例如确认为完成任务所需要采取的特别预防措施；

3. 指明接收机构所需使用的信息的目的及个人信息被传输的人员；

4. 为接收机构提供其所需的信息或其他协助，以协助其处理相关事务。

（六）对被要求提供协助的条约参与机构的约定

1. 在收到请求协助表后，尽快确认收到请求协助事项；

2. 在确认收到请求协助事项后，尽快决定接受该请求、拒绝该请求还是部分接受该请求；

3. 如果需要从请求机构获得更多的信息才可以作出下一步决定，则应确认所需的信息并告知请求机构；

4. 如果决定拒绝提供协助，需提供理由，并在合适、可行的前提下，向请求机构推荐有能力处理该请求的机构（9.4 条及 9.5 条提及的机构）；

5. 如果决定提供有限的合作，需提供理由，并说明可以提供协助的情况；

6. 如果接受请求协助的事项，则：

（1）根据常规政策及实践处理该请求；

（2）在合适及可行的情况下，与请求机构就需要协助的问题展开交流；

（3）在合适及可行的情况下，告知请求机构相关事项的处理进展及结果。

（七）交流协助

通过交流协助，正在进行的调查条约参与机构应在合适时展开交流，以协助正在进行的调查。

（八）使用跨境合作时获取的信息

请求机构与接收机构将在双边会谈的基础上，在不违反双方法律及政策的情况下，决定共享信息的使用程度。

（九）对其他条约参与机构司法管辖区内可能的隐私侵犯行为的告知

一个条约参与机构可在其认为合适的情况下，告知另一个条约参与机构在其司法管辖区内发生的可能违反隐私法的行为。

在合适及可行的情况下，条约参与机构应与其他条约参与机构在调查和行动上展开合作，从而促进更有效的行动，并避免调查中的相互干扰。

十、机密性

根据第 9.10 条及第 10.3 条，在不违反请求机构和接收机构的任何法律的情况下，磋商及其他任何条约参与机构按照本合作安排交流及共享的信息，均为机密，不得公开。

任何条约参与机构应在不违反本国经济法的情况下，尽最大努力维护与其他条约参与机构交流的信息的机密性，并尊重其他条约参与机构保障信息安全的行为。

如果请求机构所在国的经济法要求披露相关机密信息，则本合作安排将不会阻止向诸如其他执法机构的第三方机构披露机密信息。条约参与机构应在其实践、政策及活动陈述（与 11.2 条及 11.3 条相一致）中，申明任何可能的披露要求，并在向其他条约参与机构寻求机密信息时，提供一份补充的实践、政策及活动陈述，并与请求协助表同时提交。当请求机构按照法律要求应当披露信息，则其应尽量提前 10 天通知接收机构，或在无法确定披露时限的情况下尽快通知。

根据第 10.3 条及第 9.10 条，披露的机密信息应当拥有合适的信息保密措施。

在退出该合作安排时，隐私保护当局应当维护任何其他条约参与机构提供的秘密信息的机密性。任何根据本合作条款提供的信息应当被安全并机密地持有、交还原机构或者在原机构同意的情况下使用该信息。

根据第 9.10 条及第 10.3 条，参与者在与其经济法尽可能一致的情况下，打算反对第三方应用从其他条约参与人那儿获取信息或材料时，应服从与提供信息的条约参与人的磋商结果。

条约参与机构应尽力维护从本条约框架下获得的信息的安全。为做到这一点，条约参与人应采取合适措施预防根据本条约框架所取得的信息的损失及未授权或意外的信息获取、处理、使用及披露。任何根据本条约框架取得的信息的保存期不应长于当地法律要求保留信息的期限或者完成目标所需的时间。

十一、信息分享

（一）指定接触点

条约参与机构应为实现该合作安排的目标而指定一个主要的联系方式，并可为其他隐私保护当局设立特定的接触点。本合作安排所附的接触点指定表（或为该目的而更新的版本）可供参考。

（二）条约参与人的实践、政策及活动陈述

条约参与人应当准备一份与其实践活动、政策及相关活动相关的信息陈述。条约参与机构应采取适当的措施使其他条约参与机构可以获得该陈述，如将其公开在网站上。这些陈述将提升条约参与机构对于其他经济体如何实施隐私保护法律的理解，并对处理特定的请求协助事宜起到帮助。

管理者可能要求条约参与人填写关于实践活动的总结性陈述，并将其存放于中央资料库，以供所有条约参与人浏览。在这种情况下，管理者将使用本合作安排附件中的模板或其后续更新的版本。条约参与人应在政策变化后的合理时间范围内，向管理者提交更新版的总结。

（三）分享经验

任何条约参与机构均被鼓励在合适及可行的情况下，向其他条约参与机构提供与本合作条约范围内的事宜相关的重要进展的信息，包括：

1. 关于公众对法律实施忍耐度的调查；

2. 涉及实施或跨境合作的研究计划的细节；

3. 法律实施训练项目；

4. 相关立法变化；

5. 调查侵犯个人隐私行为的各类技术经验及包括自律策略在内的管理策略经验；

6. 所处理申诉及争议的种类及数量的变化趋势等信息；

7. 与实施隐私保护相关的员工训练及就业机会。

十二、员工交流

条约参与机构可以探索双边的员工借调、员工交流行为，或者允许借调专家去其他条约参与机构处理特定问题。

条约参与机构应在合适的情况下考虑下列情况的可行性：

1. 允许员工参与其他条约参与机构举办的培训项目；

2. 开发合作培训项目。

3. 分享专业培训资源。

十三、费用

条约参与机构应独自承担符合该合作安排或按该管理框架进行合作发生的信息提供或行为协助所产生的费用。

条约参与机构在回应特殊的请求协助事项、提供训练或进行其他合作所产生的费用，可以协商解决，或者将费用转移给另一方。

十四、争论

任何条约参与机构间与本合作安排有关的争论，应当由其通过指定联系方式讨论解决。若是无法在合理时间范围内达成一致，则由条约参与机构的负责人讨论解决。

十五、文件的回顾与修订

经过咨询过程，条约参与机构应当在签署条约 3 年后回顾本合作安排及其操作流程。

完成修订后，管理者将向 ECSG 提交一份报告，报告内容为回顾的细节以及对任何必要或合适的修改提出的建议。

在 ECSG 批准更改某些条款后，管理者将向条约参与机构征求意见并确认获得多数支持。随后，管理者将更新现有条约参与机构的名单，并向它们发放修订过的合作安排。

附　录

对欧洲议会及欧盟理事会在个人信息处理原则及个人信息自由流动管理规则（通用数据保护规则）方面加强个人保护的建议（编译与评论）

解释性备忘录

1. 提案背景

这份解释性备忘录展示了正在提议中的、有关个人信息保护的新法律制度的更多细节。对个人信息加强保护是欧盟委员会 2012 年第 9 项决议的决定 ①。提议中的新法律制度包含了以下两种立法建议:

一是提议欧洲监管议会及欧盟理事会,在个人信息处理以及个人信息自由流动(通用数据保护规则)方面加强对个人的保护。

二是提议欧洲监管议会和欧盟理事会建立一套欧洲联盟指令,在个人信息处理以及个人信息自由流动(通用数据保护规则)方面加强对个人的保护。该管理机制依靠具有资质的机构预防、调查、侦测及起诉违法行为,并由它们对违法行为实施制裁 ②。

这份解释性备忘录还关注了通用数据保护规则方面的立法建议。

目前,欧盟法律体系中关于个人信息保护的核心部分,欧洲联盟指令 95/46/EC,是在 1995 年生效的。该欧洲联盟指令有两个目的:确保信息保护的基本权利,保障个人信息在成员国之间的流动。这份欧洲联盟指令被框架决定 2008/977/JHA 进一步完善,从而成为联盟级别的、针对违法行为的警务合作及司法合作事宜在个人信息保护方面的一般性准则。

科技的快速发展为保护个人信息带来新的挑战。数据分享及收集的规模快速增长。科技使得私人公司和政府机构均能以史无前例的规模运用私人信息推进业务发展。民众也逐步将个人信息公开化与全球化。科技改变了每个人的经济和社会生活。

在网络环境中建立互信是经济发展的关键。缺乏信任会使顾客在在线支付及接受新服务时产生犹豫。这一风险将会降低新科技的创新发展。由此,个人信息保护在欧盟数字化进程 ③ 中扮演着重要角色,这也较多地反馈在了欧洲"2020 战略" ④ 中。

由里斯本条约引入的欧盟技术运作条约(Treaty on the Functioning of the European

---

① 《在相互联系的世界里保护个人隐私——21 世纪欧洲数据保护框架》2012 年第 9 项决议。

② 《在相互联系的世界里保护个人隐私——21 世纪欧洲数据保护框架》2012 年第 10 项决议。

③ Digital Agenda for Europe.

④ Europe 2020 Strategy.

Union，TFEU）中的第 16 条（1）节，确立了每个人均有保护私人信息的权利的准则。此外，里斯本条约与欧盟运作条约第 16 条（2）节共同为采用个人信息保护方面的法律法规引入一个特殊法律根据。欧盟基本人权宪章（the Charter of Fundamental Rights of the EU）的第 8 条将保护个人信息视作基本人权的一部分。

欧洲议会邀请欧盟委员会评估欧盟当前系统在数据保护方面的功能，并且在必要时展现立法和技术层面的主动性。在"斯德哥尔摩计划"的决议中，欧洲议会在欧洲引入一个全面的数据保护体系，并且特别提议对现有框架决议进行修正。欧盟委员会则尽力确保"斯德哥尔摩计划"的实施，以确保保护个人信息的基本人权与所有欧盟政策不会发生冲突。

在"关于欧盟成员国个人信息保护的全面探讨"交流会中，欧盟委员会总结欧盟在维护与个人信息保护相关的基本人权方面，需要更加全面并连贯的政策。

目标和原则确定，当前的框架起到了一定作用。但是这套体系无法确保个人信息保护在欧盟范围内被普遍实施，无法应对法律不确定性，也无法回应公众对于与在线活动相关的巨大风险的担忧。因此，现在需要在欧盟建立一个更加强健并且连贯的数据保护框架，从而加快内部市场中数字经济的发展，使民众能够掌控自己的个人信息，并为经营者和政府机构提供法律和实际操作方面的协助。

2. 与利益相关方磋商的结果及影响评估

欧盟与所有主要利益相关方在当前法律制度对个人信息的保护问题上进行了磋商。磋商持续了两年多，其中包括在 2009 年 5 月召开的高等级会议及两个阶段的民意调查。磋商结果如下：

第一阶段从 2009 年 7 月 9 日到 12 月 31 日，为针对关于与个人信息保护相关的基本人权的法律制度进行的调查。欧盟委员会共收到 168 份回复，其中 127 份来自于民众、商业组织和行业协会，12 份来自于政府机构。

第二阶段从 2010 年 11 月 4 日到 2011 年 1 月 15 日，为针对欧盟委员会在欧盟范围内实施的保护个人信息安全的综合方案进行的调查。欧盟委员会收到 305 份回复，其中 54 份来自于公民，31 份来自于政府机构，220 份来自于私人企业，特别是商业机构和非政府组织。

欧盟委员会还与关键利益相关方进行了有明确目标的磋商。欧盟委员会在 2010 年 6 月和 7 月，为成员国政府机构、私营组织利益相关方以及隐私、数据保护与消费者协会举办了特别活动。2010 年 11 月，欧盟委员会副主席雷丁组织了一次数据保护改革问题圆桌会谈。2011 年 11 月 28 日（数据保护日）， 欧盟委员会和欧盟理事会共同组织了一次高级别会谈，讨论与改革欧盟法律制度及在世界范围内建立普遍的数据保护准则相关的事宜。欧盟理事会的匈牙利和波兰主席分别在 2011 年 6 月 16 日至 17 日以及 2011 年 11 月 21 日召开两个数据保护方面的讨论会。

针对特定议题的专业工作会与研讨会在 2011 年连续召开。1 月，欧盟网络与信息安全机构（European Network and Information Security Agency，ENISA）[①] 在欧洲组织了一个关于信息外泄通知的工作会。2 月，欧盟委员会召集成员国政府机构召开工作会，讨论数据保护事宜及针对违法行为的警务合作及司法合作事宜，包括框架决议的实施。基本人权机构举行了一个利益相关方磋商，讨论数据保护和个人隐私。2011 年 7 月 13 日，各国信息保护机构开展了一次关于改革中的关键问题的讨论。2010 年 11 月至 12 月，欧盟晴雨表机构对欧盟公民开展民调。一系列研究也被启动。"第 29 条工作小组"[②] 向欧盟委员会提供了一些意见和有效的信息。欧洲数据保护监督人也为欧盟委员会 2010 年 11 月通信会议题提供了全面建议。

欧洲议会在 2011 年 7 月 6 日得到批准，支持欧盟委员会改革数据保护框架的方案。欧盟理事会在 2011 年 2 月 24 日接受了一系列决定。这些决定支持欧盟委员会改革数据保护框架的意图，并于欧盟委员会在项目多项组成部分上达成一致。同样，欧洲经济与社会委员会同样支持欧盟委员会的目标，确保欧盟数据保护规则在全成员国内得到一致应用。

在综合方案磋商期间，大量利益相关方同意一般原则依旧有效，但需要采用新框架以更好地应对科技快速发展（特别是互联网）以及全球化带来的挑战，并维持法律制度的技术中立。欧盟现有破碎化的个人信息保护措施受到了巨大批评，特别是来自于要求增加个人信息保护方面法律确定性与和谐性的经济部门利益相关者。经济部门利益相关者认为个人信息国际转移相关法规的复杂性阻碍了他们的经营，由于他们需要定期将个人信息从欧盟转到世界其他地区。

为了达到"更好的监管"这一政策目的，欧盟委员会实施了一次政策转变的影响测试。该影响测试基于三项政策目标，即提升内部市场信息保护范围，使民众可以更

---

① 负责处理通信网络和信息系统安全问题。

② 工作小组（The Working Party）在 1996 年设立，起建议咨询作用。工作小组由各国数据保护机构的代表、欧洲数据保护监督人的代表以及欧盟委员会的代表组成。

加有效地行使个人信息保护权利，以及设立一个全面连贯的框架，该框架应当覆盖包括犯罪问题中的警务合作与司法合作在内的欧盟各项事务。三个受到不同程度干扰的政策选择被当局进行了测试：第一个选择由最小的立法修正、对解释性通信的使用以及包括资金计划和技术手段在内的政策支持性措施组成；第二个选择为设立一个包含了分析中发现的所有问题的法律体系；第三个选择是在欧盟层面，通过精确和细节化的规则，为所有部门集中进行数据保护，同时将设立一个欧盟机构用于监管和实施强制措施。

根据欧盟委员会现有方法体系，每一种政策选择均在内部指导小组的协助下进行测试，测试其达到政策目标的有效性，对利益相关者的经济影响（包括欧盟机构的预算），以及社会影响和对基本人权的影响。环境性影响没有被检测。对总体影响的分析得出了首选政策，即在方案二的基础上添加其他两个方案的一些组成部分，并合并入现有提案。根据影响测试，方案的实施会使如下方面显著提升：数据掌握者和公民的法律确定性，监管障碍的降低，欧盟内数据保护措施的一致性，民众使用他们保护个人信息权力的有效性，以及信息保护监管和采取强制措施的有效性。欧盟委员会还期待实施首选政策将有助于使委员会目标简单化，降低监管障碍，并最终完成欧洲数字化议程、斯德哥尔摩行动方案和欧洲2020战略的目标。

影响测试委员会在2011年9月9日递交了对影响测试结果的意见。根据影响测试委员会的意见，影响测试得到如下修改：

（1）现有法律制度的目标（多大程度上已经达到，以及多大程度上没有达到），同时也阐明了设想改革的目标；

（2）更多的证据以及额外的解释说明被增加至问题的定义部分；

（3）添加比例原则；

（4）所有在基本情景及首选政策中与监管障碍相关的计算和预估均被重新评估与修订，通知的花费与全部破碎化监管的花费间的关系被阐明；

（5）对微型、小型及中型企业的影响，尤其是来自于数据保护官员的影响被详细规定；

影响测试报告以及摘要和建议书一起出版。

3. 提案的法律基础

3.1 法律依据

这份提案是基于欧盟技术运作条约第16条。该条也是由里斯本条约引入的、在数据保护方面的最新法律依据。这一条款允许在欧盟框架内行动的成员国采用与个人信息处理相关的个人信息保护方面的规则。它同时允许成员国和私人团体在处理个人信息自由流动时采取相关规则。

对欧盟个人信息保护框架最恰当的法律定义应当是管理规定。与欧盟技术运作条约相一致的管理规定的直接应用，将减少法律的薄弱之处，并通过引入和谐的核心规则、保障个人基本人权以及构建内部市场运行机制。

对欧盟技术运作条约第114条（1）节引用修正了2002/58/EC号指令，从而为法人的合法利益提供了保护。

3.2 辅助性与相称性

根据辅助性原则（欧盟技术运作条约第5条（3）节），如果成员国无法达成目标，且有理由相信由于规模或者行动力因素，欧盟采取的行动将会取得更好效果时，欧盟将采取联盟层面的行动对成员国实施协助。通过对辅助性问题的分析，显示了在以下情况下，欧盟介入并采取行动的必要性：

保护个人信息的权利。该权利被载入人权宪章的第8条，它要求在欧盟范围内采取同一水平的数据保护。统一保护规则的缺失将导致成员国的保护水平不同，并造成信息保护标准不同的成员国间信息流通障碍。

当前，个人信息正以逐步增加的速率通过各种渠道进行跨国交换。此外，强制要求成员国及其政府机构对个人数据采取立法保护并实施跨国合作的做法，在实践中会遇到较大挑战。因此需要欧盟层面统一组织并确保联盟法律在各成员国的一致性。欧盟同样需要保证当个人信息被传输至第三国时，对其保护的连续性与有效性。

一些成员国不能独自解决现有问题，特别是那些由于法律在这方面有缺失的国家。因此，需要设立一个和谐一致的法律框架，允许个人信息在欧盟成员国内部顺利转移，并且得到有效保护。

由于欧盟所面临问题的本质和规模远超单个或少数成员国所面临的水平，计划中的欧盟立法行为将比成员国的类似行动更加有效。

相称性原则要求所有的干预都需要有预定目标，并不实施超过实现目标所需的行动。这一原则从鉴定与评估替代性政策等方面为提案的准备提供了指引。

3.3 对基本人权事宜的总结

保护个人信息的权利基于欧盟人权宪章第8条、欧盟技术运作条约第16条及欧洲人权公约第8条。作为被欧盟27国法院重点提及的权利，保护个人信息的权利并非绝对的，但由于其对社会的作用，应当被正确对待。① 数据保护与欧洲人权宪章第7条关于尊重私人和家庭生活的条款密切相关。这也体现在了95/46/EC号指令第1条（1）节中，要求成员国保护自然人的基本人权和人身自由，特别是他们在个人信息方面的隐私权。

其他在欧盟人权宪章中反映与个人信息保护相关的基本人权条款如下：

自由表达观点的权利（第11条）；

自由从事商业活动的权利（第16条）；

保护产权，特别是知识产权的权利（第17条（2）节）；

禁止因种族、基因特征、宗教信仰、政治观点、残疾或性取向等歧视他人的权利（第21条）；

儿童权利（第24条）；

获取高水平个人健康护理的权利（第35条）；

获取文件的权利（第42条）；

获取有效救助及公正审判的权利（第47条）。

3.4 提案的详细解释

3.4.1 第一章 总则

第1条定义了《管理规定》的主旨，并与95/46/EC号指令类似，提出《管理规定》的两项目标。

第2条确定了《管理规定》的材料范围。

第3条确定了《管理规定》的地域范围。

第4条包含了《管理规定》中使用条款的定义。一些定义来自于欧盟95/46/EC号指令，其他的为修正、补充或新增的内容（来自于由2009/136/EC30号指令② 修正过的2002/58/EC29号指令③ 中信息隐私指令第2条（h）节的"个人数据外泄""遗传信息"，"生物识别信息""健康数据信息""主营场所""代表处""企业""有约束力的公司规则"

---

① 与宪章第57章（1）节相适应，行使信息保护权利将在如下情况下受到限制，即当该限制符合法律，尊重人权与自由，遵守适度原则，且行动符合欧盟的规定，或实现对其他人权的保护。
② 2009年11月25日通过的欧洲议会及欧盟理事会第2009/136/EC30号指令在电子通信网络及服务中的普遍服务及用户权利方面对第2002/58/EC29号指令进行了修正。
③ 2002年7月12日通过的欧洲议会及欧盟理事会第2002/58/EC29号指令关注个人信息处理及在电子通信环境中对个人隐私的保护。

来自于联合国儿童权利公约的"儿童""监管机构"）。

在对赞成的定义中，《管理规定》引入"明确（Explicit）"这个标准，以避免与"不模糊（Unambiguous）"混淆，从而使赞同有单一且连贯的定义。

3.4.2　第二章　原则

第 5 条设置了与个人信息处理相关的基本原则，这一原则与 Directive 95/46/EC 号指令的第 6 条相符。新增的元素主要为透明性原则、信息说明最简化原则以及管理者的全面责任与义务的设立。

第 6 条根据 Directive 95/46/EC 号指令第 7 条，设立了法律流程的标准，并对利益平衡、合规的法律义务及公共利益等方面作出进一步规定。

第 7 条澄清了同意的条件，从而为法律流程提供法律背景。

第 8 条为信息社会服务方面的儿童个人信息处理的合法性设置了更多的条件。

第 9 条基于 Directive 95/46/EC 第 8 条，设置了加工特别类型个人数据的一般性禁令，以及该禁令的豁免情形。

第 10 条澄清数据管理者为了遵守《管理规定》的条款，并没有取得额外信息以发现数据主体的义务。

3.4.3　第三章　数据主体的权利

3.4.3.1　第一部分　透明性与形式

第 11 条介绍了数据管理者在提供透明性及数据的易得性与可理解性方面的责任，该条来源于个人数据及隐私保护国际准则的马德里决议 [①] 等条款。

第 12 条要求数据管理者提供行使数据主体权利的程序及机制，包括电子请求的意义、在确定的期限内对数据主体的要求进行回复，以及拒绝数据主体要求的原因。

第 13 条，基于 Directive 95/46/EC 号指令第 12 条（c）节，提供了信息接收者的权利，并扩展至包括信息合作管理者和信息处理者在内的所有信息接收者的权利。

3.4.3.2　第二部分　信息及信息获取

第 14 条，基于 95/46/EC 指令的第 10 条与第 11 条，指出了数据管理者对数据主体的信息责任，为数据主体保护包括储存期、提出申诉的权利、数据的国际流动及数据来源等方面信息。这条同样包括了 95/46/EC 指令中的一些可能性例外措施。例如如果

---

① 由数据保护及隐私委员国际会议（International Conference of Data Protection and Privacy Commissioners）在 2009 年 11 月 5 日采纳。

法律要求提供记录或披露，则保护信息的责任将不复存在。这主要适用于竞争管理机构、税务及海关或者社会安全相关的机构。

第15条，基于95/46/EC指令的第12条，为数据主体提供了获取自身信息的权利，例如告知数据主体储存期，并处理数据主体提出的申诉。

3.4.3.3 第三部分 修改与消除

第16条，基于95/46/EC指令的第12条（b）节，为数据主体提供了修改数据的权利。

第17条为数据主体提供了遗忘及消除数据的权利。它为95/46/EC指令的第12条（b）节中提出的消除数据的权利提供了更加详细与清晰的解释，并为遗忘数据的权利列出了条件。其中包括，使个人信息公开可得的数据管理者，有责任在数据主体的要求下，通知第三方消除与个人数据相关的信息及其副本。它同样允许在特定案例中控制数据流动的权利，并避免了容易引起歧义的科技词汇"封锁信息（Blocking）"。

第18条介绍了信息主体在信息转移方面的权利，例如将信息从一个电子系统转移到另一个系统，并不会被数据管理者阻止。作为保护个人及其私人信息的先决条件和重要措施，该条款允许数据主体从数据管理者那儿获得有组织的通用形式的电子数据。

3.4.3.4 第四部分 反对的权利

第19条为信息主体提供了反对的权利。该条款基于95/46/EC指令的第14条，并进行了一些修正，包括举证的责任及其应用。

第20条关注信息主体有不被数据分析的权利。该条款基于95/46/EC指令第15条（1）节关于自动化个人决定以及欧盟理事会对数据分析的建议，并进行了修正与添加额外保障。

3.4.3.5 第五部分 限制

第21条澄清了对欧盟及成员国的授权，以维持或引入第5条中主张的原则限制，与从第11条至第20条及第32条主张的信息主体权利。这一原则基于95/46/EC指令第13条，符合欧盟人权宪章（the Charter of Fundamental Rights of the European Union）即欧洲人身权利及自由保护大会（the European Convention for the Protection of Human Rights and Fundamental Freedoms）的要求，并被欧盟法庭（the Court of Justice of the EU）以及欧洲人权法庭（the European Court of Human Rights）认可。

3.4.4 第四章 数据管理者及数据处理者

3.4.4.1 第一部分 一般责任

第22条考虑了关于"义务性原则"的争论，并详细描述了数据管理者在符合《管理规定》要求及显示合规性方面的责任，包括为确保合规采用内部监控手段和机制。

第 23 条规定了数据管理者在故意失职及无意情况下保护数据的原则及责任。

第 24 条规定合作数据管理者的责任取决于其与管理者的实际关系及与数据主体的关系。

第 25 条规定在特定情况下，若数据管理者不在欧盟内，则当其信息处理活动涉及《管理规定》要求时，其应当在欧盟内部设立代表处。

第 26 条澄清了数据处理者的地位及责任。该条款部分基于 95/46/EC 号指令的第 17 条（2）节，并增添了新元素，包括数据处理者若可以在未获得数据管理者指令时处理数据，那么他应该被视作合作数据管理者。

第 27 条对数据管理者和数据处理者在主管机构管理下处理数据的规定来自于 95/46/EC 号指令的第 16 条。

第 28 条，作为对 95/46/EC 号指令第 18 条（1）节及第 19 条关于监管机构一般性通知的替代，引入了数据管理者及数据处理者在记录数据处理过程方面的责任。

第 29 条澄清了数据管理者与数据处理者与监管机构进行合作的义务。

3.4.4.2　第二部分　数据安全

第 30 条要求数据管理者和处理者采取合适措施，在数据处理过程中维护数据安全。该条款基于 95/46/EC 号指令的第 17 条（1）节，并将该义务扩展至信息处理者，无论其与信息管理者签署了怎样的劳动合约。

第 31 条及第 32 条，基于 2002/58/EC 号电子隐私指令第 4 条（3）节关于个人信息外泄通知的规定，引入了告知个人信息外泄的义务。

3.4.4.3　第三部分　数据保护影响评估及先行授权

第 33 条引入数据管理者及处理者在进行有风险性的信息处理行为前，实施信息保护影响评估流程的义务。

第 34 条关注那些在进行影响评估之前需要获得监管当局授权的案例，基于 95/46/EC 指令第 20 条关于先行检查的概念。

3.4.4.4　第四部分　数据保护专员

第 35 条要求政府部门以及私人部门中的大型企业，或者数据管理者及处理者处理数据的核心活动需要经常性与系统性监管的企业，强制性引入一个数据保护专员。该条款基于 95/46/EC 指令第 18 条（2）节，为成员国引入类似规定并替代一般性汇报要求提供了可能性。

第 36 条定义了数据保护专员的地位。

第 37 条定义了数据保护专员的核心任务。

3.4.4.5　第五部分　行为准则及认证机制

第 38 条，基于 95/46/EC 号指令第 27 条（1）节的理念，关注了行为准则，确认了准则的内容及程序，并确定欧盟委员会有权决定行为准则的一般有效性。

第 39 条引入建立认证机制及数据保护封条与标志的可能性。

3.4.5　第五章　个人数据转移至第三国或国际组织

第 40 条讨论了作为一般性原则，任何向第三国或者国际组织进行的个人数据转移均应当遵守该《管理规定》的义务。

第 41 条，基于 95/46/EC 号指令的第 25 条，设置了欧盟委员会接受一个妥善决定的标准、条件及流程。该标准将被纳入欧盟委员会关于在明晰法治、司法赔偿及独立监管情况下的充足与非充足保护测试。该标准目前确定了欧盟委员会在第三国的领土或数据处理区域内达到数据保护要求的可能性。

第 42 条要求向第三国传送数据，需要列出合适的保障措施，特别是标准的数据保护条款、约束性的公司规定及合同条款，但该条款未获得欧盟委员会认可。利用欧盟委员会标准化数据保护条款的构想来自于 95/46/EC 号指令第 26 条（4）节。作为一个新的组成部分，类似的标准化数据保护条款将被监管部门接受并被委员会宣布普遍适用。约束性公司规定在法律文本中被特别提及。合同条款的选择为数据管理者和处理者提供了灵活性，但是这需要监管部门的预先授权。

第 43 条，基于现行实际操作及监管部门要求，从细节上进一步描述了通过约束性公司规定转移数据的条件。

第 44 条，基于 95/46/EC 号指令第 26 条中的现有条款，澄清了数据转移中的特殊情况。这将被应用于与保护公共利益相关的数据转移，例如竞争管理机构、税务及海关机构、社会安全机构及渔业管理机构。此外，在有限情况下，监管机构将对数据管理者和处理者的合法利益进行鉴定，但这仅在对数据转移活动进行评估并对情况进行文本备案的情况下才会实施。

第 45 条提供了欧盟委员会与第三国监管机构在数据保护的国际合作机制，特别是那些希望采取充足水平数据保护，并参考了经济合作与发展组织（the Organisation for Economic Cooperation and Development）于 2007 年 6 月 12 日在保护隐私的跨境合作方面的建议的国家。

3.4.6　第六章　独立监管机构

3.4.6.1　第一部分　独立地位

第 46 条，基于 95/46/EC 号指令第 28 条（1）节，要求成员国设立监管机构，并扩大监管机构的权限以开展跨国合作及与欧盟委员会的合作。

第 47 条阐述了独立监管机构的情况，判例法来自于欧洲法庭，部分内容来自于（EC）No 45/200135 管理规定的第 44 条。

第 48 条为监管机构的成员提供了一般条件，判例法来自于欧洲法庭，部分内容来自于（EC）45/2001^① 管理规定的第 42 条（2）节至（6）节。

第 49 条为成员国通过法律设立监管机构设置了规定。

第 50 条，基于 95/46/EC 指令第 28 条（7）节，主张监管机构成员及员工拥有职业守密义务。

3.4.6.2　第二部分　责任与权力

第 51 条规定了监管机构的能力要求。基于 95/46/EC 指令第 28 条（6）节（在监管机构本身国家内的能力），每个国家的领导性监管机构需要贯彻一般性规则，以确保在数据管理者或处理者涉及多个国家时，可以实现监管规定的统一应用（"一站式购物"）。法院作为司法机构，将免除数据监管机构的监管，但是依然有义务遵守数据保护的规定。

第 52 条提供了监管机构的责任，包括听取和调查国民的意见与申诉，促进公共机构在数据保护方面的风险意识、规则遵守、保障措施及权利行使。

第 53 条为监管机构提供了权力支持。该条款部分基于 95/46/EC 号指令第 28 条（3）节及（EC）45/2001 号管理规定第 47 条，并增添了一些新元素，包括采取行政处罚的权力。

第 54 条，基于 95/46/EC 号指令第 28 条（5）节，要求监管机构撰写年度活动报告。

3.4.7　第七章　合作与一致性

3.4.7.1　第一部分　合作

第 55 条，基于 95/46/EC 号指令第 28 条（6）节第二小段，介绍了强制性相互帮助的清晰规定，包括未能依照另一个监管机构的要求提供协助的情况。

---

① （EC）45/2001 管理规定为欧洲议会及欧盟理事会于 2000 年 12 月 18 日在与社区机构处理个人信息及数据自由流动相关的个人信息保护方面的规定。

第56条，部分参考2008/615/JHA号欧盟理事会决议①第17条，引入共同合作规定，包括监管机构参与类似活动的权利。

3.4.7.2　第二部分　一致性

第57条为确保规则应用的统一性引入了一个一致性机制，以应对可能涉及多个成员国的数据主体的信息处理活动。

第58条根据欧洲数据保护委员会（European Data Protection Board）的意见，设置了一些程序和条件。

第59条关注欧盟委员会对于一致性机制相关事务的意见，该意见有可能支持欧洲数据保护委员会，也有可能与之产生分歧。该条款同时还关注监管机构的措施草案。由于欧洲数据保护委员会已经在第58条（3）节中提出了问题，可以预期欧盟委员会将在需要时行使判断力并表达观点。

第60条关注欧盟委员会要求胜任的监管机构暂时推迟措施草案的应用，因为当前需要确保《管理规定》的正确应用。

第61条为紧急情况下采取临时措施提供了可能性。

第62条要求欧盟委员会在一致性机制下采取行动。

第63条要求对成员国内所有监管机构采取强制措施，并将一致性机制的采用作为监管机构法律有效性的前提条件。

3.4.7.3　第三部分　欧洲数据保护委员会

第64条设立了欧洲数据保护委员会，由各成员国监管机构的首领及欧洲数据保护监管者组成。欧洲数据保护委员会替代了根据95/46/EC号指令第29条设立的与个人信息处理相关的个人信息保护工作组。需要澄清的是，欧盟委员会不是欧洲数据保护委员会的成员，但有权力参与会议。

第65条强调并阐明了欧洲数据保护委员会的独立性。

第66条，基于95/46/EC号指令第30条（1）节，描述了欧洲数据保护委员会的任务，并提供了额外元素，反映了欧洲数据保护委员会在欧盟内外逐步扩大的活动范围。为了可以对紧急情况采取恰当回应，它为欧盟委员会提供了询问意见观点的可能性。

第67条，基于95/46/EC号指令，要求欧洲数据保护委员会对活动进行年度报告。

---

① 2008年6月23日通过的2008/615/JHA号欧盟理事会决议关注跨境合作，特别是打击恐怖主义及跨国犯罪方面的跨境合作。

第 68 条规定了欧洲数据保护委员会的决策步骤，包括采纳流程规定和操作安排的义务。

第 69 条包含对欧洲数据保护委员会主席及副主席的规定。

第 70 条确立了主席的任务。

第 71 条规定欧洲数据保护委员会的秘书处将由欧洲数据保护监督人提供，并确定了秘书处的任务。

第 72 条规定了保密性原则。

3.4.8　第八章　救济、责任及处罚

第 73 条，基于 95/46/EC 号指令第 28 条（4）节，保障了任何数据主体向监管机构递交申诉的权利。它同样规定，实体、组织和协会可以替代数据主体提交申诉，或者在个人信息外泄事件中，独立于数据主体提交申诉。

第 74 条关注针对监管机构的司法救助的权利。该条基于 95/46/EC 号指令第 28 条（3）节。它提供了一个特殊的司法救助体系，以约束监管机构对申诉采取的措施，并确认成员国法院的权限。同时，该条为数据主体所在国的监管机构代表数据主体在其他国家的法院进行诉讼提供了可能性。

第 75 条关注针对数据管理者或数据处理者的司法救助的权利。该条基于 95/46/EC 号指令第 22 条，为去被告所在国还是数据主体所在国法庭审理案件提供了选择。当某些案例由于一致性原则悬而未决时，法院将选择延迟判决，除非案件紧急。

第 76 条为法院审理程序制定了一般性规则，包括公司法人、组织或协会代表数据主体参与诉讼的权利，监管机构参与法院审理流程的权利，在另一个成员国其他法院审理时平行信息的流动，以及法院延缓判决的可能性等。成员国有义务保证法院迅速判决。

第 77 条设置了赔偿金和责任。该条基于 95/46/EC 号指令第 23 条，并将该权利扩展至有数据处理者造成的伤害，并确认了数据合作掌控者和合作处理者所负有的责任。

第 78 条要求成员国为罚金制定法律，以惩罚违反《管理规定》的行为，并确保其实施。

第 79 条要求所有的监管机构对违反名录中规定的企业进行处罚，根据案例环境的不同，收取不同规模的罚金。

3.4.9　第九章　与特殊数据处理有关的规定

第 80 条要求成员国在面对保护个人信息的权利与言论自由的权利相冲突时，根据

《管理规定》中的特殊条款，免除当事人部分责任。该条款基于95/46/EC号指令第9条，并经由欧盟法院的解读认可。

第81条要求成员国进一步确认数据特殊种类的条件，以确保与健康相关的数据处理得到特殊保护。

第82条为成员国提供授权，为雇用环节的个人信息处理采用特殊法律。

第83条为用于历史学、统计学及科学研究目的个人数据处理设置了特殊条件。

第84条授权成员国为监管机构设置特定法律，使其可以取得个人信息，包括数据管理者有义务保密的信息。

第85条基于《欧洲联盟运作条约》第17条，许可了在《管理规定》范围内，教堂现有的全面数据保护规定将继续运作。

3.4.10　第十章　授权行动与实施行动

第86条包含了行使权利的标准条款。该条与《欧盟技术运作条约》第290条相一致。该条允许立法者将权利委托给欧盟委员会，使其可以接受条约外的行动作为补充，或修正现有法律及条约的非核心部分。

第87条包含了对欧盟委员会贯彻实施欧盟所需的法律条约时所需进行的程序的规定。该条约与《欧盟技术运作条约》第291条相一致。政策检验程序同样得到应用。

3.4.11　第十一章　最终条款

第88条废止了95/46/EC号指令。

第89条定义了与2002/58/EC号电子隐私条款的关系，并且对其作出一定修正。

第90条要求委员会评估《管理规定》并递交相关报告。

第91条规定了《管理规定》的实行时间及其过渡期。

4. 财务预算影响

在与这份提案相伴的一份财务报表中，与目标相关的特殊财务预算的影响被指派给欧洲数据保护监管者计算。预算的影响需要从财务视角重新计算。

该提案没有考虑行动花费方面预算的影响。

这份与提案相伴的财务报表影响包含了《管理规定》本身的预算性影响，以及指令警方和法律机构从事数据保护带来的预算影响。

欧洲议会与欧盟理事会

依据欧盟运作条约，特别是第 16 条（2）节和第 11 条 4（1）节：依据欧盟委员会的提议，在起草的立法法案递交至欧洲议会后，依据欧盟经济与社会委员会的观点，在商讨欧盟数据保护监管规定后，遵从普通立法流程行动。

决议如下：

（1）对自然人个人信息处理的相关保护是一项基本人权。欧盟基本人权宪章第 8 条（1）节和条约第 16 条（1）节规定该权利人人得以享有。

（2）个人信息处理应服务于人；在涉及个人数据处理的个人保护方面的基本原则与规定是，无论该人身处何地、国籍为何，皆享有该基本权利和自由，特别是在个人数据信息保护方面。个人信息处理应促进自由、安全、公平领域以及某一经济体的经济社会发展，并加强和聚合内部市场经济，增强个人幸福感。

（3）欧洲议会及欧洲理事会在 1995 年 10 月 24 日颁布的 95/46/EC 号指令，即关于涉及个人数据处理的个人保护以及此类数据自由流动的指令，设法协调基本人权保护，以及自然人处理活动方面的自由，以保证成员国间个人数据的流动。

（4）内部市场运作带来的经济和社会融合，导致跨境流动的大幅增长。欧盟各地的经济、社会、公众与个人之间的数据交换愈发频繁。欧盟法律号召成员国当局互相合作，交换个人数据，以便能履行他们的职责或以官方名义承担对他国的义务。

（5）科技的迅猛发展和全球化，给个人数据保护带来新的挑战。数据分享和收集规模的增长速度令人惊叹。科技使得私人公司与公共机构可在前所未有的大范围内利用个人数据，以完成他们的活动。个人正愈加公开化、国际化他们的个人信息。科技改变了经济和社会生活，并进一步使得成员国间、国家间的、国际组织间的数据自由交换更为便利，同时确保了高水平的个人数据保护。

（6）这些发展要求欧盟依靠强大的执行力建立一个强大且统一的数据保护机制，鉴于建立信任的重要性，这将促进数字经济在内部市场的发展。个人应控制自己的个人数据，而关于个人、经济运行者和公共机构的法律确定性以及实际确定性应得到增强。

（7）95/46/EC 号指令的目标和原则仍然强劲，但它没能避免欧盟间个人数据保护推行的分裂、法律上的不确定性，以及线上活动明显伴有个人保护的显著风险的公众认知。成员国间个人权利和自由的保护水平的差异，特别是个人数据保护方面的差异，可能阻碍个人数据在欧盟的自由流动。这些差异可能构成欧盟内部经济活动的障碍与不当竞争，并阻碍当局履行欧盟法律规定的职责。保护水平的差异导致95/46/EC号指令在实施和应用上有所不同。因此当前需要在欧洲建立更强、更一致的数据保护机制。其背后是强大的执行力，以推动数字经济在内部市场的发展，有助个人控制自己的数据信息，为经济运营体和公共机构巩固律法，增强实际可行性。

（8）为确保个人保护的连贯性和高水准，清除个人数据流动上的障碍，成员国间对有关数据处理的个人权利及自由的保护水平应该是平等的。欧盟各地应确保，有关自然人涉及个人数据保护的基本权利和自由的保护规则，其实施应具有一致性、统一性。

（9）欧盟内部个人数据保护的有效性，要求加强并详细说明数据对象的权利，和处理、决定个人信息处理者的义务。而且，在监测和确保个人数据规则的合规性、制裁侵犯者等方面，成员国应具有同等权利。

（10）条约第16条（2）节委任欧洲议会和欧盟理事会制定关于个人数据处理的个人保护规则，及关于个人数据自由流动的规则。

（11）为确保欧盟间个人保护水平的一致性，避免阻碍内部市场数据自由流动的差异性，《管理规定》有必要为包括微型、小型、中型企业在内的经济运营者，提供法律确定性和透明性。且为所有成员国间个人信息的数据管理者、处理者，提供同等级别合法的可实施的权利、义务和责任，以确保个人信息处理监测的一致、所有成员国制裁的平等，以及不同成员国监督机构的有效合作。考虑到微型、小型、中型企业的特定情形，该《管理规定》包括了一定数量的减损预估。此外，欧盟机构和团体、成员国以及他们的监管机构，被鼓励在《管理规定》的实施中，考虑微型、中小型企业的确切需求。微型、小型、中型企业的定义，应依据2003年5月的2003/361/EC号欧盟委员会建议确定。

（12）无论国籍或居所，只要涉及个人信息处理，即为该《管理规定》所关注的自然人保护。与法人有关的数据处理，和特定事业单位设立的法人，包括名字、法人的建立和法人联系方式等，均受此规定保护。该条同样适用于法人为一人或多个自然人的情形。

（13）个人的保护应保持技术中立，且不依赖任何技术使用；否则将导致严重的技术规避风险。如果数据被包含于或打算包含于文件系统，个人保护既适用于个人信息的自动处理，也适用于人工处理。无法依据特定标准构造的文件或文件的设置以及它们的封面，不属于本《管理规定》范围。

（14）该《管理规定》并未提出关于基本权利和自由的保护问题，也不包括欧盟法律范围外活动数据自由流动的保护，同时还不包含欧盟机构、团体、机构的个人信息处理问题，这是 45/2001 号法规（EC）的主要内容。除此之外，还不包括成员国间在实施涉及一般外国和欧盟安全政策活动时的个人数据保护。

（15）该《管理规定》不适用于个人或家庭的自然人的信息处理，如通信和持有的地址等，不涉及任何报酬收益，因此也不涉及任何专业或经济活动。免责条款同样不适用于为个人和家庭活动提供个人数据处理方式的数据管理者、处理者。

（16）通过充足的权利保护、调查、侦测、检举刑事犯罪、实行刑事处罚，保护涉及个人数据处理的个人以及此类数据自由流动，是特定的欧盟级别法律文件的主题。因此，本《管理规定》不应适用于因上述目的而进行的处理活动。但是，根据《管理规定》，公共机构以保护、调查、侦测、检举刑事犯罪、实行刑事处罚为目的的数据处理，应由更具体的欧盟级别法律文件管理（XX/YYY 指令）。

（17）本《管理规定》不应损害适用于 2000/31/EC 号指令的权益，特别是该指令中第 12 至 15 条对中间服务提供者责任的规定。

（18）应用本《管理规定》制定的条款时，允许考虑公众接触官方文件的法则。

（19）任何由欧盟内的数据管理者和处理者参与的个人信息处理活动均应符合该《管理规定》，不论该处理本身是否发生在欧盟。此类安排的法律形式，不论是法人资格的分支还是辅助，均非此方面的决定因素。

（20）为确保个人不被剥夺本《管理规定》赋予的保护权，设施不在欧盟的数据管理者对居住于欧盟的数据主体的个人数据处理，涉及对数据主体提供货物或服务，或对该数据主体的行为监督等的也应服从该《管理规定》。

（21）为决定一项处理活动是否可被认定为对数据主体的"行为监督"，应确定个人是否利用数据处理技术进行网络追踪，主要为运用个人"资料"，作出与他或她相关的决定，或分析、预测他或她的个人喜好、行为以及态度。

（22）成员国国家法律符合国际公法道德时，而本《管理规定》亦适用于设施不在欧盟的管理者，比如成员国的外交使团或一般外交人员。

（23）保护的原则适用于任何有关已鉴别或可鉴别的人的信息。为确定一个人身份，应考虑所有可能被数据管理者或其他人用来鉴别个人身份的方式。数据保护原则不应适用于数据主体不可辨的匿名数据转移。

（24）使用线上服务器时，个人可能会连接线上服务器提供的设备、应用、工具或协议等提供的线上身份标识，比如网络协议地址或计算机文件标识。这可能会留下痕迹，此类痕迹带有唯一身份标识以及该服务器接收的其他信息，可能会被用于创建个人档案并标识他们的身份。伴随的是身份鉴别数字、地址信息、线上身份标识或其他具体内容，而这些在部分情况下，可不视为个人数据。

（25）数据主体应以恰当方式予以明确的同意意见，以保证其能自由给予具体的、已知的指示的愿望。这可以是数据主体的声明或清楚的认同行为，确保个人知晓他们给出了处理个人数据的同意意见，包括访问网站时在方框中打钩，或其他以文字明确告知数据主体请求处理他们的个人数据的声明或引导。

（26）有关健康的个人数据，应特别包括数据肢体所有与医疗地位有关的数据；个人注册医疗服务款项的信息；个人相关的医疗赔偿或资格；个人用于医疗目的的数字、标识特别是签名等唯一身份辨识；医疗服务款项中收集的个人信息；包括生物辨识样本等的来源于身体测试或检查的信息；个人医疗保健提供的可识别个人的信息；或其他任何有关疾病、残疾、疾病风险、药物史、临床诊疗的信息；或独立于来源之外的实际的数据主体的生理或医学状态，比如来自主治医生或其他医疗专家的、来自医院的、来自医疗设备或体外诊断测试的信息等。

（27）应根据客观准则审定数据管理者在欧盟的主要办公场所，且应当通过稳定的协议了解数据处理的目的、条件以及手段，从而确定管理活动的有效性和真实行动。不论个人数据处理是否确实在当地进行，此准则都不应变化；也不会因个人数据处理或处理活动中使用、出现的科技手段和技术而变化，因此设立类似办公场所并不能作为其为主要办公场所的标准。处理者的主要办公场所应置于它在欧盟的中心行政机构处。

（28）由于所有权、经济参与度、管理规则或可进行个人数据保护的力量等，控制企业可对其他企业实行主导影响。

（29）儿童的个人数据应有更详尽的保护，因为他们缺乏风险意识、结果意识、保护意识以及关于他们的个人数据保护权利的意识。为确定个人是否属于儿童，本《管理规定》应采纳欧盟《儿童权利公约》中儿童的定义。

（30）任何个人关心的对个人数据的处理都应合法、公正、透明。特别是，因特定目的处理的数据，应在收集数据时就是明确的、合法的、获得同意的。数据必须且应当符合数据处理目的的最小需要；这就要确定数据收集没有过度，数据储存期是在严格的时间限制之内。当其他方式无法实现目的时才能处理个人数据。每一个合理步骤都应确保校正或删除了不精确的个人数据，以确保数据不会超出必要期限而保存，数据管理者需要设置抹除或阶段性审核的时间期限。

（31）为使处理合法，个人数据应在个人统一或其他法律确定的基本内容的基础上被处理，比如本《管理规定》或本《管理规定》转述的其他欧盟成员国法律。

（32）当处理是基于数据主体的同意时，数据管理者有义务证明数据主体给予了对处理操作的同意。特别是在涉及另一事物的书写声明文本中，应确保数据主体知晓并予以了同意。

（33）为确定自由同意，应阐明当个人无法实际、自由选择，其后也无法拒绝或撤销无害同意时，该同意没有有效的法律依据。

（34）当数据管理者与数据主体之间存在明显的不平衡时，个人的同意意见不能作为个人数据处理的有效法律依据。特别是在数据主体依赖于数据管理者的情况下，比如雇佣者在雇用文书中处理雇员的个人数据。当数据管理者为公共机构时，仅在特定数据的处理操作中会有不平衡，即在公共机构以其相关公共力量推行义务时，考虑到数据主体的利益，此时同意不被视为自由赋予。

（35）在合约文本中或拟定签订合约中所需的数据处理应当是合法的。

（36）当处理是在数据管理者所遵守的法律职责下实行时，或因公共利益的任务而实行的，或是官方机构的行为时，处理应以欧盟法律或成员国法律中符合《欧盟基本人权宪章》要求的关于权利和自由的限制内容为基础。这也是为了联盟或国家法律能决定因公共利益而履行任务的数据管理者或官方机构，是否是公共行政机构或其他公共法或职业组织等的隐私法所管理的自然人或法人。

（37）当有必要保护数据主体生活的核心利益时，个人数据的处理应同样被视为是合法的。

（38）数据管理者的正当利益为处理提供了法律基础，但不凌驾于数据主体的利益、基本权利和自由之上。当数据主体是儿童时需要特别谨慎评估这点，因为儿童应获得特别的保护。数据主体有权反对有关他们的实际情况或无偿的处理。为保证透明度，数据管理者有义务明确告知数据主体其所追求的正当利益及目标权利，同时也有义务以文献记录这些正当利益。鉴于立法机关的法律赋予公共机构处理数据的法律基础，此类法律依据不应申请用于公共机构的任务履行。

（39）以下数据处理为相关数据数据管理者的正当利益。比如一定程度严格而必要的确定网络和信息安全的数据处理，即在保密级别内阻止网络或信息系统的能力，比如因偶然事件或非法或恶意举动让步于储存或转移的数据的可用性、真实性、完整性和机密性的处理行为，以及为确保他们的网络或系统或公共机构、计算机应急响应小组-CERT、计算机安全事件响应小组-CSIRT、电子通信网络及服务器供应商、安全科技及服务供应商的安全处理。比如，这可避免未经授权的电子通信网络访问、恶意代码攻击、阻止"拒绝服务"攻击和计算机以及电子通信系统的损坏。

（40）其他目的的个人数据处理仅可在与数据收集原始目的相融的情况下进行，特别是以真实的、统计的、科学的搜集为目的的情况下。当其他目的不与数据收集原始目的相融时，数据管理者需获取数据主体对这些其他目的的同意，或需是正当利益下的合法处理，特别是那些数据管理者应服从的联盟法律或成员国法律。总之，应确保本《管理规定》所设立的原则的应用，特别是数据主体关于其他目的的知晓权。

（41）因其性质，涉及基础权利或隐私的个人数据特别敏感脆弱，应受明确具体的保护。此类数据不应被处理，除非数据主体给予了明确清晰的同意。但是，违背此项禁令应为明确的相关的具体需求，特别是特定组织或基金会以寻求实现基本自由为目的的法律活动中实行的处理。

（42）因法律而违背敏感类别数据处理禁令的行为应得到许可与适当的保护，以便保护个人数据和其他基本权利。此类行为可以是出于有关司法特别是卫生的公共利益的行为，包括公共卫生、社会保护、医疗服务管理以及医疗保险系统的服务，特别是那些为确定医疗服务管理质量的，和为确定据称可受益而设置的程序的成本效益的，或以有根据、有统计、科学的研究为目的的行为等。

（43）官方机构为实现受宪法或者国际化保护，或者符合官方认定的合法宗教组织的目的时，进行的个人数据处理，应出于公共利益而进行。

（44）在成员国的选举活动当中，民主系统的操作使得政治党派需要收集选民的政治倾向，在建立了合适保护机制的情况下，出于公共利益，对此类数据的处理可以进行。

（45）如果数据管理者所处理的数据无法帮助管理者鉴别自然人身份，则数据管理者不需要为遵守本《管理规定》的任何条款而去获取用以鉴别数据主体的附加信息。在需要访问数据时，管理者应有权向数据主体询问更多信息，以便于数据管理者能定位其所寻求的个人数据。

（46）根据透明度原则，任何向公众或数据主体提供的信息，所用语言均需简单明了、清晰易懂。比如线上广告的投放、演员数量的激增以及实际操作中的技术复杂性，这些都使数据主体在理解与他们有关的个人资料是被何人出于何种目的而收集时，变得更加困难。鉴于儿童需要给予特殊保护，在提供特别针对儿童的信息时，所用语言应简单明了，便于儿童理解。

（47）为便于数据主体行使《管理规定》所提供的权利，应向其提供具体权利形式，包括免费请求机制，尤其是接触、修改、删除数据以及实际应用的权利。数据管理者须在规定时间内对数据主体所提出的请求予以回应并给出原因，以防止数据管理者不遵守数据主体请求的情况发生。

（48）根据公平、透明的处理原则，应通知数据主体数据处理过程及其目的、数据储存时长以及他们所拥有的接触、修改删除数据及投诉的权利。从数据主体处收集信息时，也应通知数据主体是否有义务提供数据以及拒不提供的后果，以防止其不提供所需数据。

（49）在处理与数据主体有关的个人信息时，应该在收集时向其提供所需信息，如果数据并非在数据主体处收集，视所处情况，应在合理时间内向其提供信息。如需合法向另一人提供数据时，应通知数据主体数据首次向另一人公开的时间。

（50）然而，如果数据主体已处理相关信息，或者数据的记录和公开已有法律明文规定，或者出现针对数据主体的信息条款不可行或事倍功半的情况，就没有必要强加这一义务。后者更多出现在出于历史、统计或科学研究需要而进行的信息处理中。就这一点而言，数据主体数、数据年限及一切所采取的补偿性措施都应列入考虑范围。

（51）为了了解与证实数据处理的合法性，任何人都有权利接触所被收集的自身数据，并且能够轻松行使这一权利。因此，每个数据主体都有权了解与交流相关信息，尤其是关于数据处理目的、处理时长、数据接收方、数据加工的逻辑或可能逻辑，至少是在基于性能分析的情况下，了解这一数据处理过程的后果。这一权利不应对他人的权利和自由造成不利影响，包括商业机密、知识产权，尤其是软件的版权保护，然而这并不意味着这些信息就要完全与数据主体隔绝。

（52）数据管理者应采取一切合理措施查证请求接触数据的主体身份，尤其是针对在线服务和在线识别更应如此。数据管理者不应出于能对潜在要求作出反应的特殊目的而私自保留数据。

（53）任何人都有权利修改与其有关的个人信息，当数据的保存未遵守《管理规定》要求时，也有权要求删除其数据。尤其是，当出现以下情况时，数据当事人应有权清除其个人信息并拒绝数据再被处理。这些情况包括：数据不再与其被收集或处理的目的有必然联系，数据主体撤销其对数据处理的授权，数据主体反对处理与其有关的个人信息，对数据主体的个人信息处理未遵守《管理规定》要求。当出现以下情况时，这一权利应尤其被重视：数据主体在未成年时授权，并未完全意识到数据被处理的危险性，成年后想要删除这些数据，尤其是在互联网上传播的个人数据。但是，在以下几种情况中，应允许对数据的进一步保存，此时可限制对数据的处理，但不应删除：出于历史、统计或科学研究需要，出于对公众的公共卫生利益考虑，出于言论自由考虑，出于法律需要或其他原因。

（54）为了强化删除互联网中信息的权利，清除数据的权利也应以以下方式扩展：将个人数据公之于众的数据管理者有责任通知处理数据的第三方，数据主体要求其撤销一切有关个人信息的链接和备份。数据管理者应采取一切合理措施确保这一信息的传达，包括使用技术手段处理其所负责的被公布的数据。至于第三方所公布的个人信息，因数据管理者授权了第三方的行为，故其应对信息公布负责。

（55）为进一步强化对自身信息的控制及接触信息的权利，当个人信息以常见的电子形式被处理时，数据主体有权得到一份同样电子形式的与其有关信息的备份。数据主体也有权传播这些信息，将信息从一个自动化的程序，比如社交网络，提供给另一个。当数据主体向基于其授权或合同执行的自动加工系统提供信息时，这一规则适用。

（56）当出于保护数据主体关键利益的目的，或出于公众利益、数据管理者的职务权限或合法权益考虑时，个人信息可能会被合法加工。任何数据主体都无权拒绝处理任何与其有关的信息，数据管理者应尽力证明他们的合法权益可能比数据主体的基本权利和自由更重要。

（57）当个人信息被出于直接营销目的处理时，数据主体应有权拒绝此类无偿信息处理。在某种意义上，这种情况极易发生。

（58）每个自然人都有权不受基于自动处理分析方法的措施制约。但是，在以下情况下这些措施应被允许：法律明文授权，合同的录入和执行中明文标出，数据主体已授权。在任何情况下，都应对这些信息的处理进行适当保护，包括数据主体的特别信息及得到人为介入的权利，但这些措施均不涉及儿童。

（59）欧盟或成员国法律可能会限制特殊规则及了解、修改、清除或移植数据的权利，也可能会限制反对权，基于分析的措施，违背数据主体意愿的个人信息交流以及强加给数据管理者的与其必然相关的责任。法律这样做是为了在一个民主社会里必要且适当地保卫公众安全，这其中包括：在天灾人祸中保证人身安全，预防、调查及检举刑事犯罪或违背行业伦理规范行为，保护欧盟及成员国的公众利益，尤其是重要的经济利益，保护数据主体或其他人的自由和权利。这些限制应该遵循《欧盟基本权利宪章》或《欧洲保障人权与基本自由公约》所提出的要求。

（60）对于任何由数据管理者执行的个人信息处理或数据管理者的表现，都应建立数据管理者的综合责任制度。尤其是，数据管理者应有责任确保及证明每个数据处理过程都是遵循《管理规定》的。

（61）出于对数据主体权利和自由的保护，在设计及进行数据处理的过程中需要采取适当的技术和组织性措施来确保其遵守了《管理规定》的要求。为确保和证明数据处理遵循了《管理规定》的要求，数据管理者应采取内部政策，实施适当措施，以在设计和违约处理上都遵循数据保护的规则。

（62）对数据主体权利和自由的保护，以及数据管理者和数据处理者的相关责任，都与当局的监督有关，这就需要在《管理规定》下有一个清晰的责任归因，包括数据管理者如何与其他数据管理者一起决定了数据处理的目的、情况和方法，或者如何代表一个数据管理者进行了数据处理等。

（63）如果一个不属于欧盟的数据管理者处理欧盟数据主体的个人信息，而他的处理又会向这些数据主体提供商品或服务，或监督他们的表现，那此数据管理者需指定代表来代表自己。以下情况除外：数据管理者属于能够确保对数据进行充足保护的第三世界国家，数据管理者为中小型公司，数据管理者为公共机关或团体，数据管理者仅偶尔向数据主体提供商品或服务。数据管理者所指定的代表应能够代表数据管理者并且能被任何监督机构联系到。

（64）为确定数据管理者是否只是偶尔向欧盟数据主体提供商品和服务，应查明数据管理者向数据主体提供商品和服务的全部行为是否从属于其主要行为。

（65）为证明数据处理遵守《管理规定》，数据管理者或数据处理者应记录每次数据处理过程。每个数据管理者和数据处理者都有责任同监督机构合作，使其成为文件材料，并使其遵循要求便于获得，以便于监督数据处理过程。

（66）为保证数据安全，防止数据处理过程违背《管理规定》，数据管理者或数据处理者应预估数据处理会有风险并采取相应措施减轻。考虑到被保护信息的风险和本性与实际情况及实施成本有关，这些措施应保证其一定程度的安全。当采取技术标准及组织性措施以确保数据处理安全时，欧盟委员会应促进技术中立、互通性、创新以及与第三世界国家的适当合作。

（67）出于个人因素考虑，个人数据外泄如果未能及时充分处理，可能会导致实质性的经济损失和社会危害，包括身份诈骗。因此，数据管理者一旦意识到数据外泄已发生，应尽力在 24 小时内通知监督机构。若数据管理者不能在 24 小时内通知监督机构，在通知时应一并解释延迟通知原因。数据管理者也应立即通知数据被外泄的个人以允许其采取必要的预防措施。数据外泄会损害数据主体的个人数据或隐私，并可能会导致以下情况，比如：身份盗窃或欺诈、人身伤害、声望受损等。对个人的通知应包括数据外泄的实质情况，以及指导当事人尽可能减轻负面影响的建议。应立即通知数据主体，与监督机构保持密切联系，尊重监督机构或其他相关机构（比如：执法机关）所提出的指导。比如，如果数据主体及时通知监督机构，则即时风险会减少，监督机构出于合法需要可能会延迟处理时间，以实施合适措施来防止类似的数据外泄继续发生。

（68）为确定个人数据外泄是否及时通知监督机构及数据主体，应查明数据管理者是否立即采取适当技术性保护及组织性措施来确定个人数据是否外泄。特别是，考虑到个人数据外泄的严重性及其后果，以及对数据主体的负面影响，应查明数据管理者是否在当事人个人及经济利益受到损害前就通知了监督机构及数据主体。

（69）为设立能应用在通知个人数据外泄上的格式及程序的细节性规则，应适当考虑数据外泄的环境，包括是否采取合适的技术措施来保护个人数据，这样就有力地限制了身份诈骗或其他形式的数据滥用的可能性。此外，相关规则和程序也应将执法机关的合法权益考虑其中，以防过早公开会对数据外泄环境的调查造成不必要的妨碍。

（70）95/64/EC 号指令直接规定了监督机构对个人数据处理进行通知的义务。当这一义务已经造成行政及经济负担时，它就已经不利于对个人数据的保护了。因此，应废除这种不加区别的通用通知义务，以有效的程序和机制代替这种集中于数据处理过程，可能会通过其本质、眼界或目的，进而对数据主体的权利和自由造成一定风险的义务。在这些案例中，对数据保护影响的评估应由数据管理者或对数据处理有优先权的处理者来进行，尤其是应包括所设想的措施、保卫及机制以确保其对个人数据的保护及对《管理规定》的遵守。

（71）这一规则尤其应用于新建立的大规模文件系统中，这些文件系统能够处理大量地区性、国家性或跨国性的个人数据，并且能够对大量的数据主体造成影响。

（72）在一些合理及经济的环境下，数据保护影响评估的主题不应仅限于一个单独的主题。比如，公共机关或团体意欲建立一个通用申请表或处理平台，几个数据管理者计划引进一个通用申请表，数据处理环境涉及多个行业部门，或者为了使活动能更广泛地应用。

（73）如果数据保护影响评估不是在遵循国家法律的情况下被制定，那么应由公共机关或公共团体执行。其中，公共机关或团体的表现也应基于国家法律、法律规定的特殊处理过程或还在考虑中的数据处理设定。

（74）数据保护影响评估指出，当数据处理过程对数据主体的权利和自由带来高风险时，如拒绝当事人行使其权利，或使用了特殊的新技术等，此时监督机构应在数据处理开始前被询问。这一有风险性的数据处理过程若没有遵循《管理规定》的要求，则监督机构应提出建议以纠正该情况。这种询问也应该发生在准备过程中，或者是基于国家议会的措施，或者是基于法律所定义的数据处理本质及适当保护的措施。

（75）如果数据处理在公共部门、大型私人企业或者核心业务涉及数据处理并需要常规和系统性检测的企业进行时，应有人协助数据管理者或处理者来监测公司内部是否遵守了《管理规定》的规则。不论这些负责数据保护的官员是否为管理者公司的雇员，他们都应该独立完成其责任与任务。

（76）考虑到其在某些企业进行数据处理的特殊角色，应鼓励代表数据管理者分类的协会或其他团体在遵守《管理规定》的前提下起草行为模式，这样做是为了促进《管理规定》的有效应用。

（77）为增加规则透明度，加强对《管理规定》的遵守，应鼓励建立认证机制，对数据保护进行密封及标记，以便数据主体能够快速了解相关产品及服务的数据保护水平。

（78）为扩展国际贸易及国际合作，个人数据的跨境流动是十分必要的。数据跨境流动的增加引起了个人数据保护的新挑战和新关注。然而，当个人数据从欧盟流动到第三世界国家或国际组织时，欧盟所承诺的对个人的保护也不应被破坏。在任何情况下，只有完全遵守《管理规定》的要求，才可以将数据流动至第三世界国家。

（79）关于欧盟与第三世界国家间所签署的调节包括对数据主体的适当保护在内的个人数据流通的协议，本《管理规定》对此没有任何偏见。

（80）欧盟委员会可能会在欧盟的影响下，确认某些第三世界国家或领土，或其中的一个数据处理部门，或是某些国际组织是否能提供充足的数据保护，进而能够保证整个欧盟的法律确定性及一致性。在以上情况下，流通到这些地方的个人数据将不需要进一步的批准。

（81）在欧盟所建立的基本价值观影响下，尤其是对个人数据的保护，欧盟委员会应在评估第三世界国家时，考虑到如何对第三世界国家的法律规则，公平公正及国际人权的规范给予尊重。

（82）欧盟委员会可能也将同时意识到，第三世界国家或地区，第三世界国家的数据处理部门，或是国际组织，都不能提供充足的数据保护，那么就应该禁止个人数据向此类第三世界国家的流通。在这种情况下，应当对欧盟委员会与此类第三世界国家或国际组织的磋商作出相应规定。

（83）由于缺少妥善的决定，数据管理者或处理者应通过对数据主体采取适当的保护，来弥补第三世界国家对于个人数据保护的缺失。这些保护措施应包括：有约束力的企业规则，欧盟委员会或监督机构采用的标准数据保护条款，监督机构授权的合同条款，其他根据当时数据传播的环境所采取的合理措施，以及监督机构的授权。

（84）数据管理者或处理者使用欧盟委员会或监督机构所采纳的标准数据保护条款的可能性，不应妨碍数据管理者或处理者将标准数据保护条款列入更宽泛的合同中，或是增加其他条款的可能性，只要这些条款没有与欧盟委员会或监督机构所采用的标准合同条款产生直接或间接的矛盾，或是对数据主体的基本权利或自由产生妨碍就可以。

（85）为了将数据从欧盟向具有相同事业的组织传播，公司集团应使用已认可的约束力企业规则。这些规则应将基本规则和强制性权利列入其内，以保证对个人数据传播或传播分类采取适当保护。

（86）在以下情况下，应对数据流通的可能性作出规定：数据主体已授权，数据流通与合同或合法要求相关，亟须欧盟或成员国法律制定保护公共利益的重要依据，为满足公众咨询需要或个人合理利益，在法律范围内进行数据流通。在后一种情况下，当记录是为了满足有合法权益的群体的询问需要，或这一群体为数据接收者时，数据流通应不包括数据整体或记录中的整个数据类别。

（87）这些例外应尤其应用于那些出于保护公众利益的重要基础的需要和必要性而进行的数据流通，例如，在竞争主管机构、税收或海关当局、金融监督机构、社会安全管理机构间进行，并用于刑事犯罪的预防、调查、侦查及起诉间而进行的数据流通。

（88）那些不能频繁或大量流通的数据，可能是在数据管理者或处理者接触到数据流通的所有环境后，出于对合法利益的追求而决定的。在出于历史、数学和科学研究目的所进行的数据处理中，应将社会对于知识增长的合法预期考虑在内。

（89）在任何情况下，如果欧盟委员会未决定第三世界国家具备充分的数据保护水平，数据管理者或处理者应使用一切解决方法来向数据主体保证，一旦数据流通，他们将继续受益于欧盟为其数据处理所提供的基本权利和保护。

（90）为调节成员国司法权下的自然及合法数据处理活动，有些第三世界国家颁布了相关的法律、规则和其他合法条文。对这些法规的域外应用可能会违反国际法，妨碍《管理规定》中所保证的欧盟对于个人的保护。数据向第三世界国家的流通只有符合《管理规定》所规定情况才被允许，尤其是，当欧盟或成员国法律规定了个人利益的重要基础，而数据管理者从属于这些法律时，数据的公开是必要的。公众利益所存在的重要基础应由欧盟委员会的授权法案深入详细说明。

（91）当个人数据跨境流动时，会增加个人行使数据保护权利的风险，尤其是信息的非法使用和公开的风险。同时，监督机构也会发现，他们无法对境外活动进行投诉的追踪和调查。他们在跨境工作上所做的努力也可能会被不充足的预防措施或权利补偿、不一致的法律制度或是像资源约束这种实际桎梏所妨碍。因此，需要促进数据保护监督机构间更紧密的合作，来使他们与国际伙伴交换信息并一起进行调查。

（92）成员国建立监督机构，独立行使监督功能，是其保护个人数据处理的一个基本部分。成员国可能会建立多个监督机构来反映他们的宪法结构、组织结构和行政结构。

（93）当一个成员国建立多个监督机构时，应建立法律机制来确保同一体制下的监督机构的积极参与。尤其是，成员国应指定一个监督机构作为唯一组织，以保证与其他国家的监督机构，及欧盟数据保护委员会的合作能够平稳且迅速地进行。

（94）应向每个监督机构提供充足的经济资源、人力资源、前期准备及基础设施，这对于机构的高效工作是十分必要的，这些工作也包括与欧盟的其他监督机构的互相帮助与合作。

（95）每个成员国都应在法律范围内制定有关监督机构成员的基本条款，机构成员由成员国政府或议会任命，尤其是应向这些成员提供包括个人素质及其他成员职责在内的相关规则。

（96）监督机构应监督《管理规定》条款的应用，促进整个欧盟对《管理规定》的一致应用，目的是为了保护与所处理的个人数据有关的自然人，促进个人数据在境内市场的自由流动。为达到这一目的，监督机构间应互相帮助，并与欧盟委员会紧密合作。

（97）当欧盟的数据管理者或处理者在多个成员国进行个人数据处理时，应只有一个监督机构监督其行为并做有关决定，这样能够增加《管理规定》的一致性应用，提供司法确定性，减少数据管理者和处理者的行政压力。

（98）能够提供这种服务的机构应为成员国的监督机构，且数据管理者或处理者应在该国其主要办公场所。

（99）如果《管理规定》被应用于国家法庭的案件中，那么当法庭在行使其司法权力时，为保证法官对司法案件的独立判断，监督机构不应干涉个人数据处理。但是，根据国家法律，应严格限制这一豁免权仅用于法庭上真正的司法程序，不得应用于法官所涉及的其他事件。

（100）为保证整个欧盟对《管理规定》的一致性监督及执行，每个成员国应给予监督机构同样的责任及有效影响力，包括调查权、合法约束干预权、决定和制裁权，这些权利尤其是应用在个人的投诉及法律诉讼时。监督机构的调查权应在遵循欧盟和国家法律的前提下行使，尤其是涉及获得优先司法授权需要时更是如此。

（101）每个监督机构都应受理数据主体提出的投诉并进行调查，针对投诉展开的调查应服从于司法审查程序，在特定情况中将投诉解决到一个合适的程度。监督机构应在合理时间内通知数据主体投诉处理的进程及结果，若处理过程需要进一步的调查或需要与其他监督机构合作，也应向数据主体提供这些信息。

（102）监督机构提升公众数据保护意识的行为应包括针对数据管理者和处理者的特定措施，也应包括微型、中小型企业以及数据主体。

（103）监督机构应互相协助，行使相应责任，以保证《管理规定》在欧盟内的一致性应用和执行。

（104）每个监督机构都有权与其他监督机构一同处理数据，且监督机构有责任在规定时间内对请求作出回应。

（105）为确保《管理规定》在欧盟的一致性应用，应建立监督机构间及其与欧盟委员会间的一致性合作机制。这一机制应尤其应用在，监督机构意欲针对在多个成员国向数据主体提供数据或服务的数据处理过程采取相关措施，或监督数据主体，或很大程度上影响个人数据的自由流动，或是当任何监督机构或欧盟委员会要求事情应按一致性机制进行处理时。这一机制应对欧盟委员会在条约规定下为行使其权力所采取的措施不带有任何偏见。

（106）在一致性机制的应用过程中，如果欧洲数据保护委员会的绝大多数成员都作出决定，或其他监督机构或欧盟委员会都如此要求，那么欧洲数据保护委员会应在规定时间内给出意见。

（107）为确保对《管理规定》的遵守，欧盟委员会可能会采用有关这一问题的意见或决定，并要求监督机构推迟其草拟的解决措施。

（108）当数据主体对权利的行使被阻碍时，可能会存在危险，为保护数据主体利益，可能需要立即的行动。因此，在采用一致性机制时，监督机构应能够在规定时间内正确地采取临时措施。

（109）这一机制应在法律效力内及对监督机构决定的执行下应用。在其他有跨境相关性的状况下，有关监督机构间应在未触发一致性机制的双边或多边基础上，互相帮助，共同调查。

（110）从欧盟的层面来说，应建立欧盟数据保护委员会，并且应取代建立于95/46/EC 号指令基础上的个人数据处理保护工作组。欧盟数据保护委员会应由每个成员国的监督机构的领导及欧盟数据保护监督员组成，欧盟委员会也应参与它的日常活动。欧盟数据保护委员会应致力于欧盟对《管理规定》的一致性应用，包括对欧盟委员会提出建议，促进欧盟监督机构间的合作等。欧盟数据保护委员会应独立工作。

（111）每个数据主体都应有权向成员国的监督机构投诉，并且，如果当事人认为《管理规定》所赋予他们的权利被侵犯，或监督机构未对投诉进行回应，或当监督机构应采取措施保护数据主体权利而未采取行动时，当事人有权得到司法救助。

（112）任何在成员国法律许可范围内成立的，致力于保护数据主体与其数据相关权力及利益的团体、组织或协会，都应有权代表数据主体向监督机构投诉或行使司法救助权，或者当其认为个人数据外泄已经存在时，有权在数据主体的投诉之外再进行自己的投诉。

（113）每个合法自然人都有权采取司法救助程序反对监督机构所作出的与之有关的决定。对监管机构的投诉应向监管机构所在成员国的法庭提交。

（114）为加强对数据主体的司法保护，当监督机构建立在其他非数据主体居住成员国时，数据主体可要求任何致力于保护其数据相关权利和利益的团体、组织或协会，代表其采取程序反对在另一成员国建立的监督机构。

（115）如果建立于另一成员国的监督机构未对投诉进行回应或采取措施不充足，数据主体可要求其惯常居住成员国的监督机构履行程序反对在另一成员国的监督机构。被要求的监督机构可在司法审查后，决定是否接受这一要求。

（116）为履行程序反对数据管理者或处理者，原告应向数据管理者或处理者从属的成员国或数据主体居住的成员国的法庭提交诉讼，除非数据管理者为行使其公共权力的公共机构。

（117）当有证据表明，在其他成员国有类似案件仍悬而未决时，法庭有责任相互联系。如果其他成员国的类似案件仍悬而未决，法庭有可能推迟案件的解决。成员国应确保法庭迅速行动。为了更加高效，应允许快速采取措施以补救或预防违背《管理规定》的情况发生。

（118）当事人因为非法处理而可能承受的任何损失都应由数据管理者或处理者赔偿。如果数据管理者可证明其对损失不负有责任，尤其是在数据主体决定错误或不可抗力作用下时，数据管理者可被豁免。

（119）任何不遵守《管理规定》的人，不管其是受私法或公众法律管理，都应受到处罚。成员国应保证处罚的有效性、适当性及劝诫性，并采取一切方法来实施处罚。

（120）为强化对违反《管理规定》的行政处罚并确保一致性，每个监督机构都有权制裁行政犯罪。《管理规定》应规定相关犯罪及其行政罚款的上限，并规定特殊状况中个人案件的适当处罚力度，适当估计违反《管理规定》行为的本质、严重性及持久性。一致性机制也可以用于解决行政制裁的分歧。

（121）《欧盟基本人权宪章》第11条规定，仅出于新闻目的，或出于艺术或文学表达需要的个人数据处理，为调和个人数据保护权与言论自由权，尤其是接受及传递信息权，应得到豁免。该条款尤其能应用在视听领域、新闻存档及图书馆出版社相关的个人数据处理。因此，成员国应采取合法措施豁免那些出于平衡基本权利需要而进行的数据处理。出于对数据主体、数据管理者或处理者的权利，数据向第三世界国家或国际组织传播的权利，监督机构的独立权及合作和保证一致性的权利的保护，成员国应在不违背基本规则的前提下采纳这些豁免。但是，成员国不应该根据《管理规定》的其他条款进行豁免。考虑到在所有民主社会中言论自由权的重要性，有必要对与言论自由相关的概念作出解释，比如广义上的新闻业。因此，如果数据处理的目的是向公众公布信息或意见，而不是针对用来传播信息的媒介，那么出于豁免目的，成员国应将对这些数据的处理归类为"新闻业"。对数据的处理不应被限制在媒体的行为，也可能是出于盈利或非盈利的目的而进行。

（122）作为数据的一个特殊种类，与健康有关的个人数据处理应该得到更高级别的保护。出于对个人或整个社会利益的保护，尤其是为了保证跨境医疗保健的持续性时，对这些数据的处理经常被证明是合法的。因此，《管理规定》应在为保护个人基本权利和个人数据而进行特殊和适当的保护后，为处理与健康有关的个人数据提供和谐的环境，其中也包括个人能接触与其健康有关的个人数据的权利，例如其就医记录里的数据，包括诊断、检查结果、主治医生评估及其他治疗方面的信息。

（123）出于对公众健康领域公众利益的保护，在没有数据主体授权的情况下也可以处理其与健康有关的个人数据。在这种情况下，"公众健康"应采用欧洲议会及欧盟理事会在 2008 年 12 月 16 日公布的第 1338/2008 号指令中的定义：公众健康和安全的统计数据涉及所有与健康有关的，或者说健康状况的数据，包括残疾情况，这些决定因素对健康状况、医保需要、医保所分配的资源、医保支出的条款及通用方法以及死亡原因都有影响。这些出于对公众利益的保护而进行的与健康有关的个人数据处理，不应致使个人数据被像雇主、保险及银行公司这样的第三方出于其他目的而被处理。

（124）保护个人数据处理的通用规则也应该能适用于雇佣情况中。因此，为了管理雇佣状态下雇员个人数据的处理，成员国应能在遵守《管理规定》的前提下对雇佣部门实施特殊的法律规定。

（125）为保证合法性，出于历史、统计或科学研究目的而进行的个人数据处理也应该遵守其他相关法律，比如临床试验方面的法律。

（126）《管理规定》所规定的科学研究应包括基本研究、应用研究及私人资助的研究，外加在遵守《欧盟运作公约》第 179 条关于实现欧盟研究区域条约（1）节的规定的研究目的。

（127）关于监督机构从数据管理者或处理者处接触个人数据的权利，成员国可能会在遵守法律和《管理规定》的前提下，采取特殊规则来保证职业性及同等的保密义务，因此调和个人数据保护权与职业性守密义务是十分必要的。

（128）根据《欧盟运作公约》第 17 条的规定，《管理规定》尊重成员国内法律所允许的教堂和宗教团体的地位，且对其不抱有偏见。因此，当在《管理规定》的权力范围内，成员国的教堂可以应用这些全面的关于保护个人数据处理的规则。这些教堂和宗教团体应为建立完全独立的监督机构做准备。

（129）为实现《管理规定》的目标，即保护自然人的基本权利和自由，尤其是其保护个人数据的权利，以保证个人数据在欧盟内部的自由流通。根据《欧盟运作公约》的第 290 条，采取行动的权利应由欧盟委员会授予。尤其是，授权行动应在法律允许的范围内进行；制定儿童授权数据处理的标准和条件；规定数据处理的特殊类别；制定对数据主体行使权力提出显然过分的要求及费用的标准；规定数据主体接触数据的权利；规定删除数据的权利；规定基于性能分析的措施；规定数据管理者的责任及默认的数据保护标准；规定处理者；规定安全处理文件及数据的标准；规定当个人数据外泄可能会对当事人造成负面影响时，通知监督机构个人数据外泄的标准；规定数据处理过程所需的数据保护影响测评的标准；规定需优先咨询的有高度风险的决定的标准；规定数据保护官员的名称和职责；规定行为模式；规定认证体系的标准；规定联合公司规则的流通方式的标准；规定流通损毁标准；规定行政制裁标准；规定有关健康的数据处理标准；规定雇佣环境下及出于历史、统计或科学研究目的而进行的数据处理的标准。欧盟委员会在准备工作期间进行适当的咨询是尤为重要的，这其中也包括专家级别的咨询。欧盟委员会在准备和拟定授权行动时，应保证将相关文件即时地送到欧洲议会和欧盟委员会手中。

（130）为保证《管理规定》的统一实施，行使权应由欧盟委员会在以下情况下给予：指定儿童个人数据处理标准；指定数据主体行使权力的标准程序；指定给予当事人信息的标准；指定行使接触数据权的标准程序；保护移植数据权；确定数据管理者有意进行错误数据保护的责任及文件记录的标准形式；指定数据处理安全的特殊需要；指定通知监督机构及数据主体其个人数据外泄的标准程序；指定数据保护影响评估的标准；指定优先授权及优先咨询的标准程序；指定认证体系的技术标准；指定第三世界国家和地区，或第三世界国家及国际组织的数据处理部门能提供的数据保护水平；处理欧盟法律未授权的数据公开；规定机构间的互助及通力合作；规定在一致性机制下作出决定的情况。这些权利应该根据欧洲议会及欧盟理事会在 2011 年 2 月 16 日颁布的第 182/2011 号指令的规定来行使，这一法规定了有关成员国行使其权力的基本规则。在这种情况下，欧盟委员会应考虑对微型、中小型企业采取特殊措施。

（131）检查程序应适用于以下情况：采用针对儿童授权的特殊标准；数据主体行使权力的标准；通知数据主体信息的标准；接触数据的标准；数据移植的标准；确定数据管理者有意进行错误数据保护的责任及文件记录的标准形式；指定数据处理安全的特殊需要；指定通知监督机构及数据主体其个人数据外泄的标准程序；指定数据保护影响评估的标准；指定优先授权及优先咨询的标准程序；指定认证体系的技术标准；指定第三世界国家和地区，或第三世界国家及国际组织的数据处理部门能提供的数据保护水平；处理欧盟法律未授权的数据公开；规定机构间的互助及通力合作；考虑到这些行动是在通用范围内发生的，应在一致性机制下作出决定。

（132）当出现第三世界国家或地区，或第三世界国家和国际组织的数据处理机构无法确保数据保护水平及与一致性体制下的监督机构的交流，并且十分需要必要的基础时，欧盟委员会应立即采取行动。

（133）若成员国无法达成《管理规定》关于确保欧盟将个人数据保护及数据自由流通维持在同等水平的目的，且欧盟由于其规模或影响力能够达到，那么，根据欧盟议会和欧盟理事会在 2011 年 2 月 16 日颁布的第 182/2011 条指令的辅助性原则（规定了欧盟委员会行使权力的通用规则），欧盟就可能采取相应措施。根据该条款规定的相称性原则，《管理规定》为达到这一目的不得超出其必要范围。

（134）《管理规定》应废除直接性 95/46/EC 号指令。但是，欧盟委员会和监督机构基于这一指令所作出的决定和授权应持续有效。

（135）《管理规定》应应用于有关保护基本权利和个人数据处理自由的所有情况，也包括不从属于 2002/58/EC 指令中所规定的同样目的的特殊义务，其中包括数据管理者的责任及个人权利。为了阐明《管理规定》与 2002/58/EC 号指令间的关系，后者应进行修改。

（136）关于冰岛和挪威，《管理规定》包括了申根发展的一系列条款，它应用于涉及这一经验应用的机构的个人数据处理，比如欧盟理事会所提供的推断协议，以及冰岛共和国及挪威王国议会关于申根条款的履行、应用和发展。

（137）关于瑞士，《管理规定》包括了申根发展的一系列条款，它应用于涉及这一经验应用的机构的个人数据处理，比如欧盟，欧盟委员会与瑞士联邦之间关于申根条款的履行、应用和发展的协议。

（138）关于列支敦士登，《管理规定》包括了申根发展的一系列条款，它应用于涉及这一经验应用的机构的个人数据处理，比如欧盟、欧共体，瑞士联邦及列支敦士登公国间草拟的关于列支敦士登公国与欧盟的协议，以及欧共体瑞士联邦关于申根条款的履行、应用和发展的协议。

（139）考虑到这一事实，正如欧盟法院所强调的，保护个人数据的权利并不是一个绝对的权利，还必须考虑到它在社会中与之相关的功能以及对其他基本权利的平衡作用。根据相称性原则，《管理规定》尊重所有基本人权，遵守《欧盟基本人权宪章》所执行的条约，尤其是尊重私人及家庭交流的权利，保护个人数据，尊重思想、道德及宗教自由的权利。

管理规定

第一章　通则

第 1 条　立法宗旨

1. 本《管理规定》制定了有关个人数据处理的个人保护以及个人数据自由流动的规则。

2. 本《管理规定》保护自然人的基本权利和自由，尤其是其保护个人数据的权利。

3. 不得以保护个人数据处理为借口限制或禁止个人数据在联盟内部的自由流动。

第 2 条　适用的主体范围

1. 本《管理规定》全部或部分适用于自动化个人数据处理以及构成或意图构成归档系统的非自动化个人数据处理。

2. 本《管理规定》不适用的情况：

（a）联盟法律管辖范围之外，尤其是关于国家安全的数据处理活动；

（b）联盟各级办事机构的数据处理活动；

（c）成员国开展欧盟条约第二章范围内的数据处理活动；

（d）自然人进行的无关权益的纯粹个人或家庭的数据处理活动；

（e）主管当局关于防止、调查、侦查或起诉刑事犯罪或者执行刑事处罚的数据处理活动。

3. 本《管理规定》不影响 2000/31/EC 号指令，尤其是指令第 12 条至 15 条关于中间服务提供商的责任规则的适用。

第 3 条　适用的地域范围

1. 本《管理规定》适用于联盟内部设立的数据管理者或处理者的个人数据处理活动。

2. 本《管理规定》适用于居住在联盟内部但非联盟设立的数据管理者的数据主体的个人数据处理活动，当该活动是关于：

（a）欧盟内部对这类数据主体提供商品或服务；

（b）对他们的行为的监控。

3. 本《管理规定》适用于不在联盟内部设立、但在依据国际公法可适用成员国的国内法的地方的数据管理者的个人数据处理活动。

第 4 条　定义

为实现本《管理规定》的目的，作出如下定义：

（a）"数据主体"是指一个身份已得到识别的自然人或一个身份可以直接或间接地通过某些方法被识别的自然人，这些方法极有可能被数据管理者或任何其他自然人或法人使用，尤其通过身份证号码、地理位置数据、在线辨识或具体到某个人的身体、心理、基因、精神、经济、文化或社会身份的一个或多个因素；

（b）"个人数据"是指任何有关数据主体的信息；

（c）"处理"是指任何对个人数据或个人数据组进行的单项或多项操作，无论是否通过自动化方法，这些方法例如收集、记录、组织、构建、存储、改写或改动、恢复、咨询、使用，通过传输的披露、传播，或者公开、排列或组合、清除或毁坏；

（d）"归档系统"是指根据具体标准可使用的任何结构化的个人数据组，该具体标准可以是最高机构统一的、地方分别制定的或者根据功能和地区而分开设立的；

（e）"数据管理者"是指自然人或法人、公共权力机关、机构或任何其他单独或共同决定个人信息处理的目的、条件和方法的主体，在目的、条件和方法由联盟法或成员国法决定的情况下，数据管理者或指定数据管理者的具体标准可以由联盟法或成员国法决定；

（f）"处理者"是指自然人或法人、公共权力机关、机构或任何其他以数据管理者名义处理个人数据的主体；

（g）"接受者"是指自然人或法人、公共权力机关、机构或任何其他个人数据披露的对象；

（h）"数据主体的同意"是指数据主体的自由给定、告知和明示的意愿，这种意愿由数据主体通过声明或明确表示同意的行为对与其相关的个人数据的处理表示同意；

（i）"个人数据泄露"是指安全的破坏导致传输中、存储中或处理中的个人数据被意外或非法毁坏、丢失、改动、或未授权的披露或公开；

（j）"基因数据"是指所有早期产前发育期间遗传或习得的个人特征的数据，无论何种类型；

（k）"生物特征数据"是指任何可以体现个人独特身份的身体、心理或行为特征，例如人脸图像或指纹数据；

（l）"健康数据"是指任何和个人身体或精神健康、或个人健康服务提供有关的信息；

（m）"主要场所"是指联盟内设立数据管理者并作出诸如个人数据处理的目的、条件和方法等主要决定的场所；如果联盟内设立数据管理者但以上决定不在联盟内作出，"主要场所"就是进行主要处理活动的地方；至于处理者，"主要场所"是指其在联盟内管理中心所在之地；

（n）"代表"是指任何由联盟设立、数据管理者明确指定的自然人或法人，他承担数据管理者在该法规下的义务，向联盟的监管机关和其他主体而非数据管理者负责；

（o）"企业"是指任何参与经济活动的实体，不论其企业的法定形式，因此包括尤其是自然人和法人、合伙或定期参与经济活动的团体；

（p）"企业集团"是指一个控制方的企业和其控制的企业；

（q）"企业约束规则"是指为了在企业集团内向一个或多个第三方国家的数据管理者或处理者转移个人数据，在联盟成员国地域范围内设立的数据管理者或处理者必须遵循的个人数据保护政策；

（r）"儿童"是指未满18周岁的人；

（s）"监管机关"是指成员国根据第46条设立的公共权力机关。

第二章 原则

第5条 关于个人数据处理的原则

个人数据必须：

（a）与数据主体有关的，必须合法、公正、透明地处理；

（b）收集的目的应明确规定、明示合法，且不以与此目的相悖的方式进一步处理；

（c）充分、相关，以数据处理的目的为所需的最低限度；仅当处理不含个人数据的信息未满足上述目的时，才应处理个人数据；

（d）准确并随时更新；考虑到处理个人数据的目的，应采取所有合理步骤以保证不准确的个人数据被清除或即刻修正；

（e）为处理个人数据的目的，允许数据主体在不长于必要的时限内的身份认证；只有根据第83条的规定和条件，当数据仅为历史、统计和科学研究目的的处理，且有周期性审核报告来评估继续储存的必要性时，个人数据才可以被更长期储存；

（f）数据管理者为处理数据负责，且应保证并展示每步处理操作与本《管理规定》的规定相符。

第6条 处理的合法性

1.只有且仅当下列情形发生时，个人数据的处理是合法的：

（a）数据主体已给予了为一个或多个具体目的处理其个人数据的同意；

（b）当数据主体是合同的缔约方，或为了订立合同之前根据数据主体的请求采取措施的目的，处理对该合同的履行是必要的；

（c）当数据管理者是法律义务主体，处理对其遵守该义务是必要的；

（d）以保护数据主体的重大利益为目的的处理是必要的；

（e）为了公共利益而履行任务或数据管理者行使其职务权限时的处理是必要的；

（f）以数据管理者追求合法权益为目的的处理是必要的，但当数据主体要求个人数据的保护，尤其是数据主体是儿童时，其权益或基本权利和自由比数据管理者的权益更重要的情况除外。这不适用于公权机关在履行其任务时对个人数据的处理。

2. 受第 83 条的条件和保护措施所限进行的以历史、统计或科学研究为目的的必要的个人数据处理是合法的。

3. 第 1 节第（c）点和第（e）点的处理的基础必须在以下法律中规定：

（a）联盟法；

（b）数据管理者受成员国支配时成员国的法律。

成员国的法律必须实现维护公共利益的目的，或必须在保护他人权利与自由、尊重个人数据保护权的本质方面是必要的，并且与追求的合法目标相适应。

4. 当进一步处理的目的不符合当初收集个人数据的目的，处理必须有第 1 节第（a）点至第（e）点中的至少一个为法律基础。这尤其适用于合同的条款和一般条件发生改变的情况。

根据第 86 条，欧盟委员会有权采取委托授权行为，进一步规定第 1 节第（f）点的不同数据处理情况的条件，包括关于儿童的个人数据处理。

第 7 条　同意的条件

1. 数据管理者承担数据主体为规定目的同意处理个人数据的举证责任。

2. 如果数据主体的同意以书面声明的方式给予，且此书面声明也与另一事项有关，给予同意的要求必须在外观上与其他事项可明显区分。

3. 数据主体有权在任何时候撤回他的同意。同意的撤回不影响在撤回前基于同意的处理的合法性。

3. 当数据主体和数据管理者处于极为不平衡的地位时，同意不是处理的法律基础。

第 8 条　处理儿童的个人数据

1. 以本《管理规定》之目的，关于直接提供给儿童的信息社会服务，只有当儿童的家长或监护人给予或授权同意且仅以此为限时，处理未满 13 周岁的儿童的个人数据才是合法的。考虑到可利用的科技手段，数据管理者应作出合理努力以取得可证实的同意。

2. 第 1 节不影响成员国的合同法的一般规则，例如关于合同的有效性、构成以及涉及儿童的合同效力的规则。

3. 根据第 86 条，欧盟委员会有权采取委托授权行为，进一步规定第 1 节的"取得可证实的同意"的方法的标准和要求。这样做时，欧盟委员会应考虑微型、小型和中等规模的企业可采取的具体措施。

4. 欧盟委员会可就第 1 节的"取得可证实的同意"的具体方法制定标准形式，并应根据第 87 条第 2 节的审查程序采取实施行为。

第 9 条　处理特殊类别的个人数据

1. 禁止处理披露种族出身、政治观项、宗教信仰、行业工会成员资格的个人数据以及基因数据或关于健康、性生活、犯罪记录或保密措施相关的数据。

2. 下列情况不适用第（1）节的规定：

（a）受第 7 条和第 8 条规定的条件所限，数据主体已经给予处理其个人数据的同意，除非联盟法或成员国法律规定第 1 节中的禁止不可适用于数据主体；

（b）仅当联盟法或成员国法律规定了充分的保障措施并授权履行该义务或行使该权利的情况下，为了履行义务和数据管理者在劳工法领域行使具体权利的处理是必要的；

（c）为保护数据主体的重大利益，或当数据主体出于身体或法律原因不能给予同意时其他人的重大利益的处理是必要的；

（d）处理是在基金会、团体或其他任何具有政治、哲学、宗教或行业工会目的的、非追求利润的机构的具有适当保障措施的合法活动过程中进行的，并且处理仅与该机构的成员、曾经在该机构的成员或与该机构就此目的保持固定联系的人有关，未取得数据主体的同意，不得在该机构之外泄露数据；

（e）数据主体明显公开化的个人数据的处理是必要的；

（f）为请求权建立、行使或抗辩的处理是必要的；

（g）基于联盟法或规定保障数据主体合法权益的适当措施的成员国法律，为履行符合公共利益的任务的处理是必要的；

（h）受第 81 条的条件和保障措施所限，为了健康的目的处理健康数据是必要的；

（i）受第 83 条的条件和保障措施所限，以历史、统计或科学研究为目的的处理是必要的；

（j）关于犯罪记录或保密措施相关的数据处理是在官方职权控制下进行的，或数据管理者为履行法定或规定义务对此类数据的处理是必要的，或仅当联盟法或规定充分保障措施的成员国法律授权以重要公共利益为理由而完成任务。完整的犯罪记录登记只应在官方职权的控制下保存。

3. 根据第 86 条，欧盟委员会有权采取委托授权行为，进一步规范第 1 节中的处理特殊类别的个人数据的标准、条件和适当保障措施，以及第 2 节规定的例外情况。

第 10 条　不允许身份识别的处理

如果数据管理者处理的数据不允许数据管理者识别自然人的身份，数据管理者没有义务仅仅为了遵守本《管理规定》的条款而获取更多信息来识别数据主体的身份。

第三章　数据主体的权利

第一部分　透明度和形式

第 11 条　信息和沟通的透明化

1. 数据管理者对个人数据的处理和数据主体权利的行使采用透明和易获取的政策。

2. 数据管理者通过可被理解的形式向数据主体提供任何关于个人数据处理的信息和沟通，沟通的形式包括使用清晰易懂的语言、适应于数据主体的特项，尤其是向儿童传递的特定信息。

第 12 条　行使数据主体权利的程序和机制

1. 数据管理者应建立第 14 条提供信息的程序以及第 13 条和第 15 至 19 条行使数据主体权利的程序。数据管理者尤其应提供第 13 条和第 15 至 19 条的采取行动请求的辅助机制。当个人数据以自动化方式被处理时，数据管理者也应提供电子请求的方法。

2. 无论根据第 13 条和第 15 至 19 条是否已经采取行动，数据管理者应最迟在收到请求的一个月内，立刻通知数据主体且提供其请求的信息。如果若干数据主体行使其权利，为避免数据管理者花费不必要和过多的精力，他们的联合行动在合理程度上是必要的，这种情况下期间可以延长一个月。信息应以书面形式给出。当数据主体以电子形式作出请求，信息应以电子形式提供，除非数据主体另有请求。

3. 如果数据管理者拒绝就数据主体的请求采取行动，数据管理者应告知数据主体拒绝的理由以及向监管机关申诉并寻求司法救济的可能性。

4. 基于第 1 节的请求采取的行动和信息不应收取费用，当请求明显过度，特别是重复性的请求，数据管理者可以就提供信息或采取行动收取费用，或数据管理者可以不采取行动。这种情形下，数据管理者应承担证明请求明显过度的举证责任。

5. 根据第 86 条，欧盟委员会有权采取委托授权行为，进一步规定第 4 节的明显过度请求的标准和条件以及收取的费用。

6. 欧盟委员会可就第 2 节的通知制定标准形式和详细的标准程序，标准形式包括电子形式。这种情况下，欧盟委员会应对微型、小型和中等规模企业采取适当措施，并应根据的审查程序采取实施行为。

第 13 条　接受者的权利

数据管理者应与每个数据泄漏的接受者说明任何依据第 16 和 17 条作出的数据修正或清除，除非这种说明被证明是不可能的或者需要投入过多的精力。

第二部分　知情权和数据访问权

第 14 条　数据主体的知情权

1. 收集有关数据主体的个人数据时，数据管理者至少向数据主体提供以下信息：

（a）数据管理者或者数据管理者代表和数据保护专员（如果有）的身份信息和联系方式；

（b）个人数据处理的目的，基于第 6 条第 1 节第（b）点的处理应包括合同条款和一般情况，基于第 6 条第 1 节第（f）点的处理应包括数据管理者追求的合法权益；

（c）个人数据存储的期限；

（d）是否有权向数据管理者请求访问、修正或清除涉及数据主体的个人数据，或是否有权反对处理个人数据；

（e）向监管机关申诉的权利以及监管机关的联系方式；

（f）个人数据的接受者或接受者类别；

（g）如适用，数据管理者意图转移数据到第三方国家或国际组织，该第三方国家或国际组织可负担的保护个人数据的水平参照欧盟委员会的充分性决定；

（h）视收集个人数据的具体情况，保证个人数据得到公平处理所必需的更多信息。

2. 当个人数据是从数据主体处收集得来时，除了第 1 节的信息，数据管理者还应告知数据主体提供个人数据是强制规定的还是自愿的，以及不能提供这种数据的可能后果。

3. 当个人数据不是从数据主体处收集得来时，除了第 1 节的信息，数据管理者还应告知数据主体这些个人数据的来源。

4. 数据管理者应在下列时间项提供第 1、2、3 节的信息：

（a）从数据主体处得到个人数据的时候；

（b）当个人数据不是从数据主体处收集得来，记录数据的时候；或鉴于数据收集或处理的具体情形，收集数据后的一段合理期间内；或预计到数据泄露给接受者的情形下，不晚于数据泄露的第一时间。

5. 下列情况发生时，第 1 至 4 节不适用：

（a）数据主体已经知道第 1、2、3 节的信息时；

（b）数据从非数据主体处收集得到，并且提供相关信息被证明是不可能的或者需要投入过多的精力时；

（c）数据从非数据主体处收集得到，并且数据的记录或披露由法律明确规定时；

（d）数据从非数据主体处收集得到，并且联盟法或成员国法律根据本《管理规定》第 21 条规定的提供相关信息将损害他人的权利和自由时。

6. 当出现第 5 节第（b）项的情况时，数据管理者应提供适当的措施来保护数据主体的正当利益。

7. 根据第 86 条，欧盟委员会有权采取委托授权行为，进一步规定第 1 节第（f）点的接受者类别的标准、第 1 节第（g）点的潜在访问权限的通知、第 1 节第（h）点的具体行业和情形下需要的更多信息的标准，以及第 5 节第（b）点规定的例外情况的条件和适当保障措施。这种情况下，欧盟委员会应对微型、小型和中等规模企业采取适当措施。

8. 考虑到不同行业的具体特征和需要以及必要的处理数据的情况，欧盟委员会可对第 1 至 3 节提供信息的标准形式作出具体规定，并根据第 87 条第 2 节的审查程序采取实施行为。

第 15 条　数据主体的访问权

1. 数据主体有权在任何时候向数据管理者提出请求以确认其个人数据是否正在处理中。当涉及数据主体的个人数据在被处理时，数据管理者应当提供以下信息：

（a）处理的目的；

（b）相关个人数据的类别；

（c）个人数据即将或已经披露的接受者或接受者的类别，尤其是第三方国家的接受者；

（d）个人数据存储的期间；

（e）是否有权向数据管理者请求修正或清除涉及数据主体的个人数据，或是否有权反对个人数据处理；

（f）向监管机关申诉的权利以及监管机关的联系方式；

（g）交代处理中的个人数据以及任何可获取的信息来源；

（h）至少在第20条提及的措施下，提供关于这类处理的重要性和预计结果的信息。

2. 数据主体有权请求数据管理者说明处理中的个人数据。当数据主体以电子形式提出请求时，信息将以电子形式提供，除非数据主体另有请求。

3. 根据第86条，欧盟委员会有权采取委托授权行为，进一步规定第1节第（g）点中与数据主体说明其对个人数据的同意的标准和要求。

4. 欧盟委员会应就第1节中的请求和授予信息访问权限的标准形式和程序作出详细规定，考虑到不同行业的具体特征和需要以及数据处理的情形，这些形式和程序包括数据主体的身份验证以及向数据主体交代个人数据，并且根据第87条第2节的审查程序采取实施行为。

第三部分　修正和清除

第16条　修正的权利

数据主体有权向数据管理者请求修正涉及他们的不准确的个人数据。数据主体有权请求完善不完整的个人数据，完善的方式包括提供修正声明。

第17条　被遗忘的权利和清除的权利

1. 当以下理由成立时，数据主体有权向数据管理者请求清除涉及他们的个人数据和避免这些数据的进一步扩散，特别是数据主体在儿童时期提供的个人数据：

（a）当初收集或处理数据的目的已经不再是必要的；

（b）根据第6条第1节第（a）点，或者当数据主体同意的存储期限届满且没有其他法律依据继续处理数据，数据主体撤回其对处理的同意；

（c）根据第19条，数据主体反对处理个人数据；

（d）不符合本《管理规定》规定的其他理由的数据处理。

2. 第1节中数据管理者已经公开了个人数据的情况下，数据管理者应当采取所有与其负责的数据公开有关的合理措施告知处理这些数据的第三方数据主体，要求他们清除所有个人数据的链接或副本，这些措施包括技术方法。数据管理者已经授权第三方公开个人数据的情况下，数据管理者应当被认为对数据公开负责。

3. 除非保留个人数据是必要的，否则数据管理者应当根据数据主体的请求立即清除数据：

（a）行使第 80 条规定的表达自由的权利；

（b）由于第 81 条规定的公共健康领域的公共利益原因；

（c）第 83 条规定的历史、统计和科学研究的目的；

（d）数据管理者根据联盟或成员国法律有法定义务保留个人数据；成员国法律应当实现维护公共利益的目的，尊重个人数据保护权的本质，并且与追求的合法目标相适应。

（e）属于第 4 节规定的情形。

4. 除了清除数据，下列情形中数据管理者对个人数据的处理应当受到限制：

（a）数据主体对个人数据的准确性存在异议的期间内，数据管理者能够验证数据的准确性；

（b）数据管理者不再需要个人数据来完成其任务，但仍需将数据留作证据；

（c）处理是非法的，且数据主体反对清除而要求限制数据的使用；

（d）根据第 18 条第 2 节，数据主体要求将个人数据传输到另一个自动化处理系统。

5. 除了存储之外，第 4 节的个人数据仅在为留作证据、保护其他自然人或法人的权利、实现公共利益，或得到数据主体的同意时可被处理。

6. 当根据第 4 节个人数据处理受到限制时，数据管理者应当在处理开始受限之前告知数据主体。

7. 数据管理者应当实行有关机制，以保证严格遵守为清除个人数据设立的时限以及数据存储需要的阶段性审核。

8. 数据管理者不得在清除时另行处理这些个人数据。

9. 根据第 86 条，欧盟委员会有权采取委托授权行为，进一步规定以下内容：

（a）不同行业和具体数据处理情形下第 1 节的适用标准和要求；

（b）第 2 节提到的从可为公众获得的通信服务中删除个人数据的链接和副本的条件；

（c）第 4 节的限制处理个人数据的标准和条件。

第 18 条　数据可携带的权利

1. 如果是以结构化和通用化的电子形式处理个人数据，数据主体有权向数据管理者取得用上述方式处理的数据副本，且该数据副本的更多使用应当得到数据主体的允许。

2. 如果数据主体提供了个人数据，且处理基于同意或合同，数据主体有权以通用的电子形式，将那些个人数据以及数据主体提供的、自动化处理系统保留的其他信息传输给另一方，而不受个人数据撤回方的数据管理者的妨碍。

3. 欧盟委员会可对第 1 节的电子形式以及第 2 节个人数据传输的技术标准、方式和程序作出具体规定，并且根据第 87 条第 2 节的审查程序采取实施行为。

第四部分 拒绝和分析的权利

第 19 条 拒绝的权利

1. 具体情形下，基于第 6 条第 1 节第（4）、（5）、（6）点，数据主体有权在任何时候拒绝个人数据的处理，除非数据管理者具有令人信服的正当理由证明个人数据的处理较数据主体的利益或基本权利和自由更重要。

2. 数据主体有权反对以市场营销为目的进行的个人数据处理，且不必支付任何费用。这项权利应以可被理解的方式清晰地告知数据主体，且显著区别于其他信息。

3. 如果根据第 1、2 节，拒绝得到确认，数据管理者不得继续使用或处理相关个人数据。

第 20 条 基于分析的措施

1. 如果仅仅基于自动化处理的措施的目的在于评估关于自然人的某些个性化内容，或在于分析、预测自然人的行为，尤其是他在工作中的表现、经济状况、地理位置、健康状况、个人偏好或可信度，那么每个自然人都有权不受制于这种对该自然人产生法律效力或严重影响到该自然人的措施。

2. 依据本《管理规定》的其他规定，只有当处理符合下列情况，一个人可能会受第 1 节提到的这种措施所限：

（a）在订立或履行合同期间，数据主体提出订立或履行合同的请求且请求已得到满足，或者已具备保障数据主体正当利益的适当措施，例如获得人为干预的权利；

（b）联盟或成员国法律规定了保障数据主体正当利益的适当措施并明确授权；

（c）依据第 7 条规定的条件和适当保障，数据主体表示同意。

3. 目的在于评估关于自然人某些个性化内容的个人数据自动化处理不得单独基于第 9 条的个人数据特殊类别。

4. 第 2 节提到的情形中，数据管理者根据第 14 条提供的信息应包括：是否具备第 1 节提到的这种措施，以及这种处理对数据主体的预计影响。

5. 根据第 86 条，欧盟委员会有权采取委托授权行为，进一步规定第 2 节"保障数据主体正当利益的适当措施"的标准和条件。

第五部分　限制

第 21 条　限制

1. 在一个民主社会中，如果限制对于保障下列利益是必要和适当的，联盟或成员国法律可通过立法措施限制第 5 条第（a）至（e）点以及第 11 至 20 条和第 32 条规定的权利和义务的范畴：

（a）公共安全；

（b）预防、调查、侦查和起诉刑事犯罪；

（c）其他联盟或成员国的公共利益，特别是经济或金钱利益，包括金融、预算和税收事项以及维护市场稳定和诚信；

（d）预防、调查、侦查和起诉受监管行业违反行业道德的行为；

（e）在上述四种情形下与行使官方职权有关的监督、审查或管理职能，即使这种关联是偶尔而非持续的；

（f）保护数据主体或他人权利自由。

2. 任何第 1 节所言的立法措施应特别包含具体的规定，至少涵盖处理所追求的目标和数据管理者的决心。

第四章　数据管理者和处理者

第一部分　一般义务

第 22 条　数据管理者的责任

1. 为确保并能证明个人数据处理依本《管理规定》执行，数据管理者应执行有关政策、采取适当措施。

2. 第 1 节规定的措施应当特别包括：

（a）依据第 28 条，保留文件记录；

（b）依据第 30 条，执行数据安全性要求；

（c）依据第 33 条，进行数据保护影响评估；

（d）依据第 34 条第 1、2 节，遵守取得监管机关的事先授权或事先咨询的要求；

（e）依据第 35 条第 1 节，指定数据保护专员。

3. 数据管理者应当实行有关机制，以保证第 1、2 节的措施有效性可被验证。如果这套机制是适当的，独立的内部或外部审核员可以采取这种验证手段。

4.根据第86条，欧盟委员会有权采取委托授权行为，进一步规定第1节"适当措施"的标准和要求（第2节已经提到的除外）、第3节中验证和审核机制的条件以及适当性的标准，并考虑微型、小型和中等规模企业可采取的具体措施。

第23条 规定和默认的数据保护

1.考虑到技术水准和执行成本，数据管理者应在决定处理方式和是否处理时执行适当的技术和组织的方法和程序，从而使处理达到本《管理规定》的要求且确保数据主体的权利得到保护。

2.数据管理者应实行有关机制，以确保默认情况下出于具体目的的个人数据处理是必要的，且在数据的数量和存储的时间方面，收集和保留不得超过目的所需的最低限度的必要性。这种机制应尤其确保个人数据不会在默认情况下为不特定数量的个人获取。

3.根据第86条，欧盟委员会有权采取委托授权行为，进一步规定第1、2节关于"适当措施和机制"的标准和要求，特别是应用于跨行业、跨产品、跨服务的数据保护的规定要求。

4.欧盟委员会可对第1、2节规定的要求所需的技术标准作出具体规定，并且根据第87条第2节的审查程序采取实施行为。

第24条 共同数据管理者

如果数据管理者与他人共同决定个人信息处理的目的、条件和方法，共同数据管理者应当通过协议决定其在本《管理规定》的义务下各自的责任比例，尤其是关于数据主体权利的行使的程序和机制。

第25条 联盟外设立的数据管理者的代表

1.在第3条第2节的情形下，数据管理者应当在联盟内指定一个代表。

2.这项义务不适用于：

（a）欧盟委员会认为根据第41条，第三方国家能够提供足够程度的保护的情况下，在其设立的数据管理者；

（b）雇佣员工少于250人的企业；

（c）政府机构；

（d）仅向居住于联盟内的数据主体间或提供货品或服务的数据管理者；

3.与货品或服务提供有关的数据主体的个人数据被处理时，或其行为受到监视的情况下，代表应当设立于这些数据主体居住的成员国之一。

4.数据管理者指定代表不影响对数据管理者本身提起的法律诉讼。

第 26 条　数据处理者

1. 若以数据管理者的名义进行处理操作，数据管理者应选择一个处理者并保证各项措施得到遵守，从而使处理达到本《管理规定》的要求且确保数据主体的权利得到保护。处理者就实行适当的技术、组织措施和程序提供充分的保证，特别是有关支配处理进行的技术安全措施和组织措施。

2. 处理者进行的处理受合同或其他法律行为调整，这类法律行为对处理者和数据管理者都具有约束力，且特别说明处理者应当：

（a）只按照数据管理者的指令行动，特别是在个人数据转移被禁止时；

（b）只雇佣承诺保密或承担法定保密义务的职员；

（c）依据第 30 条，采取所有必要措施；

（d）只在获得数据管理者的事先允许时招募其他处理者；

（e）如果可能，鉴于处理的性质，和数据管理者在协议中设立必要的技术和组织要求，因为数据管理者有义务回应第三章规定的行使数据主体权利的请求并应当履行这项义务；

（f）依据第 30 至 34 条，协助数据管理者遵守其义务；

（g）在处理结束后将所有结果移交给数据管理者，并且不对个人数据另行处理；

（h）若信息对遵守本条款规定的义务是必要的，将所有信息提供给数据管理者和监管机关。

3. 数据管理者和处理者应当以书面形式记录数据管理者的指令和第 2 节中处理者的义务。

4. 如果处理者不是按照数据管理者的指令处理个人数据，处理者应当被认为是这项处理行为的数据管理者，并且受第 24 条关于共同数据管理者的规定调整。

5. 根据第 86 条，欧盟委员会有权采取委托授权行为，进一步规定第 1 节中关于处理者的责任、义务和任务的标准和要求，以及企业集团内允许个人数据处理的条件，特别是出于控制和报告的目的。

第 27 条　数据管理者和处理者授权下的处理

处理者以及任何按照数据管理者和处理者授权而行动且获得个人数据访问权限的人，不应在未取得数据管理者指令时处理个人数据，除非联盟或成员国法律要求他这么做。

第 28 条　文件记录

1. 数据管理者和处理者以及数据管理者的代表（若存在）应当保留所有他负责的处理操作的文档记录。

2. 文档记录应至少包含以下信息：

（a）数据管理者、共同数据管理者或处理者以及数据管理者的代表（若存在）的姓名和联系方式；

（b）数据保护专员（若存在）的姓名和联系方式；

（c）处理的目的，当处理是基于第 6 条第 1 节第（6）点时，还包括数据管理者追求的正当利益；

（d）对数据主体类别以及涉及他们的个人数据类别的描述；

（e）接受者或个人数据接受者的类别，向为了追求正当利益的数据管理者披露个人数据的情况也包含在内；

（f）如适用，向第三方国家或国际组织的数据转移，包括该第三方国家或国际组织的身份认证，若存在第 44 条第 1 节第（h）点中转移的情况，还应当包括适当保障措施的文档记录；

（g）清除不同类别数据的时限的一般说明；

（h）对第 22 条第 3 节的机制的描述。

3. 依据请求，数据管理者和处理者以及数据管理者的代表（若存在）应当使监管机关获得文档记录的访问权限。

4. 第 1、2 节的义务不适用于下列数据管理者和处理者：

（a）对个人数据进行非商业化处理的自然人；

（b）雇佣员工不超过 250 人且个人数据处理仅作辅助主要活动只用的企业或组织。

5. 根据第 86 条，欧盟委员会有权采取委托授权行为，进一步规定第 1 节中文档记录的标准和要求，尤其考虑到数据管理者、处理者以及数据管理者的代表（若存在）的责任。

6. 欧盟委员会可制定第 1 节文档记录的标准形式，并根据第 87 条第 2 节的审查程序采取实施行为。

第 29 条　和监管机关的合作

1. 依据请求，数据管理者、处理者以及数据管理者的代表（若存在）应当与监管机关合作，尤其可以通过第 53 条第 2 节提到的信息提供以及该条款第（b）点规定的授予权限的方式，共同履行其职责。

2. 监管机关依据第 53 条第 2 节行使权力，数据管理者和处理者应当在监管机关规定的合理期间内答复监管机关。答复应当是对监管机关评论的回复，包括说明采取的措施和达到的结果。

第二部分 · 数据安全

第 30 条　处理的安全性

1. 考虑到技术水准和执行成本，数据管理者和处理者应当采取适当的技术和组织措施，以保证安全级别与处理风险以及受保护的个人数据性质相适应。

2. 风险评估之后，数据管理者和处理者应当采取第 1 节的措施，以保护个人数据免遭意外或非法毁坏或意外丢失，并且防止任何非法形式的处理，尤其是未经授权的个人数据的泄露、传播、获取或改动。

3. 根据第 86 条，欧盟委员会有权采取委托授权行为，进一步规定第 1、2 节提到的"技术和组织措施"在特定行业和特定数据处理情形下的标准和条件，包括决定构成技术水准的因素，尤其要考虑到科技的发展以及法定的隐私保护和默认的数据保护方法，第 4 节适用的情形除外。

4. 若有必要，为详细说明第 1、2 节规定的要求，欧盟委员会可以针对不同情形采取实施行为，特别是：

（a）阻止未经授权的个人数据的获取和访问；

（b）阻止未经授权的个人数据的披露、阅读、复制、更改、清除或删除；

（c）确保处理操作的合法性验证。

应当根据第 87 条第 2 节的审查程序采取实施行为。

第 31 条　个人数据泄露后给监管机关的通知

1. 发生个人数据泄露时，数据管理者应当迅速将个人数据泄露通知给监管机关，在可行的情况下，于意识到泄露发生后的 24 小时内通知。如果未在 24 小时内通报，给监管机关的通知里应当附有合理正当的理由。

2. 依据第 26 条第 2 节第（f）点，在确定个人数据泄露后，处理者应当立即警示和告知数据管理者。

3. 第 1 节提到的通知必须至少包含：

（a）说明个人数据泄露的性质，包括涉及数据主体和数据记录的类别和数量；

（b）说明数据保护专员的身份和联络方式或其他可获取更多信息的联络点；

（c）提出针对减少个人数据泄露可能带来的不利影响的建议；

（d）说明个人数据泄露的后果；

（e）说明数据管理者为解决个人数据泄露问题所建议或采取的措施。

4. 数据管理者应当记录所有个人数据泄露，包括泄露的事实、影响和采取的补救措施。该文档记录使监管机关可以就泄露是否符合本条款进行审核。文档记录只应包括关于此目的必要的信息。

5. 根据第 86 条，欧盟委员会有权采取委托授权行为，进一步规定第 1、2 节提到的确定个人数据泄露的标准和要求，以及何种情况下数据管理者和处理者应当通知个人数据泄露的标准和要求。

6. 欧盟委员会可以制定通知监管机关的标准方式、适用于通知要求的程序以及第 4 节文档记录的形式和方法，包括清除其中包含的信息的时限，并应当根据第 87 条第 2 节的审查程序采取实施行为。

第 32 条　个人数据泄露后与数据主体的沟通

1. 当个人数据泄露可能对个人数据的保护和数据主体的隐私产生不利影响时，在第 31 条所言的通知后，数据管理者应当立即与数据主体进行沟通。

2. 第 1 节中与数据主体的沟通应当说明个人数据泄露的性质，并至少包括第 31 条第 3 节第（b）、（c）点规定的信息和建议。

3. 如果数据管理者表示他／她对个人数据泄露事故中的有关数据实施了适当的技术保护措施，且监管机关认为保护措施是足够的，与数据主体就个人数据泄露的沟通就不是必须的。对无权访问数据的人来说，足够的技术保护措施应当做到使他们无法理解这些数据。

4. 不影响数据管理者与数据主体就个人数据泄露进行沟通的义务时，如果数据管理者还没有进行沟通，监管机关在考虑到泄露可能带来的不利影响后可以要求他／她与数据主体就个人数据泄露进行沟通。

5. 根据第 86 条，欧盟委员会有权采取委托授权行为，进一步规定第 1 节提到的个人数据泄露可能产生不利影响的具体情况的标准和要求。

6. 欧盟委员会可以详细规定第 1 节提到的与数据主体沟通的形式以及适用于这种沟通的程序，并应当根据第 87 条第 2 节的审查程序采取实施行为。

第三部分　数据保护影响测试及预授权

第 33 条　数据保护影响测试

1. 当数据处理行为由于其特质、范围和目的，表现出对数据主体权利和自由的威胁时，数据管理者或代表数据管理者的数据处理者应当为设想中的数据处理在个人数据保护方面的影响做测试。

2. 下述数据处理行为尤其反映出第（1）节中所指的威胁：

（a）通过自动化处理，对自然人人格的系统化、广泛化评估，或分析及预测自然人的经济状况、地点、健康状况、个人偏好、信用或行为倾向，从而产生对个人有法律效力或者重大影响的结果；

（b）收集性生活、健康、民族或种族起源等信息，或是健康护理条款、流行病学研究、精神病或传染病调查，且数据被处理以用于针对特定大规模人群采取措施或作出决定；

（c）监控公共区域，特别是大规模使用光电子器件（视频监控）；

（d）包含大量关于儿童、遗传数据及生物识别数据的个人信息的文件系统；

（e）其他根据第 34 条（2）节（b）点，需要预先咨询监管机构的数据处理活动。

2. 测试应至少包含一个对意向数据处理活动的一般说明，对数据主体权利和自由的威胁的测试，预期可以定位风险措施，确保个人数据保护的保障措施、安全措施及机制，同时声明服从该《管理规定》，并考虑到了数据主体及其他相关个人的权利及合法利益。

3. 数据管理者将就意向的数据处理活动向数据主体及其代表征求意见，范围包括对商业利益和公共利益的保护，以及数据处理活动的安全性等。

4. 当数据管理者为政府机构，且数据处理结果为第 6 条（1）节（c）点所指的法律义务，同时在数据处理活动符合规定及程序，并符合欧盟法律的情况下，第（1）节至第（4）节的测试不适用，除非成员国认为有必要在处理数据前进行类似测试。

5. 欧盟委员会将被授权接受与第 86 条相一致的委托法案，以更好地指明可能展现出第（1）节和第（2）节所述风险的数据处理活动的条件和标准，以及第（3）节所述的测试的要求，包括对可延伸性、可验证性及可审计性的要求。在这种情况下，欧盟委员会还将考虑对微型、小型及中型企业采取特殊手段。

6. 欧盟委员会将指明实施、验证和审计第（3）节所述测试的标准及程序。具体实施的法案将符合根据第 87 条（2）节制定的检查流程。

第 34 条　预授权及预咨询

1. 数据管理者或处理者在一些案例中需要在进行个人信息处理前，从监管机构获得授权，从而确保意图进行的数据处理活动符合该《管理规定》，并且特别是在将个人信息向第三国或国际组织转移时，数据管理者或处理者接受了第 42 条（2）节（d）点所述的合约性条款或者未对第 42 条（5）节所述具有法律约束力的文件提供合适保障措施的情况下，缓和数据主体的风险。

2. 数据管理者或代表数据管理者的数据处理者应当在进行个人信息处理前咨询监管机构，从而确保意图进行的数据处理活动符合该《管理规定》，并在下述情况中缓和数据主体的风险：

（a）第 33 条中提及的数据保护影响测试表明该数据处理活动由于其特性、范围和目的，很可能展现出高风险特质；

（b）由于该数据处理活动的特性、范围和目的表现出对数据主体权利和自由的威胁，监管机构认为有必要对该数据处理活动进行预先咨询，并根据第（4）节详细说明。

3. 当监管机构认为意图进行的数据处理活动不符合该《管理规定》，特别是风险没有被完全发现或消除时，监管机构可以禁止数据处理活动的实施，并采取合适措施修复不合规行为。

4. 监管机构将列出需要进行预先咨询的数据处理活动清单，并且公开发布。

5. 监管机构将就该清单与欧洲数据保护委员会沟通。

6. 第（4）节中提及的清单涉及的活动包括在数个成员国内向数据主体提供商品或服务的活动，或监控他们行为的活动，或者可能严重影响欧盟内个人数据自由移动的活动。监管机构将在接受该清单前首先应用第 57 条提及的一致性机制。

7. 数据管理者或处理者应当为监管机构提供第 33 条中提及的数据保护影响测试，并且按照要求提供其他任何有助于监管机构对数据处理的合规性测试，特别是对数据主体个人数据保护的风险以及相关保护措施的测试。

8. 成员国可就由国家议会采纳的法律手段及基于该法律手段的措施的准备情况咨询监管机构，从而确保意向数据处理活动遵守该《管理规定》，并且减轻数据主体涉及的风险。

9. 欧盟委员会应被授权采纳与第 86 条相一致的委托法案，以更好地阐明用以确认第（2）节（a）点提及的高水平特殊风险的标准与要求。

10. 欧盟委员会可以为第（1）节和第（2）节提及的预授权和预咨询，以及第（6）提及的对监管机构的通知设立标准格式和流程。具体实施的法案将符合根据第 87 条（2）节制定的检查流程。

第四部分　数据保护官员

第 35 条　数据保护官员的指定

1. 数据管理者与处理者应在下述情况中指定一名数据保护官员：

（a）数据处理由政府机构进行；

（b）数据处理由雇员超过 250 人的企业进行；

（c）数据管理者或处理者的核心活动为数据处理活动，且这些活动由于其天然特性、范围或目的，需要规律性、系统性的监管。

2. 在第（1）节（b）点提及的案例中，数据处理小组可以任命一名数据保护官员。

3. 若数据管理者或处理者为政府机构，在考虑到政府机构的组织结构的情况下，数据保护官员可以同时为多个部门服务。

4. 在第（1）节提及以外的案例中，数据管理者或处理者或协会及其他代表数据管理者或处理者的实体可以指定一名数据保护官员。

5. 数据管理者或处理者应基于专业资质指定数据保护官员，特别是涉及数据保护法规和实践方面的专业知识，以及完成第 37 条提及的任务的能力。足够的专业知识水平应当根据已进行的数据处理活动以及受数据管理者或处理者处理的个人数据所需的保护决定。

6. 数据管理者或处理者应确保数据保护官员的其他职业责任与其作为数据保护官员的目标和责任相一致，不会产生利益冲突。

7. 数据管理者或处理者制定数据保护官员的任期应不短于 2 年。数据保护官员可以在任期结束后续任。在任职期间，数据保护官员仅可以因为其不再满足完成职责的条件时被解雇。

8. 数据保护官员可以由数据管理者或处理者直接雇佣，或者基于服务合约完成目标。

9. 数据管理者或处理者应将数据保护官员的姓名及联系方式提供给监管机构和公众。

10. 数据主体应有权就任何与处理数据主体信息相关的问题联系数据保护官员，并根据本《管理规定》要求行使权利。

11. 欧盟委员会将被授权接受与第 86 条相一致的委托法案，以更好地阐明针对第（1）节（c）点提及的数据管理者和处理者的核心活动的标准和要求，以及第（5）节提及的数据保护官员的专业资质的标准。

第 36 条　数据保护官员的地位

1. 数据管理者或处理者应确保数据保护官员以合适且及时地方式参与与个人数据保护相关的所有事宜。

2. 数据管理者与处理者应确保数据保护官员独立行使职责、完成目标，并且不接受任何指示。数据保护官员应直接向数据管理者或处理者的管理层汇报。

3. 数据管理者或处理者应协助数据保护官员行使职责，并且提供员工、办公场所、设施及其他行使第 37 条所述职权所需的资源。

第 37 条　数据保护官员的任务

1. 数据管理者或处理者应至少委托数据保护官员从事下述任务：

（a）通知与建议数据管理者或处理者依照《管理规定》他们所应负担的责任，并且记录活动与收到的回复；

（b）监督数据管理者与数据处理者在保护个人信息方面的政策的实施与应用，包括分配职责、训练参与数据处理的员工及相关审计工作；

（c）监督该《管理规定》的实施与应用，特别是对故意和无意情况下的数据保护的要求，对数据安全的要求，及对数据主体和他们根据《管理规定》行使权利的信息的要求；

（d）确保第 28 条要求的文件得到维护；

（e）监督第 31 条及第 32 条提及的个人数据外泄的文字记录、通知及通信交流；

（f）监督有数据管理者和处理者进行的数据保护影响测试的实施，以及在第 33 条或第 34 条要求情况下的预授权与预先咨询的应用；

（g）监督对监管机构要求的回复，并且在数据保护官员的能力范围内，根据监管机构要求或者自行与监管机构展开合作；

（h）作为监管机构在数据处理问题上的联系人，在合适情况下自行与监管机构商谈。

2. 欧盟委员会将欧盟委员会将被授权接受与第 86 条相一致的委托法案，以更好地阐明第（1）节提及的数据保护官员的任务、证明、状态、权利及资源的标准和要求。

第五部分　行为准则和认证

第 38 条　行为准则

1. 成员国、监督机构和委员会应该鼓励旨在为该法规的应用作出贡献的行为准则的起草，考虑到多样的数据处理部门的特点，尤其是与以下几点相关：

（a）公平和透明的数据处理；

（b）数据的收集；

（c）公共信息和数据主体；

（d）数据主体在行使权力时的需求；

（e）儿童的信息及其保护；

（f）数据向第三方国家或国际机构的转移；

（g）监督和确保依附于该准则的数据管理者遵守它的机制；

（h）根据第 73 条和第 75 条，在不对数据主体权利侵害的情况下，用于解决数据管理者和数据主体关于个人数据处理争议的法庭外程序和其他争议解决程序。

2. 在一个计划起草行为准则或者修订、扩展现有行为准则的成员国中，代表着数据管理者和处理者一类的协会和其他组织可以将他们的意见提交给该成员国的监督机关。监督机关会提供一个该行为准则或者该修正是否与法规相符合的意见。该监督机关可以寻求数据主体或者他们的代表对于这些草案的观点。

3. 代表着数据管理者和处理者一类的协会和其他组织在一些成员国中可以向委员会提交行为准则草案和修正案或者对现有准则的扩展。

4. 委员会可以采取实施行为的方式来决定按照第 3 段提交给它的该行为准则和修正案或对现有准则的扩充在欧盟内是否具有一般意义上的有效性。那些实施的行为应该在遵守第 87 条（2）节法案中规定的检查程序的情况下被采取。

5. 若准则符合第 4 节中提到的一般意义上的有效性，委员会应该确保对该准则的适当宣传。

第 39 条　认证

1. 成员国和委员会应该尤其在欧洲层面上支持数据保护认证机制和数据保护密封和标记的建立，这样可以允许数据主体快速评估数据管理者和处理者提供的数据保护水平。考虑到部门的多样化和处理方式不同的特点，数据保护认证机制有利于妥善应用该法规。

2. 委员会应该被赋予权力采纳与第 86 条相符合的并且以进一步细化第 1 节提到的数据保护认证机制的标准和要求为目的的委托行为。

3. 为促进和承认认证机制和数据保护的密封和标记，委员会可以为其制定技术标准。那些实施的行为应该在遵守第 87 条（2）节法案中规定的检查程序情况下被采取。

第五章　向第三国及国际组织转移个人数据

第 40 条　数据转移总体原则

任何向第三国或国际组织转移个人数据，并正在进行数据处理或意图在转移数据后进行数据处理的行为，必须满足该《管理规定》其他条款的要求，必须符合本章中要求数据管理者与处理者服从的规定，包括从第三国或国际组织，经由欧盟内成员国转发至另一个第三国或国际组织的个人数据。

第 41 条　条件充分的数据转移

1. 当欧盟委员会认为第三国或地区、或第三国内的特殊区域、或者国际组织拥有充足的个人数据保护水平时，数据转移可以进行。且这样的数据转移不需要额外授权。

2. 在评判第三国或国际组织个人数据保护水平充分性时，委员会会考虑以下因素：

（a）一般及专业性的法律规定与相关管理规定，包括有关于公共安全、国家安全、国土防卫及相关犯罪的法律，在该国需要遵守的、或者该国际组织需要遵守的职业规定及安全措施，以及包括对数据主体的有效监管和公证救济在内的有效、可行的权利的相关规定，特别是针对那些居住在欧盟成员国、且个人数据被转移的数据主体的规定。

（b）第三国或国际组织内是否存在一个或多个有效运行的独立监管机构，负责确保数据保护条款得到执行，协助数据主体行使权利，并与欧盟及成员国的监管组织进行合作。

（c）第三国或国际组织申明遵守的国际公约；

3. 欧盟委员会可以根据上述原则决定第三国或地区，或第三国内的特殊区域，或者国际组织是否拥有充足的个人数据保护水平。具体实施的法案将符合根据第 87 条（2）节制定的检查流程。

4. 具体实施的法案将说明检查的地理及行业范围，并且在可行时，列出本条第二节（b）部分中所指的监管机构。

5. 欧盟委员会可以根据本条第二节的内容确认第三国或地区、或第三国内的特殊区域、或者国际组织未能拥有充足的个人数据保护水平，尤其是在该国或该组织的一般及专业性的法律规定与相关管理规定，未能保护包括对数据主体的有效监管和公证救济在内的有效、可行的权利，特别是未能保护那些居住在欧盟内部且数据被转移的数据主体的权利的情况下。具体行动将按照根据第 87 条（2）节制定的检查流程实施，或者在与个人数据保护权利相关的极端紧急情况下，根据第 87 条（3）节制定的检查流程实施。

6. 当欧盟委员会决定依照第 5 节执行时，在不违反第 42 至 44 条的前提下，任何向第三国或地区、或第三国内的特殊区域、或者国际组织转移数据的行为均将被禁止。欧盟委员会将在合适的时间与第三国或国际组织展开协商，讨论如何弥补由第五节的结论导致的现状。

7. 欧盟委员会将在欧盟官方公报上刊登关于第三国或地区、或第三国内的特殊区域、或者国际组织是否拥有充足的数据保护水平的决定。

8. 欧盟委员会基于 95/46/EC 号指令第 25 条（6）节及第 26 条（4）节作出的决议将继续生效，直到被修改、替换或者废止。

第 42 条　通过有适当保护的途径进行的数据转移

1. 当欧盟委员会未按照第 41 条作出决定时，数据管理者或处理者仅可以在其证明需要传输的个人数据拥有具有法律约束力的条款、并因此获得适当保护后，将数据转移至第三国或国际组织。

2. 第一节定义的适当保护手段主要如下：

（a）符合第 43 节的有约束性的公司制度；

（b）欧盟委员会认可的标准数据保护条款，具体实施的法案将符合根据第 87 条（2）节制定的检查流程；

（c）被监管机构认可的标准数据保护条款，该监管机构应符合第 57 条规定的一致性机制要求，并由欧盟委员会根据第 62 条（1）节的（b）点宣布有效；

（d）数据管理者或处理者与经由符合本条第 4 节定义的监管机构授权的数据接收者间的合约条款。

3. 基于符合第二节（a）、（b）、（c）点的标准数据保护条款或约束性公司制度的数据转移不要求更多授权。

4. 当数据转移基于符合本条第（2）节（d）点的合约条款时，数据管理者或处理者需根据第 34 条（1）节（a）点，从管理机构为合约条款获取预先授权。如果数据转移与涉及其他一个或多个欧盟成员国数据主体的数据处理活动相关，或者实质上影响了个人数据在欧盟内的自由移动，监管部门将应用根据第 57 条制定的一致性机制。

5. 当与个人数据保护相关的适当保护途径并非以具有法律约束力的条款呈现时，数据管理者或处理者应当为单个或一系列数据转移获得预授权，或者为待写入为数据转移提供基础的行政安排的条款获得预授权。这些来自于监管机构的授权应当符合第 34 条（1）节（a）点的要求。如果数据转移与涉及其他一个或多个欧盟成员国数据主体的数据处理活动相关，或者实质上影响了个人数据在欧盟内的自由移动，监管部门将应用根据第57条制定的一致性机制。监管机构基于95/46/EC号指令第26条（2）节发放的授权将继续生效，直到被修改、替换或者废止。

第43条　通过约束性公司规定进行数据转移

1.监管机构批准约束性公司规定时，应当符合第58条规定的一致性原则，具体如下：

（a）有法律约束力，适用于数据管理者或处理者的工作组的所有成员，包括其雇员，并得到强制执行；

（b）清晰地展现数据主体的可执行权利；

（c）符合下述第（2）节要求。

2.约束性公司规定至少应当包含：

（a）工作组及其成员的组织结构及联系方式；

（b）需要传输的一组或多组数据，包括个人数据的种类、数据处理类型及数据处理目的、相关数据主体的类型以及位于的第三国国别；

（c）他们受法律约束的特性，内部与外部特性均包括在内；

（d）一般性数据保护原则，特别是目的限制、数据质量、数据处理的法律依据、敏感个人数据的处理等；确保数据安全的方法；对于向不受该《管理规定》约束的组织转发数据的要求；

（e）数据主体的权利以及行使权利的方式，包括不受根据第20条制定的方法约束的权利，以及根据第75条向监管机构或者成员国具有相关权限的法院提交申诉的权利，以及为违反约束性公司条款的行为获取适当补偿的权利；

（f）数据管理者与数据处理者对于其未设立在欧盟内的工作组的成员在欧盟成员国领土上违反约束性条款负有责任；数据管理者和数据处理者，仅在证明其成员对造成损害的事件不负责任的情况下，可以免除部分或全部责任；

（g）约束性公司规定的信息按照第11条的要求提供给数据主体的细节，特别是根据本节（d）、（e）、（f）点制定的条款；

（h）根据第35条确立的数据保护官员的目标，包括监督工作者是否遵守约束性公司规定，以及监督员工培训和申诉处理；

（i）工作组内部用来确保遵守约束性公司规定的机制；

（j）报告及记录政策变化以及将变化报告给监管机构的机制；

（k）与监管机构合作以确保工作组内所有成员合规性的机制，特别是使监管部门可以查阅根据本节（i）条款制定的验证结果的机制。

3. 欧洲委员会将授权接受符合第 86 条规定的委托法案，以通过本条内容进一步强调约束性公司规定的标准和要求。特别是考虑批准的标准，在约束性公司规定这一方面，对数据处理者应用第（2）节的（b）、（d）、（e）、（f）点及其他必须的要求，以确保数据主体的个人数据得到保护。

4. 欧盟委员会将根据本节条款，为约束性公司规定指明数据管理者、处理者和监管机构通过电子手段交换信息的格式与流程。具体实施的法案将符合根据第 87 条（2）节制定的检查流程。

第 44 条　例外

1. 在缺乏依照第 41 条的充分条件或者是依照第 42 条的适当保护措施的情况下，将一系列个人数据转移至第三国或国际组织仅在如下情况下可以发生：

（a）数据主体在被告知由于充分条件或适当保护措施的缺失导致数据转移存在风险的情况下，同意有目的性的数据转移；

（b）数据主体与数据管理者间协议的实施要求数据转移，或者根据数据主体要求完成合约前置条款的实施要求数据转移；

（c）在数据管理者与其他自然人或法人的合约中，为保障数据主体的利益，需要进行数据转移；

（d）重要的公共利益需要数据转移；

（e）合法索取权的确立、实施和保护需要数据转移；

（f）在数据主体物理意义上或法律意义上无法给予同意情况下，为保护数据主体或他人的关键利益需要数据转移；

（g）根据欧盟或成员国法律设立的、意在为公众提供信息、且可以接受公众整体或者任何有合法权益的个人咨询的注册机构需要进行数据转移，在这种案例下该机构符合欧盟和成员国关于咨询的法律；

（h）为保护数据管理者和数据处理者的合法利益需要进行数据转移。这种情况应当并非频繁发生或大量出现。且数据管理者和处理者以及评估了单个或一系列数据转移操作的整体环境，并在需要时基于评估机构证明保护个人信息的措施适当。

2. 根据第（1）节（g）点进行的数据转移不应该牵涉注册机构所拥有的完整的个人数据、或者个人数据的完整种类。当注册机构将被一个有合法利益的人咨询时，数据转移仅在其要求或者其为数据的收件人时进行。

3. 当数据处理过程基于第（1）节（h）点时，数据管理者或处理者应对以下方面给予更多关注：数据的特质，计划中数据处理活动的目的及时长，数据来源国、第三国和重点国的现状。其还应在需要时证明保护个人信息的措施适当。

4. 第（1）节的（b）、（c）、（h）点不适用于由政府机关通过行使公共权力举办的活动。

5. 第（1）节（d）点所指的公共利益必须得到欧盟法律或者数据管理者所属成员国法律的确认。

6. 根据第 28 条规定，数据管理者或处理者应当记录本条第（1）节（h）点提及的评估过程和保护措施适当性，并通知对本次数据转移负责的监管机构。

7. 根据第 86 条规定，欧盟委员会将被授权接受委托法案，以根据第（1）节（d）点的方法更好地说明"重要的公共利益"，及第（1）节（h）点所指的适当保护措施的标准与要求。

第 45 条　数据保护的国际合作

1. 在与第三国或国际组织的关系上，欧盟委员会和监管机构将采取合适的步骤：

（a）开发有效的国际合作机制，以协助数据保护规定立法及实施；

（b）在符合个人信息保护的适当保护措施以及其他基本权利和自由的情况下，在数据保护规定立法及实施方面提供成熟的国际协助，包括通知、申诉转发、协助调查、信息交换等手段；

（c）参与利益相关者为进一步推动数据保护规定立法及实施方面的国际合作而进行的讨论和活动；

（d）推进个人信息保护法律及实践的交换和归档。

2. 为了实现第（1）节的目的，欧盟委员会将采取合适的步骤促进与第三国及国际组织的关系，特别是那些欧盟根据第 41 条（3）节确认其拥有充足数据保护水平的国家的监管机构。

第六章　独立监管机构

第一部分　独立地位

第 46 条　监管机构

1. 成员国应拥有一个或多个政府机构负责该《管理规定》的实际应用，并维护《管理规定》在欧盟范围内应用的一致性，从而保护自然人在个人数据处理方面的基本人权和自由，并促进欧盟内的数据自由流动。为了这些目标，监管机构应相互协作，并与欧盟委员会保持合作。

2. 当一个成员国内设有多个监管机构时，成员国应指定一个监管机构作为单一联系节点，从而有效参与欧洲数据保护委员会，并且设立机制以确保其他监管机构遵守第 57 条提及的一致性机制。

3. 依据这一章的规定，成员国应在第 91 条（2）节规定的最后日期前告知欧盟委员会自身的法律规定，以及后续的修正案。

第 47 条　独立性

1. 监管机构应在行使被授予的权利和责任方面完全独立。

2. 监管机构的成员在行使职责时，不应寻求或听取任何人的指令。

3. 监管机构的成员应克制与其职责不相宜的行动，且在职期间不应从事任何与该职业存在冲突的职业，无论是否获利。

4. 监管机构的成员应当在离职后，表现出正直和判断能力，以作为对其在职期间接受的约定和福利的回报。

5. 成员国应确保监管机构得到充足的人力、技术和金融资源，以及办公场地和基础设施，以确保其可以有效行使职责和权利，包括那些基于相互合作及参与欧洲数据保护委员会而建立的监管机构。

6. 成员国应确保监管机构拥有受监管机构负责人任命并服从其指挥的自有员工。

7. 成员国应确保监管机构受到的金融制约不会影响其独立性。成员国应确保监管机构拥有独立的、公开的年度预算。

第 48 条　监管机构成员的一般条件

1. 成员国应当确保监管机构的成员由该国议会或者政府任命。

2. 监管机构成员应当从独立性较强，且经验和技巧足以完成个人数据保护职责的人群中选择。

3. 在与第 5 节不冲突的情况下，成员的职责在合同期满、辞职或退休时自动停止。

4. 经由有权限的国家法院判决，一名成员如果不能满足履行职责所要求的条件或者对严重过失负有责任，则可以被解雇或者被剥夺获取奖金及其他福利的权利。

5. 在合同期满或成员辞职时，该成员应继续履行职责，直到一名新成员被任命。

第 49 条　设立监管机构的规定

成员国应当在该《管理规定》的限制范围内制定相关法律：

（a）监管机构的设立及地位；

（b）监管机构成员履行职责所需的资质、经验及技巧；

（c）任命监管机构成员的规定和流程，以及成员作出与职责不一致的行为时的规定；

（d）除了那些在本《管理规定》生效前就已经被任命的成员外，监管机构新成员的合同期不应短于4年。这么做的部分目的，是为了通过相对静止的任命流程，维护监管机构的独立性；

（e）监管机构的成员是否有资格续任；

（f）支配监管机构成员和员工职责的规定和一般条件；

（g）关于终止监管机构成员职责的规定和流程，包括成员不能满足履行职责所要求的条件或者对严重过失负有责任等情况。

第50条　职业守密义务

监管机构的成员和员工在任期内和任期结束后，均应履行职业守密义务，对任何由于履行工作职责而获取的机密信息严格保密。

第二部分　职责与权力

第51条　胜任范围

1. 监管机构应该在其所属国领土内履行职责，其被授予的权利与该《管理规定》相一致。

2. 在不违反本《管理规定》第七章条款的情况下，当个人信息处理活动在一个欧盟内的数据管理者或处理者的办公场地内进行，且该数据管理者或处理者在欧盟内多个国家拥有要办公场地时，该数据管理者或处理者的主要办公场所所在国的监管机构应当对其在欧盟所有成员国内进行的数据处理活动负有监管责任。

3. 监管机构没有权利监督行使司法权进行数据处理的法院。

第52条　职责

1. 监管机构应当：

（a）监督并确保该《管理规定》的应用。

（b）按照第73条要求，听取任何数据主体或者任何代表数据主体的协会的申诉。采取合适的手段调查问题，在合理时间内通知数据主体或者代表数据主体的协会对申诉的调查进展及结果，特别是在需要进一步调查及与其他监管机构合作时。

（c）与其他监管机构分享信息，并向其他机构提供协助，以确保《管理规定》在欧盟范围内应用的一致性。

（d）监管机构可以主动实施调查、根据申诉实施调查或者应其他监管机构的要求实施调查。如果数据主体向监管机构提交了申诉，监管机构应当在合理时间内，告知该数据主体调查结果。

（e）监控会对个人信息保护产生影响的进展，特别是信息和通信技术的发展以及商业活动的创新。

（f）接受成员国机构和组织关于保障与个人信息处理相关的人权和自由保护的立法与行政手段的咨询。

（g）授权根据第34条进行的数据处理活动，且接受相关咨询。

（h）根据第38条（2）节，为行动草案提出意见。

（i）根据第43条，批准约束性公司规定。

（j）参与欧洲数据保护委员会的活动。

2. 监管机构应该提升公众对个人信息保护问题的注意，包括风险、规定、保护措施及权利等。面向儿童进行的活动应该受到监管机构更多关注。

3. 监管机构应该根据请求，建议数据主体行使本《管理规定》所赋予的权利，并且在合适时，与其他监管机构合作，以确保数据主体行使权利。

4. 对于第（1）节（b）点提及的申诉，监管机构应当提供可以在线完成并提交的申诉提交表，并同时提供其他递交手段。

5. 监管机构履行职责时不应向数据主体收费。

6. 当监管机构收到的要求过度，特别是其中部分内容重复性高时，监管机构可以向数据主体收费或者拒绝满足数据主体的要求。在这种情况下，监管机构需要证明数据主体的要求明显过度。

第53条 权力

1. 监管机构应有如下权力：

（a）公布数据管理者和数据处理者违反个人信息处理条款的行为，并且在合适时要求数据管理者和处理者弥补违反行为，从而提升对数据主体的保护；

（b）命令数据管理者或处理者服从数据主体的要求，该要求应为根据本《管理规定》提供的权利提出；

（c）命令数据管理者和处理者，或者其代表处，提供与行使职责相关的任何信息；

（d）确保根据第34条产生的预授权和预咨询合规；

（e）警告或劝诫数据管理者或处理者；

（f）要求矫正、消除或摧毁一切违反该《管理规定》的数据，并且在数据外泄时，通知第三方执行上述行为；

（g）对数据管理者或处理者施加临时性或永久禁令，禁止其从事数据处理；

（h）延缓向第三国或国际组织内的接收人传输数据的进程；

（i）对任何与个人数据保护相关的问题发表观点；

（j）通知国家议会、政府、其他政治机构以及公众任何有关于个人数据保护的问题。

2. 监管机构应当对数据管理者和处理者的如下信息拥有调查权：

（a）获取所有履行职责所需的个人数据和信息；

（b）有权利进入任何场所，并获取数据处理设备和方法，若有合理理由怀疑一项违反《管理规定》的活动发生在那里。

这一项权力的行使应当符合欧盟法律或成员国法律。

3. 根据第 74 条（4）节和第 75 条（2）节，监管机构拥有将违反《管理规定》的行为移交给司法机构的权利，并参与法律诉讼。

4. 根据第 79 条（4）、（5）、（6）节，监管机构应当有权对行政犯罪实行处罚。

第 54 条　积极报告

监管机构应当对其活动撰写年度报告。该报告应该被提交给国家议会，并向公众、欧盟委员会及欧洲数据保护委员会公开。

第七章　合作与一致性

第一部分　合作

第 55 条　相互协助

1. 监管机构应当相互提供相关信息及协助，从而使该《管理规定》得到一致性应用，并为有效合作制定措施。相互协助应涵盖信息请求和监管手段，例如提供预授权和预咨询的要求、检查公开案例的信息并确保关注使部分成员国数据主体更容易被数据处理活动影响的技术发展。

2. 监管机构应当采取一切所需的合适方法，在收到请求后一个月内回应另一个监管机构的要求，不得拖延。这些方法包括传输与调查相关的信息，采取措施中止或禁止违反《管理规定》的数据处理行为等。

3. 对协助的请求应包含所有必要信息，包括请求的目的和理由。信息交流应仅限于请求的事宜。

4. 收到协助请求的监管机构应当完成请求，除非：

（a）该监管机构没有完成请求的权限；

（b）服从该请求将违反《管理规定》的条款。

5. 被请求的监管机构应通知提出请求的监管机构结果、进程或已采取的措施。

6. 监管机构应当使用标准格式，通过电子手段或者其他节约时间的手段将信息提供给提出请求的监管机构。

7. 按照相互合作的请求采取的行动不应收取费用。

8. 当监管机构没有在一个月内回应另一个监管机构的请求，提出请求的监管机构将可以根据第 51 条（1）节规定采取临时措施，并根据第 57 条将该事宜提交给欧洲数据保护委员会。

9. 监管机构应当指明临时措施的有效期。有效期不应长于 3 个月。监管机构应就这些措施及其理由立刻向欧盟数据保护委员会及欧盟委员会解释，不得拖延。

10. 欧盟委员会可以指明监管机构间及监管机构与欧洲数据保护委员会间相互协助的格式及流程，以及通过电子手段交换数据的安排，特别是第（6）节提及的标准化格式。具体实施的法案将符合根据第 87 条（2）节制定的检查流程。

第 56 条　监管机构的联合运作

1. 为了加速合作和相互协作，监管机构应开展联合调查、制定联合执法措施以及采取其他联合运作手段。在这些情况下，其他成员国监管机构的特定成员或雇员将参与其中。

2. 在某些案例中，一些国家的数据主体很可能受到处理过程的影响，这些国家的监管机构应有权参与联合调查或联合运作中较为合适的一种。有权限的监管机构将邀请这些国家的监管机构参与特定的联合调查或联合运作，并且应立刻回应监管机构申请参与运作的请求，不得拖延。

3. 监管机构作为主持监管机构时，应符合自己国家的法律，并且得到第二国监管机构的授权确认执行权，包括为涉及联合运作问题的第二国监管机构成员或雇员安排调查任务，或者，在主持监管机构国家法律允许的情况下，允许第二国监管机构成员或雇员按照第二国法律行使执行权。这类执行权仅会按照指导进行，并且需要有主持监管机构的成员或员工在场。第二国监管机构成员或员工应服从主持监管机构所在国法律。主持监管机构对第二国监管机构成员或员工的行为负有责任。

4. 监管机构应指定特别合作行动的实践性环节。

5. 当监管机构未在一个月内完成第（2）节所述责任，其他监管机构将有权根据第51条（1）节在成员国领土内采取临时措施。

6. 根据第（5）节，监管机构应指明临时措施的有效时间。有效时间不应超过3个月。监管机构应就这些措施及其理由立刻向欧盟数据保护委员会及欧盟委员会解释，不得拖延，并同时根据第57条提供的机制提交该事宜。

第二部分　一致性

第57条　一致性机制

为实现第46条（1）节所述目标，监管机构应当依照本部分所述的一致性机制相互合作，并与欧盟委员会合作。

第58条　欧洲数据保护委员会的意见

1. 在一个监管机构采取第（2）节内容提及的行动前，该监管机构应与欧洲数据保护委员会及欧盟委员会沟通行动草案。

2. 第（1）节所述责任应适用于任何意在产生法律效力的行为及下属行为：

（a）与数据处理活动相关，这些数据处理活动涉及向一些成员国的数据主体提供商品或服务，或者监测他们的行为；

（b）可能严重影响个人数据在欧盟范围内的自由移动；

（c）旨在接受一系列数据处理活动，这些数据处理活动服从于依据第34条（5）节涉及的预先咨询；

（d）旨在确认第42条（2）节（c）点提及的标准数据条款；

（e）旨在授权第42条（2）节（d）点提及的合约性条款；

（f）旨在批准由第43条定义的约束性公司规定。

3. 任何监管机构或欧洲数据保护委员会均可以要求所有事宜需按照一致性机制处理，特别是当监管机构未按照第（2）节要求提交行动草案，或者未遵从第55条要求的相互协作责任，或未按照第56条要求开展联合运作时。

4. 为了确认该《管理规定》的正确与一致性应用，欧盟委员会可要求所有事宜需按照一致性机制处理。

5. 监管机构及欧盟委员会将以标准化格式，通过电子通信交流信息，包括相关事实的简述、行动草案以及通过该行动草案的必要性依据等。

6. 欧洲数据保护委员会主席应立刻以标准化格式，将任何传输给他的相关信息，通过电子方式通知欧洲数据保护委员会的成员及欧盟委员会。欧洲数据保护委员会主席将在必要时提供相关信息的翻译。

7. 欧洲数据保护委员会将对草案表达意见，如果欧洲数据保护委员会成员以简单的多数原则通过决议，或者任何监管机构或欧盟委员会在收到第（5）节提及的相关信息后一周内提出请求。这一意见将在一个月内由欧洲数据保护委员会成员以简单的多数原则表决，若表决通过则会被接受。欧洲数据保护委员会主席应立刻将意见通知给第（1）节和第（3）节所指的监管机构，欧盟委员会以及第51条所述具有权限的监管机构，并随后公开意见，不得拖延。

8. 第（1）节所指的监管机构及第51条所述具有权限的监管机构应考虑欧洲数据保护委员会的意见，并且在收到欧洲数据保护委员会主席通知两周以内，以标准格式，将其是维持原先草案或是进行修正的决定，及若修正，修正后的草案，以电子方式通知欧洲数据保护委员会及欧盟委员会。

第 59 条　欧盟委员会的意见

1. 第58条所述事宜被提起10周后，或者第61条所述案例发生至多6周内，欧盟委员会将接受与第58条或第61条所述事宜相关的意见，从而确保该《管理规定》的正确性及一致性应用。

2. 当欧盟委员会根据第（1）节接受了一个意见，相关监管机构应当尽可能考虑欧盟委员会的意见，并且通知欧盟委员会及欧洲数据保护委员会是否要维持草案或者对草案进行修改。

3. 在第（1）节提及的时间段内，行动草案不应被监管机构采用。

4. 当相关监管机构决定不遵从欧盟委员会意见时，其应当在第（1）节提及的时间段内通知欧盟委员会及欧洲数据保护委员会，并给出理由。在这种情况下，行动草案的采纳期将额外延缓一个月。

第 60 条　行动草案的搁置

1. 在进行第59条（4）节提及的通信的一个月内，若欧盟委员会严重质疑行动草案是否可以确保《管理规定》的正确应用，或是会导致《管理规定》的不一致应用，在参考欧洲数据保护委员会根据第58条（7）节或第61条（2）节作出的意见后，必要时，欧盟委员会可采纳决定要求监管机构搁置行动草案的实施，以：

（a）在可能的情况下弥合监管机构与欧洲数据保护委员会的分歧；

（b）采取必要行动，该行动的依据为第62条（1）节（a）点。

2.欧盟委员会应指明搁置的时间，时间不应超过 12 个月。

3.在第（2）节提及的时间段内，监管机构不应采用行动草案。

第 61 条　紧急措施

1.在特殊情况下，当监管机构认为为保护数据主体的利益，有紧急行动的需要，特别是当数据主体行使权利很可能被扭曲现实状况的手段或为其他理由转移主要劣势的手段阻碍，或是出现第 58 条提及的例外时，监管机构可以在特定时间段内立刻采取紧急行动。监管机构应立刻就这些措施及其理由向欧洲数据保护委员会及欧盟委员会解释，不得拖延。

2.当监管机构根据第（1）节采取紧急措施，并且认为最终的措施需要紧急采纳时，它可以请求欧洲数据保护委员会提供紧急意见。在请求意见时，监管机构需要提供请求这些意见的理由及行动的紧迫性。

3.任何监管机构均可以在有权限的监管机构没有在需要采取紧急措施时采取行动的情况下，请求紧急意见。这一行为是出于保护数据主体利益的目的。监管机构需要提供请求这些意见的理由及最终措施的紧迫性。

4.根据第 58 条（7）节的特例，本条（2）、（3）节所指的紧急意见应当在欧洲数据保护委员会成员以简单多数的原则通过后两周内被采纳。

第 62 条　具体实施法案

1.欧盟委员会将采纳具体措施，以为了：

（a）根据第 58 条或 61 条与监管机构就具体事务沟通后，决定行动草案是否是对《管理规定》的正确应用，及与《管理规定》的目标和要求相一致。关注与根据第 60 条（1）采纳的合理决定相关的事宜。关注监管机构未提交行动草案且监管机构依照第 59 条决定不遵从欧盟委员会的意见的事宜；

（b）在第 59 条（1）节提及的时间范围内，决定根据第 58 条（2）节（d）点提出的数据保护条款草案是否具有一般有效性；

（c）指明本部分所指的一致性机制的应用格式及流程；

（d）指明通过电子手段，在监管机构之间，及监管机构与欧洲数据保护委员会之间交换信息的安排，特别是第 58 条（5）、（6）、（8）节提及的标准格式。

具体实施的法案将符合根据第 87 条（2）节制定的检查流程。

2.正式证明与第（1）节（a）点相关的案例中数据主体利益的紧急性后，欧盟委员会将立刻采取可行的具体实施法案，且与第 87 条（3）节提及的流程相一致。这些法案的有效期不超过 12 个月。

3. 本部分中忽视或采纳的措施不能损害欧盟委员会制定的其他措施的执行。

第 63 条　执行

1. 为了《管理规定》的实施，一个成员国的监管机构采纳的执行措施应当被所有成员国参照执行。

2. 当一个监管机构并未向一致性机制提交行动草案，并且因此违反了第 58 条（1）至（5）节时，监管机构的措施无法律效力和强制执行力。

第三部分　欧洲数据保护委员会

第 64 条　欧洲数据保护委员会

1. 欧洲数据保护委员会由此设立。

2. 欧洲数据保护委员会由各成员国监管机构的负责人及欧洲数据保护监督人组成。

3. 当成员国内有多个监管机构负责监管《管理规定》条款的应用时，他们应该提名一个监管机构的负责人作为代表。

4. 欧盟委员会应有权利参与欧洲数据保护委员会的活动及会谈，并且可以指定一名代表。欧洲数据保护委员会的主席应当及时告知欧盟委员会欧洲数据保护委员会的所有活动，不得拖延。

第 65 条　独立性

1. 欧洲数据保护委员会应当在依照第 66 条和第 67 条完成任务时独立运作。

2. 在不损害与第 66 条（1）节（b）点和第（2）节相关联的欧盟委员会请求的情况下，欧洲数据保护委员会应当在完成任务时，不寻求或听取任何人的建议。

第 66 条　欧洲数据保护委员会的任务

1. 欧洲数据保护委员会应当确保该《管理规定》的一致性应用。为了实现这一目标，欧洲数据保护委员会可以自由采取行动，或者根据欧盟委员会的请求采取行动，特别是：

（a）在任何与欧盟范围内的个人信息保护相关的事宜上，向欧盟委员会提建议，包括任何对本《管理规定》的修改意向；

（b）自主、或按照成员请求、或按照欧盟委员会请求，检验任何有关该《管理规定》应用的问题，并为监管机构制定指导准则、建议和最佳行动方案，从而促进《管理规定》的一致性应用；

（c）回顾（b）点中提及的指导准则、建议和最佳行动方案，并且向欧盟委员会定期汇报；

（d）根据第57条提及的一致性机制，对监管机构的行动草案发表意见；

（e）促进监管机构之间的合作，以及双边与多边信息交流与实践交流；

（f）推广一般性训练项目，促进监管机构间人事交流，并在合适时开展与第三国或国际组织监管机构的人事交流；

（g）促进世界范围内数据保护监管机构在数据保护法规与实践方面的知识与文件记录交流。

2. 当欧盟委员会向欧洲数据保护委员会请求建议时，欧洲数据保护委员会应根据事件的紧急性，为提供建议设定时限。

3. 欧洲数据保护委员会应当将意见、指导准则、建议和最佳行动方案提交给欧盟委员会及第87条中提及的委员会，并使它们公开可得。

4. 欧盟委员会应通知欧洲数据保护委员会其按照欧洲数据保护委员会所提供的意见、指导准则、建议和最佳行动方案采取的行动。

第67条　报告

1. 欧洲数据保护委员会应当定期、及时地将其活动的成果告知欧盟委员会。它应当为欧盟内及第三国与个人信息处理相关的对自然人保护的现状撰写年度报告。该报告应当包含对第66条（1）节（c）点提及的指导准则、建议和最佳行动方案的回顾。

2. 报告应当公开，并发给欧洲议会、欧盟理事会及欧盟委员会。

第68条　程序

1. 欧洲数据保护委员会应当采用简单多数原则进行表决。

2. 欧洲数据保护委员会应当自行设定程序，并组织操作安排。特别是，程序和安排中应当包含在一名成员的任期届满或辞职时维系职责行使的连续性的程序，为特别问题或行业设立的小组的程序以及确保第57条提及的一致性机制的程序。

第69条　主席

1. 欧洲数据保护委员会应当从成员中选举一名主席和两名副主席。其中一名副主席应当是欧洲数据保护监督人，无论他是否被选举为主席。

2. 主席和副主席的任期为5年，可以续任。

第70条　主席的任务

1. 主席应有如下任务：

（a）召开欧洲数据保护委员会会议，并准备会议议程；

（b）确保欧洲数据保护委员会能够及时完成任务，特别是与第57条提及的一致性机制相关的任务。

2. 欧洲数据保护委员会应当在程序规定中分配主席和副主席在任务中的职责。

第 71 条　秘书

1. 欧洲数据保护委员会应当拥有一名秘书。欧洲数据保护监督人将提供该秘书人选。

2. 该秘书应当在主席的指导下，为欧洲数据保护委员会提供分析性、行政性及逻辑性协助。

3. 该秘书应当尤其对如下事务负有责任：

（a）欧洲数据保护委员会的日常事务；

（b）欧洲数据保护委员会成员、主席以及欧盟委员会间的交流，以及欧洲数据保护委员会与其他机构和公众的交流；

（c）使用电子手段开展内部及外部交流；

（d）相关信息的翻译；

（e）准备及跟进欧洲数据保护委员会的会议；

（f）准备、起草并发布欧洲数据保护委员会的意见及其他决议。

第 72 条　保密性

1. 欧洲数据保护委员会的讨论应当保密。

2. 提交给欧洲数据保护委员会成员、专家及第三方机构的文件应当保密，除非符合（EC）No 1049/2001 号管理规定的要求从而使这些文件可以被获取，或者欧洲数据保护委员会将文件公开。

3. 欧洲数据保护委员会的成员，以及专家和第三方代表，应被要求尊重本条中所列出的保密义务。主席应当确保专家和第三方代表意识到他们被赋予的保密责任。

第八章　救助、责任及制裁

第 73 条　向监管机构申诉的权利

1. 在不损害其他行政或司法救济的情况下，数据主体应当有权在任何成员国向监管机构申诉，如果他们认为与他们相关的个人信息处理不符合该《管理规定》。

2. 任何意在保护数据主体与个人信息相关的权利和利益的、且依照成员国法律设立的实体、组织或协会，均有权代表一名或多名数据主体，向任何成员国内的监管机构提交申诉，如果其认为数据主体根据本《管理规定》所拥有的权益被个人信息处理行为侵犯。

3. 独立于数据主体的申诉，第（2）节中提及的实体、组织和协会有权向任何成员国内的监管机构提交申诉，如果其认为个人数据外泄已经发生。

第 74 条　针对监管机构的司法救济权

1. 任何自然人或者法人均有权利针对监管机构与其相关的决定采取司法救济。

2. 在缺失保护其权利的必要决定，或者监管机构在三个月内未通知数据主体其根据第 52 条（1）节（b）点提出的申诉的进程或结果的情况下，任何数据主体均有权在司法救助中迫使监管机构对申诉采取进一步行动。

3. 针对监管机构的诉讼将被提交至监管机构所在国的法院。

4. 关注习惯居住国以外国家的监管机构与之相关决定的数据主体，可以要求居住国的数据监管机构代表其向另一国的数据监管机构提起诉讼。

5. 根据本条，成员国将由法院执行最终决定。

第 75 条　针对数据管理者或处理者的司法救济权

1. 在不损害任何可得的行政救济，包括第 73 条中提及的向监管机构申诉的权利的情况下，任何自然人均有权获得司法救济，如果他们认为他们根据本《管理规定》所拥有的权利被未按照本《管理规定》对其个人数据进行处理的行为损害。

2. 针对数据管理者或数据处理者的诉讼将被提交给数据管理者或处理者成立国的法院。或者，该类诉讼也可以提交给数据主体习惯性居住国的法院，除非数据管理者为实行公共权力的政府机构。

3. 当类似诉讼因为第 58 条提及的一致性机制而悬而未决时，法院可以搁置该诉讼，除非该诉讼在保护数据主体的权利方面很紧急，不容许等待一致性机制下其他申诉结果出炉。

4. 根据本条，成员国将由法院执行最终决定。

第 76 条　法院审理程序一般规定

1. 任何第 73 条（2）节中提及的实体、组织和协会应有权代表一名或多名数据主体行使第 74 条及 75 条中提及的权利。

2. 监管机构应有权参与法院审理流程，并且向法院提起诉讼，从而强制执行该《管理规定》的条款，或者确保欧盟范围内保护个人数据的一致性。

3. 当一个有权限的成员国法院有足够理由相信类似诉讼已经在另一个成员国实施时，它应当联系另一国法院确认类似诉讼的存在。

4. 当其他国家的类似诉讼拥有相同方式、决定或实践时，法院可以搁置诉讼。

5. 成员国应确保在国家法律框架内的法院行动可以快速采纳包括临时措施在内的措施，旨在终结任何侵犯行为，并防止相关利益受到进一步损害。

第 77 条　补偿的权利和责任

1. 任何因为非法数据处理活动或者是与本《管理规定》不符的行为受到伤害的个人均有权向数据管理者或处理者索取所受伤害的赔偿。

2. 当超过一名数据管理者或处理者涉及数据处理活动时，每个数据管理者或处理者根据各自在伤害中的责任承担相应赔偿。

3. 数据管理者或处理者可以部分或全部免除赔偿责任，如果数据管理者或处理者证明他们在造成伤害的事件中没有责任。

第 78 条　惩罚

1. 成员国应当针对违反该《管理规定》条款的行为制定惩罚的规定，并且采取一切必要措施确保惩罚规定的实施，包括数据管理者没有完成指定代表的责任。惩罚必须有效、适度且具有劝阻性。

2. 成员国应在第 91 条（2）节所述最后日期前，通知欧盟委员会其根据第（1）节采用的法律条款，并告知任何随后对其有影响的修正，不得延迟。

第 79 条　行政处罚

1. 根据本条，监管机构应得到施加行政处罚的授权。

2. 行政处罚在任何案例中均应当有效、适度且具有劝阻性。行政罚款的数额应当考虑如下因素，违法行为的性质、严重性及时长，侵权行为故意与否，自然人或法人的责任大小及之前的违法行为，第 23 条所指的技术与组织措施及程序，与监管机构合作弥补违法行为的积极性等。

3. 在下述对《管理规定》首次、非故意的违反行为中，将会给予书面警告，不采取惩罚措施：

（a）一个自然人在没有商业利益的情况下处理个人数据；

（b）雇员少于 250 人的企业或组织仅将个人数据处理作为主业的附属活动。

4. 监管机构将为下述故意或无意的违法行为处以最高 25 万欧元，或者企业全球营收的 0.5% 的罚款：

（a）未按照 12 条（1）节及（2）节要求，向数据主体提供其要求的机制或者未妥善回复，或未以要求的格式回复数据主体；

（b）对数据主体要求的信息或回复收取费用，违反第 12 条（4）节。

5. 监管机构将对下述故意或无意的违法行为处以最高 50 万欧元，或者企业全球营收的 1% 的罚款：

（a）未能遵守第 11 条、第 12 条（3）节规定，未向数据主体提供信息，或未提供全面信息，或未以清晰的方式提供信息；

（b）未向数据主体提供获取数据的渠道，或未按照第 15 条及第 16 条要求修正个人数据，或者未按照第 13 条要求就相关信息与数据接收者沟通；

（c）未能遵守第 17 条规定，未提供遗忘及消除数据的方式，或未能采取有效机制及所有必要步骤确保在时间限制内根据数据主体要求，消除个人数据的链接或者备份；

（d）未能以电子形式提供一份个人数据或者妨碍数据主体将个人数据传输给另一个应用程序，从而违反第 18 条；

（e）未能遵守第 24 条规定，未充分确定合作数据管理者的相应责任；

（f）未能遵守第 28 条、第 31 条（4）节及第 44 条（3）节规定，未充分维护文件记录；

（g）未能遵守第 80 条、第 82 条及第 83 条对特殊类型数据的规定，不遵守与自由表达相关的规定，或不遵守雇用环境下的数据处理规定，或不遵守出于历史学、统计学或科学研究目的进行数据处理的规定。

6. 监管机构将为下述故意或无意的违法行为处以最高 100 万欧元，或者企业全球营收的 2% 的罚款：

（a）未能遵守第 6 条、第 7 条及第 8 条规定，在处理个人数据时未提供充足法律依据或未遵守约定条件；

（b）违法第 9 条及第 81 条要求处理特殊类型数据；

（c）未能遵守第 19 条规定的目标或要求；

（d）未能遵守第 20 条规定的基于分析的措施的相关条件；

（e）未能遵守第 22 条、第 23 条及第 30 条规定，未能用内部政策或未实施合适措施确保和展现合规性；

（f）未能按照第 25 条要求指定代表；

（g）未能遵守第 26 条及第 27 条规定，在与代表数据管理者处理数据的个人信息处理违反了责任；

（h）未能按照第 31 条及第 32 条要求警告或通告个人信息泄露，或者未能及时且全面地将个人信息泄露报告给监管机构；

（i）未能按照第 33 条或 34 条要求开展数据保护影响测试或者在进行个人数据处理前未取得监管机构的预授权或者预先咨询；

（j）未能按照第 35 条、第 36 条及第 37 条要求制定数据保护官员或者确保其完成任务的条件；

（k）错误使用了第 39 条中提及的数据保护印章或标记；

（l）未能遵守第 41 条至第 44 条规定，在未取得充分性决定、采取适当保护措施、或归属于例外的情况下，转移或者指令转移数据至第三国或国际组织；

（m）未能遵守第 53 条（1）节规定，未服从临时或者永久禁止从事数据处理的禁令，或未按照监管机构要求暂停数据流动；

（n）未能遵守第 28 条（3）节、第 29 条、第 34 条（6）节及第 53 条（2）节规定，未能完成向监管机构提供协助、回复或相关信息的责任；

（o）未能遵守第 84 条规定，未能服从职业性守密保护措施的规定。

7. 欧盟委员会将授权接受符合第 86 条规定的委托法案，以实现更新第（4）、（5）、（6）节提及的行政性罚款数额的目的，并将第（2）节的标准纳入考虑。

第九章　与特殊数据处理相关的条款

第 80 条　个人数据处理与言论自由

1. 成员国应当在第二章的通则、第三章的数据主体的权利、第四章的数据管理者与数据处理者、第五章的向第三国及国际组织转移数据、第六章的独立监管机构、第七章的合作与一致性中，为出于新闻目的、艺术目的或文学表达目的而进行的个人数据处理提供豁免和例外，从而使保护个人数据的法规与保护言论自由的法规相一致。

2. 成员国应在第 91 条（2）节所述最后日期前，通知欧盟委员会其根据第（1）节采用的法律条款，并告知任何随后对其有影响的修正，不得延迟。

第 81 条　与健康相关的个人数据处理

1. 在《管理规定》的限制范围内，与第 9 条（2）节（h）点相一致，与健康相关的个人数据处理必须基于欧盟法律及成员国法律，通过合适的、特殊的手段保护数据主体的合法权益，并应出于如下需要：

（a）出于预防性或职业性药物治疗、医学诊断、提供保健或护理或者管理健康服务的目的，且根据成员国法律及有相应权限的国家机构制定的规定，这些数据由遵守职业守密义务的医学专家或者负有同等责任的其他人处理；

（b）出于健康领域的公共利益，如抵御严重的跨境健康威胁或者确保医疗产品及医疗设备的高质量、高安全性；

（c）其他出于公共利益的理由，如社会保护，特别是为了确保健康保险系统理赔流程质量及有效性。

2. 出于历史学、统计学或科学研究目的的与健康相关的个人数据处理，例如为改善诊断、区分相似类型疾病、或准备疗法研究时所做的等级分类，应遵守第83条提及的条件和保护措施。

3. 欧盟委员会将被授权接受与第86条相一致的委托法案，以更好地阐述第（1）节（b）点中提及的出于公共健康利益考虑的其他原因，以及为第（1）节提及的目的而进行个人信息处理的保护措施的标准及要求。

第82条　雇用环节中的个人数据处理

1. 在该《管理规定》限制范围内，成员国可采用特殊法律管理雇用环节中雇员个人数据的处理，特别是以雇用为目的，确定雇佣合约，包括确定法律或者雇佣合同、管理、工作组织及计划、健康或工作安全等方面责任；或者出于实际运用和享有的目的，从个人或集体层面上确定雇用的权利及福利；或者是出于终结雇佣关系的目的。

2. 成员国应在第91条（2）节所述最后日期前，通知欧盟委员会其根据第（1）节采用的法律条款，并告知任何随后对其有影响的修正，不得延迟。

3. 欧盟委员会将被授权接受与第86条相一致的委托法案，以更好地阐述为第（1）节提及的目的而进行的个人信息处理的保护措施的标准及要求。

第83条　为历史学、统计学及科学研究目的进行的数据处理

1. 在该《管理规定》的限制范围内，个人信息可以用于为历史学、统计学及科学研究目的进行的数据处理，仅在：

（a）这些目的不能通过处理无法识别或者不再能够识别数据主体的数据实现目标；

（b）在研究仅可以以这种方式进行的情况下，可以链接到已识别或可识别数据主体的数据与其他信息分隔保存。

2. 进行历史学、统计学或科学研究的组织仅可以在如下情况中公开或者解密个人数据：

（a）根据第7条的条件，数据主体同意公开；

（b）为展示研究成果或促进研究，公开个人数据是必要的。且数据主体的利益、

基本人权或者自由低于研究的意义；

（c）数据主体自行公开信息。

3. 欧盟委员会将被授权接受与第 86 条相一致的委托法案，以更好地阐述为第（1）、（2）节提及的目的而进行的个人信息处理的标准及要求，以及任何对信息的必要限制，并指明在这些情况下对数据主体权利的保护措施及条件。

第 84 条　守密的责任

1. 在该《管理规定》限制范围内，成员国可以根据第 53 条（2）节采纳特殊法律规定监管机构的调查权，调查数据管理者或数据处理者是否遵守了国家法律或政府机构设立的条例中规定的职业守密义务或其他同等的守密责任。使保护个人信息与守密责任相一致被认为是必要且合适的。这些规定仅在数据管理者或处理者从被该守密责任覆盖的活动中接收到个人数据时适用。

2. 成员国应在第 91 条（2）节所述最后日期前，通知欧盟委员会其根据第（1）节采用的法律条款，并告知任何随后对其有影响的修正，不得延迟。

第 85 条　教堂和宗教协会的现有数据保护规定

1. 成员国内的教堂、宗教协会及组织在该《管理规定》生效前的应用与个人数据处理相关的个人保护的全面规定，将可以继续使用，倘若这些规定与《管理规定》的条款相一致。

2. 应用第（1）节中所指的全面规定的教堂或宗教协会，应设立一个符合该《管理规定》第七章规定的独立监管机构。

第十章　委托法案与具体实施法案

第 86 条　委托权的实施

1. 接受委托法案的权利由欧盟委员会确认，并服从本条的条件。

2. 第 6 条（5）节、第 8 条（3）节、第 9 条（3）节、第 12 条（5）节、第 14 条（7）节、第 15 条（3）节、第 17 条（9）节、第 20 条（6）节、第 22 条（4）节、第 23 条（3）节、第 26 条（5）节、第 28 条（5）节、第 30 条（3）节、第 31 条（5）节、第 32 条（5）节、第 33 条（6）节、第 34 条（8）节、第 35 条（11）节、第 37 条（2）节、第 39 条（2）节、第 43 条（3）节、第 44 条（7）节、第 79 条（6）节、第 81 条（3）节、第 82 条（3）节、第 83 条（3）节所指的委托权利应当由欧盟委员会在《管理规定》生效期后的不确定时间段内确认授予。

3. 第6条（5）节、第8条（3）节、第9条（3）节、第12条（5）节、第14条（7）节、第15条（3）节、第17条（9）节、第20条（6）节、第22条（4）节、第23条（3）节、第26条（5）节、第28条（5）节、第30条（3）节、第31条（5）节、第32条（5）节、第33条（6）节、第34条（8）节、第35条（11）节、第37条（2）节、第39条（2）节、第43条（3）节、第44条（7）节、第79条（6）节、第81条（3）节、第82条（3）节、第83条（3）节所指的委托权利可以在任何时间由欧洲议会或欧盟理事会取消。取消的决定将终止决定中提及的委托权利。该决定将在欧盟官方公报上刊登一天后，或者是之后约定的某一天生效。这不会影响其他已经生效的委托法案的有效性。

4. 在采纳委托法案后，欧盟委员会将立刻通知欧洲议会及欧盟理事会。

5. 第6条（5）节、第8条（3）节、第9条（3）节、第12条（5）节、第14条（7）节、第15条（3）节、第17条（9）节、第20条（6）节、第22条（4）节、第23条（3）节、第26条（5）节、第28条（5）节、第30条（3）节、第31条（5）节、第32条（5）节、第33条（6）节、第34条（8）节、第35条（11）节、第37条（2）节、第39条（2）节、第43条（3）节、第44条（7）节、第79条（6）节、第81条（3）节、第82条（3）节、第83条（3）节所指的委托权利仅在欧洲议会或欧盟理事会得到通知后两月内均未表达反对意见时，或者在两个月内欧洲议会和欧盟理事会均表示不会反对时生效。欧洲议会或欧盟理事会可以自行延长两个月决定时间。

第87条　欧盟委员会程序

1. 欧盟委员会应有委员会协助。该委员会应为根据（EU）No 182/2011 号管理规定设立的委员会。

2. 当参照该节时，（EU）No 182/2011 号管理规定第5条应生效。

3. 当参照该节时，（EU）No 182/2011 号管理规定第8条应与第5条同时生效。

第十一章　最后条款

第88条　废除 95/46/EC 号指令

1. 95/46/EC 号指令由此废除。

2. 对已废除指令的参照应当被视作对本《管理规定》的引用。对由 95/46/EC 号指令设立的个人数据处理方面的个人保护工作组的引用将被视为对由本《管理规定》设立的欧洲数据保护委员会的参照。

第89条　与 2002/58/EC 号指令的关系及修正

1. 该《管理规定》不对与个人信息处理相关的自然人或法人施加额外责任。其中，个人信息处理与欧盟内公用信息网络中公开可得的电子通信方法相关。这些自然人或法人则受制于 2002/58/EC 号指令中设立的相同目标的特殊责任。

2. 2002/58/EC 号指令第 1 节（2）点被删除。

第 90 条　评价

欧盟委员会将向欧洲议会及欧盟理事会定期提交对该《管理规定》的评价及回顾报告。第一份报告应在该《管理规定》生效四年以内提交。后续的报告应该每四年提交一次。欧盟委员会应在必要时，提交关于修正该《管理规定》及其他法律工具的建议书，特别是考虑到信息技术的发展以及信息安全方面的进展。这份报告将公开可得。

第 91 条　　生效及应用

1. 该《管理规定》将在其刊登于欧盟官方公报后的第 20 天生效。

2. 该《管理规定》将在第（1）节规定日期两年后应用。

该《管理规定》应当在所有成员国得到直接应用并具有完全约束力。

起草于布鲁塞尔

欧洲议会主席：　　　　　　　　　　　　欧盟理事会主席：

法定财务报表

1. 提议 / 计划的框架

为贯彻相应影响评估中阐述的数据保护改革,本财务报表对行政支出方面的要求进行了详细说明。该改革包括两项立法提议,一项是通用数据保护条例,另一项是主管当局针对预防、调查、检测或起诉刑事犯罪或执行刑事处罚而进行的个人数据处理的个人保护指令。本财务报表阐述了这两项提议的预算影响。

根据任务分布情况,欧盟委员会和欧洲数据保护监督员(EDPS)需要这些资源。对于欧盟委员会来说,所提议的2014—2020年财政规划中已纳入了必要的资源。数据保护是权利和公民计划的目标之一,该计划也支持采取措施贯彻法律框架。涵盖员工需求的行政拨款也被列入DG JUST行政预算中。

对于EDPS来说,必要资源需要纳入EDPS各自的年度预算中。本财务报表附录对这些资源的情况进行了详细阐述。为了提供欧洲数据保护委员会(EDPS将为其配备秘书)的新任务所需的资源,2014—2020年财政规划的议案5需要变更。

1.1 提议 / 计划的名称

> 欧洲议会和欧盟委员会对于个人数据处理以及此类数据的自由流动的个人保护指令提议(通用数据保护条例)。
>
> 欧洲议会和欧盟委员会对于主管当局针对预防、调查、检测或起诉刑事犯罪或执行刑事处罚以及此类数据的自由流动而进行的个人数据处理的个人保护指令。

1.2 ABM/ABB 结构涉及的政策领域[①]

司法—保护个人数据

> 预算影响让欧盟委员会和ESPS担忧。本财务报表的表格详细说明了欧盟委员会的预算影响。运营支出是权利和公民计划的内容之一,而且已被列入权利和公民计划的财务报表中,因为运营支出属于DG司法的范围。与EDPS有关的要素见附录。

[①] ABM:基于活动的管理—ABB:基于活动的预算。

1.3　提议／计划的性质

□ 与新举措有关的提议／计划

□ 与施行试点项目／预备性举措后的新举措有关的提议／计划 ①

☑ 与现有举措的延伸有关的提议／计划

□ 与导向新举措的举措有关的提议／计划

1.4　目标

1.4.1　欧盟委员会的提议／计划的多年战略目标

该项改革旨在达成初始目标，同时考虑新的进展和挑战，具体如下所示：

—提高数据保护基本权利的有效性并让个人获取对其数据的控制权，特别是在技术发展和全球一体化日益增强的背景下；

—通过减少碎片、提高一致性并简化监管环境来提升国内数据保护市场维度，进而消除不必要的成本并减轻行政负担。

此外，里斯本条约的生效尤其是新的法律依据（欧盟运作条约第16条）的引入提供可达成新的目标的机会，即

—建立覆盖所有领域的综合数据保护框架。

1.4.2　ABM/ABB 活动涉及的具体目标

1号具体目标：

确保数据保护规则的执行的一致性。

2号具体目标：

使当前的治理系统合理化，进而确保有关 ABM/ABB 活动的执行的一致性 […]

1.4.3　预期结果和影响

说明提议／计划对于受益人／目标群体应有的影响

---

① 见金融监管研究第 49（6）（a）条或 49（6）（b）条。

对于数据控制器来说，根据协调、明确的 EU 数据保护规则和程序，公共和私营机构应可从更佳的法律确定性中受益，进而创造一个公平竞争的环境，确保数据保护规则的执行的一致性并大幅减轻行政负担。

个人将享有更好的个人数据控制权，信任数字环境并将持续处于被保护状态（即使其个人数据在海外进行处理）。涉及那些被处理的个人数据的问责制将进一步巩固。

综合数据保护系统还将覆盖警察及司法领域，包括但不限于上述第三部分。

1.4.4　结果和影响的指标

说明监控提议 / 计划的执行情况的指标

（参看"影响评估第 8 节"）

指标应定期评估，而且应包括下述要素：

- 数据控制器遵守"其他成员国"的法规所需的时间和成本；
- 分配给 DPA 的资源；
- 公共和私营机构的既定 DPO；
- 使用情况；
- 数据主体提出的投诉数量和数据主体得到的赔偿金；
- 起诉数据控制器的案例数；
- 造成违背数据保护规则的数据控制器的罚款。

1.5　提议 / 计划的根据

1.5.1　需要满足的短期要求或长期要求

目前对于成员国指令的实施、解释和执行方面的分歧影响了国内市场的作用以及与欧盟政策有关的政府当局之间的协作。这与该指令促进个人数据在国内市场的自由流动的基本目标不符。新技术和全球一体化的快速发展进一步加剧了该问题。

因为不同成员国的分离且具体实施和执行不一致，因此个人可享有不同的数据保护权利。此外，个人通常既不了解其个人数据情况也无法控制其个人数据情况，因此个人不能有效履行其权利。

1.5.2　欧盟介入的附加值

成员国无法减少目前存在的问题，尤其是在那些问题源于执行欧盟数据保护监管框架的国家立法碎片的情况下。因此，欧盟层面有充足的理由实施数据保护法律框架，尤其需要建立一个协调、连贯的框架在欧盟内部各个国家之间顺利传输个人数据，同时确保有效保护欧盟范围内的所有个人。

1.5.3　从过去的类似经验中汲取的教训

当前的提议以第 95/46/EC 号指令的历史经验和该指令的碎片化转化和执行所带来的问题为基础。指令的碎片化转化和执行已影响了目标（高水平数据保护和单一数据保护市场）的达成情况。

1.5.4　与其他相关工具的连贯性和可能的协同作用

当前的数据保护改革方案的目标是在欧盟层面建立一个强大、一致、现代且保持技术中立的数据保护框架，该框架可对未来的数十年提供保障。个人可受益于强化的数据保护权利（尤其是在数字环境中）而且可简化企业和公共部门的法律环境，进而加快发展欧盟内外市场的数字经济，这一点与欧洲 2020 年战略相符。

数据保护改革方案的核心内容：

——取代第 95/46/EC 号指令的条例；

——主管当局针对预防、调查、检测或起诉刑事犯罪或执行刑事处罚以及此类数据的自由流动而进行的个人数据处理的个人保护指令。

这些立法提议同时还附有成员国对于目前什么是刑事事件（第 2008/977/JHA 号框架决定）中的政策合作及司法合作领域的主要欧盟数据保护办法的执行报告。

1.6　期限和财务影响

☐ 限定期限的提议 / 计划

1.☐ 从［DD/MM］YYYY 到［DD/MM］YYYY 内有效的提议 / 计划

2.☐ 从 YYYY 到 YYYY 的财务影响

☑ 无限期的提议 / 计划

1. 自 2014 年到 2016 年的启动期开始执行；

2. 追踪全面运营。

1.7 设想管理模式 ①

☑ 欧盟委员会进行集中式直接管理

□ 下述机构 / 人员的实现任务代表进行集中式间接管理：

3. □ 执行机构

4. □ 欧洲共同体设立的机构 ②

5. □ 国家公共机构 / 具有公共服务使命的机构

3. □ 有权实施欧洲联盟条约议案五和符合金融监管研究第 49 条的相关标准法规定的特定举措的人员

□ 与成员国共同进行管理

□ 第三国家进行集中式管理

□ 与国际组织（需要指定）一起进行共同管理

如指出了多种管理模式，请在"注释"部分给出详细信息。

2. 管理措施

2.1 监控和报告制度

说明频率和条件。

第一次评估将在法律文件生效 4 年后进行。法律文件包括欧盟委员会将对实施情况进行评估的具体审核条款。欧盟委员会之后将就其评估情况报告欧洲议会和理事会。之后每 4 年进行一次评估，应用欧盟委员会评估方法。这些评估将基于与法律文件、国家数据保护机构、专家讨论、研讨会、欧洲晴雨表调查等有关的针对性研究进行。

2.2 管理与控制系统

2.2.1 相关风险

---

① 管理模式和对于金融监管研究的参考的详细信息见 BudgWeb 网站：http：//www.cc.cec/budg/man/budgmanag/budgmanag_en.html.

② 见金融监管研究第 185 条。

> 欧盟数据保护框架改革已进行了影响评估，以便提出条例和指令提议。
>
> 新的法律文件将引入一致性机制，可确保成员国的独立监管部门可一致、连贯地应用框架。一致性机制将通过由国家监管部门领导和欧洲数据保护监督员（EDPS）（将取代29条工作组）组成的欧洲数据保护委员会操作。EDPS 将为该委员会配备秘书。
>
> 如成员国当局在决策方面有分歧，为了就相关问题给出意见，将咨询欧洲数据保护委员会。如欧洲数据保护委员会无法解决问题，或监管部门拒绝听从相关意见，为确保该条例的正确和一致应用，欧盟委员会可给出意见或就草案措施是否可确保本条例的正确应用或导致不一致应用而采用某项决定（如必要）。
>
> 一致性机制需要其他资源用于 EDPS（12 FTE 和充足的行政和运营拨款，如 IT 系统和操作）、配备秘书、欧盟委员会（5 FTE 和相关行政和运营拨款）处理一致性案例。

2.2.2　设想控制方法

> EDPS 和欧盟委员会应用的现有控制方法将包括追加拨款。

2.3　欺诈和违规的预防措施

说明现有或设想的预防和保护措施

> EDPS 和欧盟委员会应用的现有欺诈预防措施将包括追加拨款。

3. 提议／计划的预计财务影响

3.1　受影响的多年金融框架和支出预算线议案

1. 现有支出预算线

按多年金融框架和预算线顺序

多年金融框架议案	预算线		支出类型	贡献			
	编号 [说明……]		Diff./non-diff.[1]	来自 EFTA[2] 国家	来自候选国[3]	来自第三国家	按金融监管研究第18（1）（aa）条规定

---

[1] Diff.= 差异化拨款／Non-diff.= 非差异化拨款。

[2] EFTA：欧洲自由贸易协会。

[3] 候选国和来自巴尔干半岛西部的潜在候选国（如适用）。

3.2 预计支出影响

3.2.1 预计支出影响概述百万欧元（小数点后保留 3 位）

多年金融框架议案：					编号	

		年 N[①]=2014	N+1 年	N+2 年	N+3 年	…输入尽可能多的年份以说明影响的期限（见第 1.6 点）	合计

● 运营拨款

预算线数	承诺	（1）						
	付款	（2）						

预算线数	承诺	（1a）						
	付款	（2a）						

预算线数	承诺	（1a）						
	付款	（2a）						
来自特定项目信封的行政性质的总拨款[②]								
预算线数		（3）						
DG 总拨款	承诺	=1+1a+3						
	付款	=2+2a+3						

总运营拨款	承诺	（4）						
	付款	（5）						
来自特定项目信封的行政性质的总拨款		（6）						
多年金融框架在议案 3 下的总拨款	承诺	=4+6						
	付款	=5+6						

---

① 年 N 意为提议 / 计划开始实施的年份。
② 支持欧盟项目和 / 或行动（之前被称为"BA"线）、间接研究、直接研究的技术和 / 或行政协助和支出。

如果提议 / 计划影响了多个议案：

● 总运营拨款	承诺	（4）
	付款	（5）
● 来自特定项目信封的行政性质的总拨款		（6）
多年金融框架在议案 1 到 4 下的总拨款（参考金额）	承诺	=4+6
	付款	=5+6

多年金融框架议案	5	"行政支出"

百万欧元（小数点后保留 3 位）

	年 N=2014	2015年	2016年	2017年	2018年	2019年	2020年	合计
DG: JUST								
● 人力资源	2.922	2.922	2.922	2.922	2.922	2.922	2.922	20.454
● 其他行政支出	0.555	0.555	0.555	0.555	0.555	0.555	0.555	3.885
总 DG JUST	3.477	3.477	3.477	3.477	3.477	3.477	3.477	24.339
多年金融框架在议案 5 下的总拨款（总承诺＝总付款）	3.477	3.477	3.477	3.477	3.477	3.477	3.477	24.339

百万欧元（小数点后保留 3 位）

		年 N[①]	N+1 年	N+2 年	N+3 年	…输入尽可能多的年份以说明影响的期限（见第1.6点）		合计
多年金融框架在议案 1 到 5 下的总拨款	承诺	3.477	3.477	3.477	3.477	3.477	3.477	3.477	24.339
	付款	3.477	3.477	3.477	3.477	3.477	3.477	3.477	24.339

① 年 N 意为提议 / 计划开始实施的年份。

3.2.2 预计拨款影响

6. ☑ 提议 / 计划不需要利用运营拨款

高水平的个人数据保护是权利和公民计划的目标之一。

□ 提议 / 计划需要利用运营拨款，具体解释如下：

承诺拨款百万欧元（小数点后保留 3 位）

说明目标和输出	输出类型①	平均输出成本	年N=2014		年N+1		年N+2		年N+3		…输入尽可能多的年份以说明影响的期限（见第1.6点）						总计	
			输出数量	成本	输出数量	成本	输出数量	成本	输出数量	成本	输出数量	成本	输出数量	成本	输出数量	成本	总输出数量	总成本
具体目标1																		
－输出	文件②																	
具体目标小计1																		
具体目标2																		
－输出	案例③																	
具体目标小计2																		
总成本																		

3.2.3 预计行政拨款影响

3.2.3.1 概述

8. □ 提议 / 计划不需要利用行政拨款

9. ☑ 提议 / 计划需要利用行政拨款，具体解释如下：

百万欧元（小数点后保留 3 位）

---

① 输出是供应的产品和服务（如：筹资的学生交易数、修剪的公路公里数等）。
② 委员会的意见、决定、规程会议。
③ 根据一致性机制处理的案例。

	年 N① 2014	2015 年	2016 年	2017 年	2018 年	2019 年	2020 年	合计
多年金融框架议案 5								
人力资源	2.922	2.922	2.922	2.922	2.922	2.922	2.922	20.454
其他行政支出	0.555	0.555	0.555	0.555	0.555	0.555	0.555	3.885
多年金融框架议案 5 小计	3.477	3.477	3.477	3.477	3.477	3.477	3.477	24.339
多年金融框架议案 5 之外的部分②								
人力资源								
其他行政性质的支 出								
多年金融框架议案 5 之外的部分小计								
合计	3.477	3.477	3.477	3.477	3.477	3.477	3.477	24.339

3.2.3.2　预计人力资源要求

10.□ 提议 / 计划不需要利用人力资源

11.☑ 提议 / 计划需要利用人力资源，具体解释如下：

预计用全时当量单位表示（或至多小数点后保留 1 位）

	2014 年	2015 年	2016 年	2017 年	2018 年	2019 年	2020 年
● 确立计划岗位（官员和临时代理）							
XX 01 01 01 （总部和委员会的代 表办公室）	22	22	22	22	22	22	22
XX 01 01 02 （代表团）							

---

① 年 N 意为提议 / 计划开始实施的年份。

② 支持欧盟项目和 / 或行动（之前被称为"BA"线）、间接研究、直接研究的技术和 / 或行政协助和支出。

续表

	2014年	2015年	2016年	2017年	2018年	2019年	2020年
外部人员（全时当量单位：FTE）①							
XX 01 02 01 （来自"全球信封"的 CA、INT、SNE）	2	2	2	2	2	2	2
XX 01 02 02 （代表团的 CA、INT、JED、LA 和 SNE）							
XX 01 04 yy②　　—在总部③							
—在代表团							
XX 01 05 02 （CA、INT、SNE—间接研究）							
10 01 05 02 （CA、INT、SNE—直接研究）							
其他预算线（说明）							
合计	24	24	24	24	24	24	24

注：XX 为政策领域或有关预算线。

通过改革，除那些正在执行的任务以外，欧盟委员会将不得不在有关个人数据处理的个人保护领域执行新的任务。附加任务主要涉及执行新的一致性机制，这种新的一致性机制可确保相应数据保护法律的应用的连贯性、适当评估第三国家（欧盟委员会对此承担全部责任）以及制定实施措施和授权规定。欧盟委员会目前执行的其他任务（如制定政策、监控转换、提升意识、投诉）将继续执行。

已被指定管理行动和/或在 DG 内进行调配的 DG 员工将满足所需的人力资源。如根据年度分配程序和预算限制可授予其他人员管理 DG（如必要），则加上这部分人员。

---

① CA=合同代理人；INT=代理人员（"Intérimaire"）；JED="Jeune Expert en Délégation"（代表团年轻专家）；LA=本地代理；SNE=借调国家专家。
② 不超过运营性拨款外部人员的上限（之前被称为"BA"线）。
③ 主要是结构基金、欧洲农业农村发展基金（EAFRD）和欧洲渔业基金（EFF）。

需要执行的任务说明：

官员和临时代理	案例操作者负责通过执行数据保护一致性机制确保欧盟数据保护规则的应用的一致性。具体任务包括对成员国当局提交的案例进行调查和研究、与成员国谈判以及制定欧洲委员会决策。根据近期经验，每年有 5 到 10 个案例需要应用一致性机制。 充分性请求的处理需要直接与发出请求的国家互动，这种互动可能是管理专家对于国家情况的研究、状况评估和制定欧洲委员会的相关决策和流程，包括适当协助欧洲委员会和任何专家机构。根据目前的经验，预计每年最多有 4 项充分性请求。 通常来说，采取执行措施的过程包括预备措施，如发表论文进行研究和公共协商以及草拟文件并管理相关委员会和其他群体的谈判过程、联系利益相关者。对于需要更为准确的指导的领域来说，每年最多可应用三项执行措施，而这个过程需要花费 24 个月的时间，具体取决于协商的力度。
外部人员	行政和秘书支持

3.2.4　兼容当年多年金融框架

12. □ 提议 / 计划兼容下一个多年金融框架

> 　　下表说明了 EDPS 每年所需的财政资源的金额（除计划中已列入的部分以外），其目的是执行新任务——针对下一个金融计划持续阶段为欧洲数据保护委员配备秘书和相关程序和工具。

13. ☑ 提议 / 计划将需要修改多年金融框架的相关议案

年	2014	2015	2016	2017	2018	2019	2020	合计
员工等	1.555	1.555	1.543	1.543	1.543	1.543	1.543	10.823
运营	0.850	1.500	1.900	1.900	1.500	1.200	1.400	10.250
合计	2.405	3.055	3.443	3.443	3.043	2.743	2.943	21.073

14. □ 提议 / 计划需要运用灵活的方法或修改多年金融架构①

3.2.5　第三方贡献

15. ☑ 提议 / 计划未规定第三方共同筹资

16. □ 提议 / 计划规定了第三方共同筹资，预计具体情况如下：

---

① 见机构间合作协定第 19 点和第 24 点。

百万欧元拨款（小数点后保留3位）

	N年	N+1年	N+2年	N+3年	… 输入尽可能多的年份以说明影响的期限（见第1.6点）	合计
指定共同筹资机构						
共同筹资的总拨款金额						

3.3 对收益的预计影响

17.☑ 提议/议案对税收没有金融影响

18.□ 提议/议案 有以下金融影响：

● □ 对自有资源的影响.

● □ 对杂项收入的影响

百万欧元（到小数点后3位）

预算收入线	目前预算年度的可用拨款	提议/议案的影响①				
		年 N	年 N+1	年 N+2	年 N+3	为反映影响期限插入必要列

注：①对于杂项收入，明确预算支出线会受到影响。详细说明对财政收入影响的计算方法。

② 关于传统自有资源，（关税，糖征收），数据必须是净数量，即减除25%的收集成本的总数量。

---

① 就传统自有资源（关税、白糖税）而言，所涉数额必须为净额，即托收成本扣除20%之后的总额。